Michael Bechtel

Regierung, Rendite, Risiko

AF154970

Studien zur Neuen Politischen Ökonomie

Herausgegeben von
Thomas Bräuninger
Thomas Plümper
Gerald Schneider

Michael Bechtel

Regierung, Rendite, Risiko

Die politische Ökonomie
des Aktienmarktes
in Deutschland

VS VERLAG FÜR SOZIALWISSENSCHAFTEN

Bibliografische Information der Deutschen Nationalbibliothek
Die Deutsche Nationalbibliothek verzeichnet diese Publikation in der
Deutschen Nationalbibliografie; detaillierte bibliografische Daten sind im Internet über
<http://dnb.d-nb.de> abrufbar.

Zugl. Dissertation der Universität Konstanz,
Erstgutachter: Professor Gerald Schneider,
Zweitgutachter: Professor Heinrich Ursprung,
Tag der mündlichen Prüfung: 31.10. 2008

1. Auflage 2009

Alle Rechte vorbehalten
© VS Verlag für Sozialwissenschaften | GWV Fachverlage GmbH, Wiesbaden 2009

Lektorat: Katrin Emmerich / Sabine Schöller

VS Verlag für Sozialwissenschaften ist Teil der Fachverlagsgruppe
Springer Science+Business Media.
www.vs-verlag.de

Das Werk einschließlich aller seiner Teile ist urheberrechtlich geschützt. Jede
Verwertung außerhalb der engen Grenzen des Urheberrechtsgesetzes ist
ohne Zustimmung des Verlags unzulässig und strafbar. Das gilt insbesondere
für Vervielfältigungen, Übersetzungen, Mikroverfilmungen und die Einspei-
cherung und Verarbeitung in elektronischen Systemen.

Die Wiedergabe von Gebrauchsnamen, Handelsnamen, Warenbezeichnungen usw. in diesem
Werk berechtigt auch ohne besondere Kennzeichnung nicht zu der Annahme, dass solche
Namen im Sinne der Warenzeichen- und Markenschutz-Gesetzgebung als frei zu betrachten
wären und daher von jedermann benutzt werden dürften.

Umschlaggestaltung: KünkelLopka Medienentwicklung, Heidelberg
Druck und buchbinderische Verarbeitung: Krips b.v., Meppel
Gedruckt auf säurefreiem und chlorfrei gebleichtem Papier
Printed in the Netherlands

ISBN 978-3-531-16522-6

Inhalt

1 Einleitung

Der Ausgang der Bundestagswahl am 22. September 2002 sorgte auf dem deutschen Börsenparkett scheinbar nicht für Freudentänze. Am Montagmorgen nach der Wahl zeigte der Nachrichtensender BBC das Bild eines von Sorgenfalten gezeichneten, trübselig dreinblickenden Frankfurter Börsianers. „Schroeder victory hits German stocks"[1] lautete die Schlagzeile der Meldung. Wie im Falle der Börsenreaktion auf die Wiederwahl der rot-grünen Koalition im Jahr 2002 bringen Nachrichtenagenturen, Kommentatoren des Zeitgeschehens aber auch Analysten von Investmentbanken die Börsenentwicklung häufig mit Politik in Verbindung.

Das Unternehmermagazin Impulse berichtete beispielsweise im Vorfeld der Bundestagswahl 1998 ausführlich über die möglichen Folgen des Wahlausgangs für die Börsenentwicklung: „Schwarz oder Rot? Die Frage nach dem Sieger der Bundestagswahl beschäftigt sowohl private als auch professionelle Investoren. Sie schauen gespannt auf den 27. September. Denn schließlich entscheidet der Wahlausgang über die Anlagestrategie der nächsten Monate und Jahre"[2], lautete die Überschrift des Beitrags. Die Anlegerzeitschrift Capital gab ihren Lesern vor der Bundestagswahl 2002 Tipps für parteipolitisch „kluge" Investitionsentscheidungen mit dem Titel: „Weiter so? Bundestagswahl. Wirtschaftsflaute und Haushaltslöcher – nach dem 22. September muss die neue Regierung Farbe bekennen. Wie sich die Rezepte von Rot-Grün und Schwarz-Gelb auf Ihr Portmonee auswirken"[3].

Während sich die amerikanische Forschung bereits intensiv der Frage nach dem Einfluss von Politik auf den Aktienmarkt in den Vereinigten Staaten angenommen hat (Leblang/Mukherjee 2005; Booth/Booth 2003; Santa-Clara/Valkanov 2003; Herron et al. 1999; Wellershoff 1996; Gärtner/Wellershoff 1995; Roberts 1990), wurde die mögliche Verknüpfung von Politik und Aktienmarkt in Deutschland bislang von der Politikwissenschaft mit beeindruckender Hartnäckigkeit ignoriert. Und dies, obwohl der enorme Bedeutungszuwachs von Aktienmärkten als eine zentrale Dimension der Globalisierung in der politischen Ökonomie und der Globalisierungsforschung inzwischen unumstritten ist (Beis-

---

[1] http://news.bbc.co.uk/1/hi/business/2275359.stm; 14.05.2007.
[2] Impulse, Heft 9/1998: 160.
[3] Capital, Extraheft „Wahl 2002", S. 18.

7

heim/Walter 1999). Die bloßen Zahlen sind in der Tat eindrucksvoll (Abbildung 1). Der Wert der auf den Kapitalmärkten weltweit gehandelten Aktien ist von 1994 bis 2006 von durchschnittlich 10 auf über 65 Billionen Dollar pro Jahr angestiegen.[4] Dies entspricht einem Wachstum von über 650 Prozent.

Abbildung 1:   Jährlicher Handelsvolumen von Aktien weltweit in Billionen US-Dollar, Durchschnitt 1994-2006

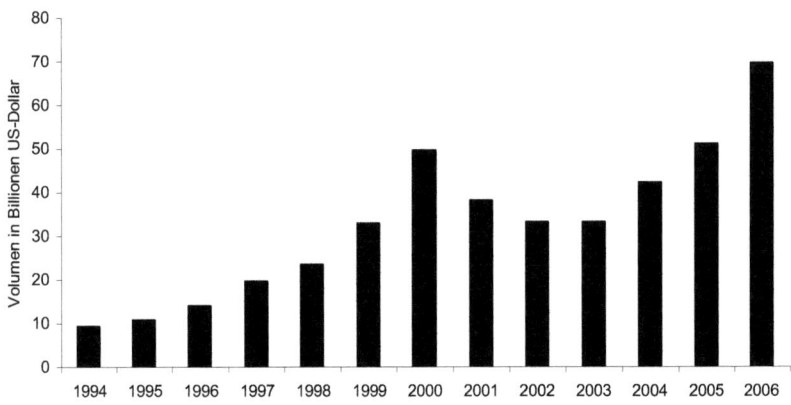

Die deutsche Börse kann eine ähnliche Wachstumsentwicklung vorweisen. Betrug das Handelsvolumen 1994 noch knapp über 500 Milliarden Dollar, wurden in Deutschland im Jahr 2006 Aktien im Wert von mehr als 2,5 Billionen Dollar gehandelt (Abbildung 2). Dies bedeutet, dass auf dem deutschen Börsenparkett innerhalb von knapp acht Wochen Aktien im Wert von durchschnittlich etwa 250 Milliarden Euro, also etwa in der Höhe des Bundeshaushaltes eines gesamten Jahres gehandelt wurden.

Der mit der Globalisierung verbundene, enorme Anstieg internationaler Kapitalströme auf den Finanzplätzen der Welt ging mit einem sich intensivierenden Wettbewerb der Nationalstaaten um Investitionen in ihre Kapitalmärkte einher. Diese Entwicklung förderte die Vorstellung, dass die Globalisierung den wirtschaftspolitischen Handlungsspielraum der Nationalstaaten verringert (Kurzer 1993; Sattler et al. 2008; Freeman 2008). Denn Investoren können ihr Kapital innerhalb von wenigen Sekunden aus dem Aktienmarkt des einen Landes in den Markt eines anderen Staates verschieben, wenn sie dort vorteilhaftere politische

---

[4] Siehe World Federation of Exchanges (http://www.world-exchanges.org/WFE/home.asp?menu=421&document=4445; 04.04.2008).

Rahmenbedingungen erwarten und somit eine höhere oder sicherere Rendite winkt. Dieser neue Umstand sorgte nicht nur in der Wissenschaft für Diskussionsstoff, sondern schürte auch in der Öffentlichkeit eine intensive Debatte, meist gepaart mit geharnischter Kritik, etwa an der „unstillbaren Renditesucht" internationaler Finanzinvestoren oder der vermeintlich überzogenen „Shareholdervalue"-Orientierung von Unternehmen.

Abbildung 2: Jährliches Handelsvolumen von Aktien in Deutschland, 1994-2006

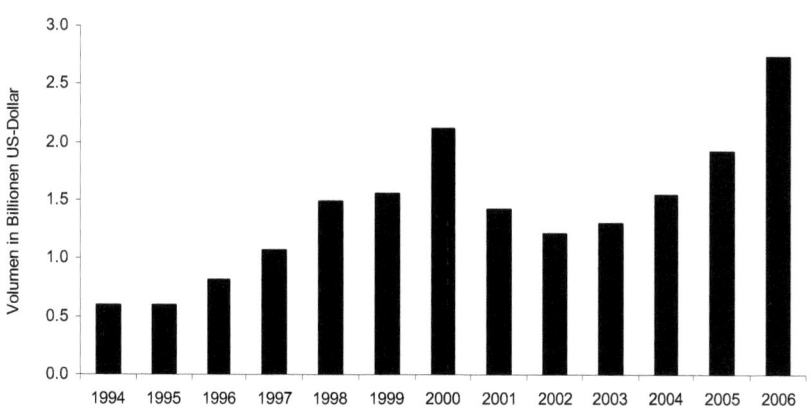

Ein Beispiel ist die öffentliche Aufregung über die Entscheidung des Handy-Herstellers Nokia, der Anfang 2008 von einem Tag auf den anderen seinen – mit Millionen Euro Steuergeldern geförderten – Produktionsstandort in Bochum schloss und 2300 Festangestellte und 1000 Leiharbeiter in die Arbeitslosigkeit entließ, um ein neues Werk im Niedriglohnland Rumänien aufzubauen.[5] Auch die Politik mischt in der Debatte um die Begleitphänomene und Folgen der leichten Zugänglichkeit von Kapitalmärkten kräftig mit. Das – möglicherweise latente – Bewusstsein um die hohe Kapitalmobilität und ihre Folgen wurde im Frühjahr 2005 von der Politik in Form der „Heuschreckendebatte" aufgegriffen. Der damalige SPD-Parteivorsitzende Franz Müntefering bezeichnete dabei international tätige Investoren als „Heuschreckenschwärme", die bei ihrer Suche nach maximaler Rendite ohne Rücksicht auf Menschen agierten. Das Wort „Heuschrecken" schaffte es in der Folge zum Börsenunwort des Jahres 2005.

---

[5] http://www.spiegel.de/wirtschaft/0,1518,druck-528713,00.html; 17.06.2008.

Was kann nun von wissenschaftlicher Seite zum Zusammenhang zwischen Politik und Aktienmarkt gesagt werden? Hat Politik überhaupt einen Einfluss auf die globalisierte Börse? Bislang lässt alleine der Forschungsstand zum Zusammenhang zwischen Politik und Aktienmarkt in den Vereinigten Staaten wissenschaftliche Antworten auf diese Fragen zu (Leblang/Mukherjee 2005; Booth/Booth 2003; Santa-Clara/Valkanov 2003; Herron et al. 1999; Gärtner/Wellershoff 1995; Roberts 1990). Für Deutschland liegen kaum Untersuchungen vor (Pierdzioch/Döpke 2006). Einige Vorbehalte scheinen für das Schattendasein, das die Forschung zu den politischen Determinanten der Börsenentwicklung in Deutschland fristet, ursächlich. Wieso sollte die politikwissenschaftliche Forschung überhaupt untersuchen, ob und wie Politik Aktienmärkte beeinflussen? Wenngleich man hierauf zunächst entgegnen mag, dass diese Forschungsfrage ebenso berechtigt oder unberechtigt ist, wie die Frage, warum sich die Politikwissenschaft für den Einfluss von Politik auf Staatsausgaben, Haushaltszusammensetzungen, Wohlfahrtsprogramme oder makroökonomische Schlüsselfaktoren wie Inflation, Arbeitslosigkeit, Wachstum oder Konsum interessieren sollte – ein junges Forschungsfeld wie das der politischen Ökonomie von Aktienmärkten steht wie die meisten neuen Forschungsströmungen unter besonderem Rechtfertigungszwang. Diese Rechtfertigung soll im Folgenden vorgenommen werden.

1.1 Die Politische Ökonomie von Aktienmärkten? Motivation und Erkenntnissinteresse

Aktienmärkte sind heutzutage zentraler Bestandteil einer marktlichen Wirtschaftsordnung (Howells/Bain 1998; Demirgüç-Kunt/Levine 1996). Es vermag daher nicht zu überraschen, dass – bislang vor allem amerikanische – Politologen ein zunehmendes Forschungsinteresse an der Wirkung von Politik, politischen Institutionen und Ereignissen auf Aktienmärkte entwickeln. Unter Politik werden im Folgenden alle Einzel- wie auch periodisch wiederkehrende Ereignisse verstanden, die dem politischen Prozess zuzurechnen sind, der also auf die Herstellung und Durchsetzung allgemeiner Regelungen und Entscheidungen gerichtet ist (Patzelt 2003). Es sind (mindestens) drei Gründe, die das inzwischen gesteigerte Interesse an der politischen Ökonomie von Aktienmärkten erklären und gleichzeitig als Motivation für weitere Forschungsanstrengungen dienen können. Dies ist erstens die Möglichkeit, die Erklärungskraft etablierter politikwissenschaftlicher und polit-ökonomischer Theorien zu evaluieren. Ein zweiter Grund besteht darin, dass es eine Untersuchung der politischen Determinanten der Aktienmarktentwicklung ermöglicht, der Frage nach der Bedeutung von Parteien für die Entwicklung der Wirtschaft nachzugehen. Drittens bietet eine Untersuchung von Aktienmarktreaktionen auf Politik die Chance, bedeutsame und bislang unbeachtete, politisch induzierte Umverteilungseffekte zu untersuchen. Diese drei Gründe werden im Folgenden näher erläutert.

1.1.1 Erklärungskraft etablierter politikwissenschaftlicher Theorien

Ein erster Grund für das Interesse am Zusammenhang zwischen politischen Ereignissen und Aktienmärkten ist die Möglichkeit, etablierte politikwissenschaftliche Theorien mit empirischer Evidenz zu konfrontieren. Wie King et al. (1994) unter Rückgriff auf die erkenntnistheoretischen Arbeiten von Karl R. Popper (1934) betonen, ist es für wissenschaftlichen Fortschritt besonders wichtig, dass möglichst viele empirisch beobachtbare Implikationen einer Theorie abgeleitet und empirisch überprüft werden. Denn je mehr Implikationen einer Theorie empirische Überprüfungen erfolgreich überstehen, desto höher die Erklärungskraft der Theorie und desto eher lässt sich das Vertrauen in ihren Wahrheitsgehalt rechtfertigen (King et al. 1994).[6]

Diese Arbeit leitet aus mehreren Theorien empirisch beobachtbare Implikationen ab. Das rationalistische Parteiendifferenzmodell („rational partisan model", auch rationalistisches Parteimodell oder Parteilichkeitsmodell genannt) nach Alesina (1987; Alesina et al. 1997), räumliche Modelle legislativen Handelns (Krehbiel 1998, 1996; Tsebelis 1995, 2002) und Interessengruppenmodelle (Gordon/Hafer 2007; Gordon et al. 2007; Baldwin/Magee 2000; Austen-Smith 1995; Grossman/Helpman 1994; Snyder 1990; Baron 1989) dienen dazu, die Wirkung von Wahlen, Parteipolitik und institutionellen Politik-Konfigurationen auf den Aktienmarkt in Deutschland theoriegeleitet zu untersuchen. Die aus diesen theoretischen Gebilden ableitbaren, teilweise miteinander in Konkurrenz stehenden Hypothesen werden am Beispiel des Aktienmarktes in Deutschland einer empirischen Überprüfung unterzogen. Die Ergebnisse der Untersuchungen ermöglichen nicht nur unmittelbare Aussagen darüber, ob und wie bestimmte politische Faktoren die Börse beeinflussen. Allgemeiner betrachtet liefert diese Arbeit weitere empirische Evidenz für oder gegen jene Theorien, aus denen Hypothesen abgeleitet wurden. Hierdurch tragen die durchgeführten Untersuchungen Wissen um die Erklärungskraft und den Wahrheitsgehalt von in der Politikwissenschaft gängigen theoretischen Modellen bei.

---

[6] Folgt man Karl R. Popper, so ist natürlich die Widerlegung einer Theorie insofern für den wissenschaftlichen Fortschritt um ein Vielfaches wertvolles, als diese einen unendlich viel höheren Informationsgehalt besitzt als eine Bestätigung. Siehe hierzu auch Lakatos 1965.

1.1.2 Politik und Aktienmärkte in der Demokratie: Spielen Parteien (noch) eine Rolle?

Ein Kernelement der normativen Demokratietheorie ist die Vorstellung, dass Bürger Einfluss darauf haben sollen, wie sich das Gemeinwohl entwickelt (Dahl 1989). In einer repräsentativen Demokratie sind es allen voran Wahlen, in deren Rahmen Bürger (wirtschafts-)politische Änderungen herbeiführen. Bei Wahlen sollen Bürger zwischen politischen Alternativen entscheiden und so ihren Vorstellungen von der „idealen Gesellschaft" (Downs 1968: 93) Ausdruck verleihen. Aber nur wenn Parteien verschiedene Politiken anbieten, haben Bürger überhaupt eine Chance, zwischen Alternativen zu wählen und sich im politischen Prozess repräsentiert zu sehen. Die Existenz unterschiedlicher Parteipolitiken und die Unterschiedlichkeit der Regierungspolitiken gelten somit aus Sicht der normativen politischen Theorie als etwas besonders Erstrebenswertes (Pitkin 1967; Birch 1971).

In der Tat ist – unter der Annahme von Interessenheterogenität der Bürger – demokratische Repräsentation ja überhaupt nur dann möglich, wenn Parteien verschiedene Politiken anbieten. Wenn aber die politischen Auswahlentscheidungen der Wähler ohne Folge für die Wirtschaft bleiben, weil Parteien etwa die Wirtschaft genau gleich, d.h. überhaupt nicht unterschiedlich, beeinflussen, dann fällt es schwer von einer Selbstbestimmung der Bürger zu sprechen, die demokratischen Ansprüchen genügen könnte (Sattler et al. 2008; Freeman 2008; Ezrow 2007; Blais et al. 1993). Vor diesem Hintergrund erhält die Untersuchung des Einflusses von Parteipolitiken auf die Wirtschaft, für die Aktienmärkte heutzutage ein essentieller Bestandteil ist, als zentrales und inzwischen klassisches Forschungsfeld der politischen Ökonomie gesteigerte Bedeutung.

Douglas C. Hibbs (1977) argumentiert, dass die Ideologie einer Partei maßgeblich für ihre Wirtschaftspolitik ist, die wiederum die wirtschaftliche Entwicklung beeinflusst. Der Unterschied zwischen der wirtschaftlichen Entwicklung, die vom Unterschied in der Parteizugehörigkeit der Regierung herrührt, ist der so genannte Parteieffekt. Eine notwendige Bedingung für die Existenz eines solchen Parteieffekts ist natürlich, dass Parteien in Regierungsverantwortung tatsächlich unterschiedliche Politiken verfolgen. Ist dies der Fall, sollte sich das parteipolitische Regierungsprofil insbesondere auf die Entwicklung des Aktienmarktes auswirken, auf dem sich wirtschaftspolitische Änderungen in Form von Wertänderungen der Aktien und folglich der Anlegerportfolios manifestieren. Allerdings ist die Vorstellung, dass Parteipolitiken und insbesondere die Politiken von Parteien in Regierungsverantwortung sich unterscheiden, alles andere als unumstritten. In einem weit beachteten Aufsatz fragen beispielsweise Blais et al. (1993): „Do parties make a difference?" Die in dieser Frage zum Ausdruck gebrachten Zweifel an der Unterschiedlichkeit der Parteipolitiken und somit der Existenz von Parteieffekten sind ganz besonders durch die vermuteten Folgen der Globalisierung genährt (Boix/Adserà 2002; Rodrik 1998).

Schon ein rein ökonomisch orientiertes Verständnis von Globalisierung kann mit entsprechenden Zahlen zum Wachstum des internationalen Handels, dem Anstieg der Direktinvestitionen, dem Bedeutungszuwachs multinationaler Konzerne, der Herausbildung von geographisch kaum mehr eindeutig lokalisierbaren Finanzmärkten und der Steigerung des Marktvolumens belegt werden (Beisheim/Walter 1999). Eine Behauptung in der Globalisierungsforschung lautet nun, dass sich die zunehmend globalisierte Wirtschaft dem Einfluss von nationaler Wirtschaftspolitik entzieht oder gar bereits entzogen hat (Kurzer 1993; Hirschman 1970) und dies Parteien wie auch Wähler zur Verfolgung marktfreundlicher Politiken zwingt (Sattler et al. 2008; Freeman 2008). Die weit verbreitete Auffassung hinsichtlich der Auswirkungen der Globalisierung auf die Demokratie fassen William Bernhard und David Leblang in ihrer Arbeit „Democratic Processes and Financial Markets: Pricing Politics" wie folgt zusammen:

„The nature of capital markets threatens the quality of democracy by limiting the choices available to voters. Owners of mobile capital may react to ‚unfavorable' election outcomes by shifting their assets out of a market or even out of the country, punishing voters for choosing politicians unfriendly to their interests" (Bernhard/Leblang 2006: 2).

Die zunehmende Unabhängigkeit der Kapitalanleger von nationalen Politiken führt demnach nicht nur zu einem Verlust an staatlicher Einwirkungsmöglichkeit auf die Finanzmärkte, sondern Bürger werden zunehmend dazu gedrängt, für Investoren vorteilhafte Politiken zu unterstützen, da Investitionen in Produktivkapital eine wichtige Finanzierungsquelle von Unternehmen darstellt. Dies wiederum zwingt Parteien dazu, ihre Politiken anzugleichen. Wenn diese Vermutung zutrifft, sollten Parteien dieselben Politiken anbieten. Da es keinen Unterschied mehr macht, wen die Bürger wählen, sollte natürlich auch die Wirtschaft nicht vom parteipolitischen Regierungsprofil beeinflusst werden. Regierungswechsel wären nur rein formelle Akte, ohne dass hiermit wirtschaftliche Veränderungen einhergingen.

Wenn ein Bereich der Wirtschaft sich in besonderen Maße durch hohe Kapitalmobilität auszeichnet, dann der Aktienmarkt. Die Kosten, sein Kapital renditeschädlichen Politiken zu entziehen, sind in keinem anderen Bereich der Wirtschaft so gering. Insofern ist es besonders interessant, ob Politik für die Entwicklung der Börse und den dort notierten Unternehmen eine Rolle spielt. Folgt man nämlich den skeptischen Tönen der Literatur, ist die Überprüfung des Einflusses von Politik auf die Aktienmarktentwicklung als ein besonders strenger Test zu betrachten. Denn es ist besonders wahrscheinlich, dass gerade hier Parteien eben keinen Unterschied mehr machen. Diese Vermutung von der Machtlosigkeit der Politik heißt für diese Arbeit konkret: Vor Wahlen sollten Erwartungen hinsichtlich des parteipolitischen Regierungsprofils keine Rolle spielen; die erwartete Knappheit des Wahlausgangs dürfte die Aktienrendite bzw. deren Volatilität nicht beeinflussen; Koalitionsbildungsphasen dürften das systematische Kapitalmarktrisiko nicht erhöhen; gegensätzliche Mehrheitsverhältnisse in Bundestag und Bundesrat sollten ohne Folge für die Börsenperformance sein. Sollten diese Nullhypothesen von der Empirie jedoch widerlegt werden, dann wäre es zu früh, die Ohnmacht der Politik angesichts globalisierter Aktienmärkte zu konstatieren. Wie die Ergebnisse der folgenden Kapitel zeigen, ist dies in der Tat der Fall.

1.1.3 Aktienmarktreaktionen als Maß für politisch induzierte Umverteilung

Ein weiterer Motivationsgrund für die Beschäftigung mit den politischen Determinanten der Aktienmarktentwicklung in Deutschland ergibt sich aus der Chance, Umverteilungswirkungen von Politik zu untersuchen. Denn Politik kreiert auf dem Aktienmarkt Gewinner und Verlierer. Die Erkenntnis, dass Börsenreaktionen auf (Partei-)Politik für im Aggregat immense Umverteilungen von Reichtum stehen, führt unmittelbar zu der Feststellung, dass das Thema dieser Arbeit den zentralen Untersuchungsgegenstand der Politikwissenschaft betrifft, nämlich der wissenschaftlichen Beschäftigung mit der Frage nach dem „who gets what, when, how" (Lasswell 1950).[7] Um die Verwendung von Aktienmarktreaktionen auf Politik als Umverteilungsindikator zu begründen, wird im Folgenden in drei Schritten vorgegangen. Zunächst wird erläutert, warum Aktienkurse als Wertindikator verwendet werden können. Im zweiten und dritten Schritt wird jeweils auf die Akteure (Unternehmen und Bürger) eingegangen, die von Aktienmarktreaktionen auf Politik monetär unmittelbar oder mittelbar betroffen sind.

1.1.3.1 Die Messung von politischer Umverteilung durch den Markt
Die Rolle des Marktpreises als Information über den Wert des gehandelten Gutes wurde vor allem von Friedrich August von Hayek herausgearbeitet (Hayek 1985, 1945). In seinen Studien zur Diskussion der Vor- und Nachteile einer marktlichen gegenüber einer planwirtschaftlichen Ressourcenallokation betont er die Überlegenheit von Märkten bei der Verarbeitung von preisrelevanten Informationen. Auch wenn auf Märkten lediglich Individuen agieren, stellt er fest:

---

[7] Sie erklärt auch den Titel der Arbeit von William Bernhard und David Leblang („Democratic Processes and Financial Markets: Pricing Politics").

„The whole acts as one market, not because any of its members survey the whole field, but because their limited individual fields of vision sufficiently overlap so that through many intermediaries the relevant information is communicated to all. The mere fact that there is one price for any commodity – or rather that local prices are connected in a manner determined by the cost of transport, etc. – brings about the solution which (it is just conceptually possible) might have been arrived at by one single mind possessing all the information which is in fact dispersed among all the people involved in the process" (Hayek 1945: 526).

Die Überlegenheit der Märkte bei der Verarbeitung von Informationen hat in Verbindung mit dem zukunftsgerichteten Handeln der Individuen unter anderem zu der Vermutung geführt, dass Märkte die Zukunft besser vorherzusagen vermögen als Experten (so genannte Hayek-Hypothese). Diese Vermutung wurde inzwischen auch in der Politikwissenschaft empirisch mit Hilfe von so genannten Wahlbörsen überprüft. Hier können Aktien der Parteien bzw. Kandidaten gehandelt werden, wobei der zu erzielende Gewinn davon abhängt, ob man in die Aktien des Wahlsiegers investiert hat. Der mit finanziellem Einsatz verbundene Handel stiftet einen starken Anreiz, alle verfügbaren Informationen bei der Erwartungsbildung zu berücksichtigen, um den Wahlausgang so gut wie möglich vorherzusagen. Diese Wahlbörsen (in Deutschland die so genannte Wahl$treet) können die Wahlergebnisse meist besser prognostizieren als Umfrageinstitute (Schaffer/Schneider 2005; Wolfers/Zitzewitz 2004; Bohm 1999). Berg et al. (2008) zeigen beispielsweise, dass „Prediction Markets" das Ergebnis der US-Wahlen zwischen 1988 und 2004 in 74 Prozent aller Fälle genauer vorhersagten als die Umfrageinstitute.

Bezogen auf Finanzmärkte hat insbesondere Eugene F. Fama (1970) die Informationsverarbeitung des Marktes thematisiert. Vor dem Hintergrund des starken finanziellen Anreizes, der für Investoren auf Finanzmärkten besteht, argumentiert er, dass Finanzmarktakteure sich kalkulierend-rational verhalten und somit Informationen, die den Wert einer Anlage beeinflussen, im Aggregat unverzerrt in deren Bewertung eingehen. Der Preis einer Aktie reflektiert dann im Gleichgewicht ihren tatsächlichen, intrinsischen Wert. Im Unterschied dazu argumentieren Vertreter der behavioralistischen Finanzmarkttheorie, dass diese Vorstellung effizienter Märkte, die eben auch den Wert von politisch induzierten Änderungen in ihren Preisreaktionen reflektieren würden, der Realität nicht gerecht würde. Auf diesen Einwand wird in Kapitel 2 näher eingegangen. An dieser Stelle soll lediglich darauf hingewiesen werden, dass selbst systematisch „falsche" Marktreaktionen auf (politische) Informationen, etwa das Bekanntwerden einer Änderung in der erwarteten Parteizugehörigkeit der Regierung, immer noch die – wenn auch verzerrt wahrgenommenen – Verteilungskonsequenzen reflektieren würden.

Inwiefern kann nun im Falle von Aktienmarktreaktionen auf Politik von Umverteilungswirkungen gesprochen werden? Um diese Frage zu beantworten, muss man sich vergegenwärtigen, dass Aktienmarkteffekte (partei-)politischer Faktoren monetär betroffene Akteure schaffen. Von Börsenreaktionen sind Investoren, zu denen mehr und mehr auch private Haushalte gehören, wie auch Unternehmen (und deren Beschäftigte) unmittelbar betroffen. Mittelbar ist die Aktienmarktentwicklung eines Landes jedoch ebenfalls entscheidend für die Entwicklung das ökonomische Wachstum (Kamara 1997) und den Wohlstand (Levine/Zervos 1998; Demirgüç-Kunt/Levine 1996),

Bevor auf die unmittelbaren Wirkungen politisch induzierter Aktienmarktreaktionen als Indikatoren redistributiver Politik näher eingegangen wird, sind diese Wirkungen als *kurzfristige* Effekte zu qualifizieren. Bemerkenswerterweise scheinen solche kurzfristigen Wirkungen heutzutage wichtiger denn je. Bereits ein Blick in das politische Tagesgeschäft macht deutlich, dass Politik mit einer deutlich höheren „natürlichen" Frequenz abläuft als die bislang in der klassischen polit-ökonomischen Forschung zur Anwendung gelangenden Jahresdaten unterstellen. Die Geschwindigkeit, mit der Politik betrieben wird, kommt prägnant in einem Ausspruch des britischen Premierministers Harold Wilson (1916-1995) zum Ausdruck. Dieser stellte schon vor mehr als drei Dekaden fest: „A week is a long time in politics". Um einen Eindruck von den hochfrequenten Effekten von Politik zu erhalten, sind jährliche Haushalts-, Ungleichheits- oder Wirtschaftsdaten ungeeignet. Stattdessen bietet sich die Verwendung von Aktienmarktreaktionen auf Politik als Indikator an.

Wer die Wirkung von Politik auf die Wirtschaft genauer untersuchen und dabei einer plausiblen mikrotheoretischen Fundierung gerecht werden will, der muss zwangsläufig hochfrequente Daten analysieren. Beispielsweise impliziert die Theorie rationaler Erwartungsbildung (Lucas 1976), dass Individuen Änderungen in der Eintrittswahrscheinlichkeit von politischen Ereignissen gegenüber responsiv sind und ihr Verhalten dementsprechend ändern (Antizipationseffekte). Wer sich im Vorfeld der Bundestagswahl zwischen verschiedenen Aktieninvestitionen entscheiden muss, der wird vermutlich eher in Aktien von Unternehmen investieren, die von dem *erwarteten* Wahlsieger mit einer gewinnzuträglichen Politik rechnen können. Diese Siegeswahrscheinlichkeit einer Partei ändert sich aber eben nicht quartalsweise oder gar jährlich. Mit jeder Änderung der Umfragewerte, mit jedem Tag, den der Wahltermin näher rückt, ändert sich auch die Wahrscheinlichkeit eines Wahlsieges. Die hohe Beobachtungsfrequenz von Aktienmarktdaten ist somit ein beachtlicher Vorteil, weil eben auch kurzfristige Reaktionen auf Politik, wie etwa die Änderung der erwarteten Parteizugehörigkeit der Regierung, erfasst werden können. Aggregation der Daten auf ein höheres Niveau würde diese Effekte im Mittelwert untergehen lassen.

1.1.3.2 Die Messung von redistributiven Effekten der Politik: Politik und der bürgerliche Geldbeutel

Die Frage nach den Verteilungswirkungen von Politik auf den Reichtum von Bürgern, dem „who gets what, when, how" (Lasswell 1950), trifft den Nukleus politikwissenschaftlicher Forschung. Jedoch ist die hier beabsichtigte Untersuchung von anderen politikwissenschaftlichen Umverteilungsstudien abzugrenzen, die etwa Daten zu ökonomischer Ungleichheit (Moene/Wallerstein 2003; Minnich 2003) oder Informationen über die Aufteilung des staatlichen Haushalts auf einzelne Ressortpositionen (König/Tröger 2006; Bräuninger 2005) verwenden. Ein weiterer Versuch, die Umverteilungswirkungen von Politik zu untersuchen, besteht darin, die Wirkung von Politik auf die individuelle Einkommensverteilung direkt zu schätzen (Iversen/Soskice 2006; Sierminska et al. 2007). Hierfür werden Mikrodaten der Luxembourg Income Study verwendet, die individuelle Einkommensdaten aus mehreren Ländern über die Zeit erfasst. Allerdings haben diese Anstrengungen mit sehr begrenzter Datenverfügbarkeit zu kämpfen. Abgesehen von Klassifikationsdebatten existieren oftmals nicht mehr als 50 Beobachtungen, das teilweise auf Fünf-Jahres-Daten beschränkte, hohe Aggregationsniveau verhindert die Aufdeckung von kurzfristigeren Verteilungswirkungen von Politik und schließlich erfassen Einkommensdaten ebenfalls nur eine Dimension möglicher Umverteilung.

Aktienmarktreaktionen auf Politik betreffen längst nicht mehr nur einige wenige Millionäre, die ihr Geld in Aktien investieren. Im Zeitraum von 1983 bis 1993 ist der relative Anteil von Aktienfonds am Geldvermögen privater Haushalte um mehr als das vierfache angestiegen.[8] Allein im Jahr 2003 legten die Bundesbürger etwa 23 Prozent ihres ersparten Einkommens direkt in Aktien an.[9] Wer zum Beispiel in Aktien investiert hat, die durch parteipolitische Entscheidungen der Regierung an Wert gewinnen, der profitiert von Politik. Dieser Gruppe stehen jene gegenüber, deren Aktien an Wert verlieren, weil die Regierung eine Politik verfolgt, die den Unternehmen schadet, an denen man in Form von Aktien beteiligt ist. Eine Untersuchung der Aktienmarktreaktionen auf Politik verspricht also zunächst einmal unmittelbar Aufschluss über eine zunehmend bedeutsamere Form von Umverteilung.

---

[8] Deutsches Aktieninstitut e.V., http://www.dai.de/internet/dai/dai-2-0.nsf/dai_statistiken.htm; 09.04.2007. Aller Voraussicht nach wird die Bedeutung von Aktien als Kapitalanlage für Bürger als Folge des demographischen Wandels weiter wachsen (Fehr/Jokisch 2006).

[9] Bundeszentrale für politische Bildung, http://www.dai.de/internet/dai/dai-2-0.nsf/Web Maskenformeln/41256A99002BDD554125699D004249B3/$FILE/Fb_08_4.pdf?openElement; 04.07.2006.

1.1.3.3 Die Bedeutung der Börsenentwicklung für Wirtschaftsbranchen und Arbeitsplätze: Rendite auf das parteipolitische Regierungsprofil?

Die umfangreiche Literatur zum Einfluss von Interessengruppen auf die von Kandidaten und Parteien vertretenen Politiken legt nahe, dass ein Großteil der redistributiven Effekte von Politik nicht über die Allokation von Haushaltsgeldern oder Wohlfahrtsprogrammen, sondern durch steuer- handels- und industriepolitische Maßnahmen herbeigeführt werden. Beispielsweise argumentiert Baron (1989), dass Politiker vor Wahlen gegenüber jenen Interessengruppen glaubhafte Versprechen für Dienstleistungen (z.b. das Einsetzen für gewünschte Politiken oder Einflussnahme auf Verwaltungsentscheidungen) abgeben, die sie während des Wahlkampfes unterstützen (siehe auch Austen-Smith 1995). Grossman/Helpman (2001, 1994) betrachten etwa sektorspezifische Außenhandelspolitik als Möglichkeit, bestimmten Wirtschaftsakteuren „politische" Renditen zu verschaffen. Um der Frage nachzugehen, ob klientelistische Politik die Profitabilität von einzelnen Unternehmen oder ganzen Wirtschaftszweigen beeinflusst und so zwischen Sektoren, deren Beschäftigten und beteiligten Investoren umverteilt, sind die in der Forschung bislang zur Anwendung gelangenden Daten offensichtlich ungeeignet. Für die Messung solcher redistributiver Effekte von Politik bedarf es eines innovativen Instruments. Dabei ist wichtig, dass alle (politischen) Informationen, die Aufschluss über die zukünftige Performanz von Unternehmen bzw. Sektoren geben, verarbeitet und von diesem Maß reflektiert werden. Wie weiter oben erläutert, sind insbesondere die von Märkten generierten Preisdaten als Grundlage für ein solches Maß geeignet.

Politik ändert die Restriktionen für Unternehmen und Branchen auf der Angebots- wie auch der Nachfrageseite. Es ist somit Politik, die eine Umverteilung ökonomischer Chancen hervorrufen kann. Diese Veränderungen haben unmittelbare Konsequenzen für die zu erwartende Unternehmensrendite und damit den Wert eines Unternehmens (Drukarczyk 2003). Eine Verringerung des Aktienkurses bedeutet nicht nur, dass die Eigentümer des Unternehmens, also die Aktionäre, einen Kapitalverlust und damit eine Verringerung ihres Reichtums erleiden, sondern auch, dass es für das jeweilige Unternehmen schwieriger wird, Eigenkapital durch Aktien-Neuemission zu beschaffen (Howells/Bain 1998). Unternehmen, deren Erfolgsaussichten sich etwa aufgrund widriger politischer Rahmenbedingungen verschlechtern, wird es in der Folge schwer fallen, Wachstum zu finanzieren. Es drohen Arbeitsplatzabbau und im schlimmsten Fall sogar die Insolvenz. Dem stehen wiederum jene Unternehmen und Sektoren gegenüber, die vom parteipolitischen Regierungsprofil profitieren. Diese generieren nicht nur höhere Gewinne, die den Aktionären zugute kommen, sondern verfügen damit auch über Kapital, um zu expandieren und neue Arbeitsplätze zu schaffen.

Ein Bespiel, das die mögliche Bedeutung des parteipolitischen Regierungs-profils illustriert, ist das Verhalten der rot-grünen Bundesregierung unmittelbar nach ihrer Wahl im Jahr 1998, als man sofort damit begann, den erneuerbare Energiensektor zu subventionieren und den „Ausstieg aus der Atomenergie" voranzutreiben. Diese Anstrengungen resultierten unter anderem in dem Erneu-erbare-Energien-Gesetz vom 29.03.2000 (EEG), mit dem Ziel, die Produktion von Energie aus regenerativen Energiequellen zu fördern und damit die Beschäf-tigung in diesem Sektor zu erhöhen. Allein im Jahr 2004 wendete die rot-grüne Bundesregierung knapp 200 Millionen Euro auf, um den Erneuerbare Energien-Sektor mittels einem durch die Steuerreform finanzierten „Marktanreizprogramm zur Förderung von Maßnahmen zur Nutzung erneuerbarer Energien" (BMU 2005: 20) zu subventionieren. Kleinanleger wurden bei Investitionen mit Zu-schüssen gefördert, Energiegewinnungsanlagen konnten von zinsverbilligten Darlehen und Teilschulderlassen profitieren. Zudem erleichterten die Änderun-gen des Erneuerbare-Energien-Gesetz 2004 die Einspeisung, Übertragung und Verteilung von alternativen Energien. Auch kam es zu einer Novellierung des Atomgesetzes (so genannter Atomkonsens) mit dem die Nutzung der Kernener-gie beendet werden sollte. All diese gesetzgeberischen, die Profitablität des er-neuerbare Energien-Sektors erhöhenden Maßnahmen trafen auf vehemente Kri-tik von Seiten der CDU und FDP. Sie wären unter einer CDU/FDP-Regierung kaum denkbar gewesen.

1.2 Aufbau der Arbeit

Dieses Kapitel hat versucht, zwei zentrale Thesen zu untermauern. Erstens, dass die Untersuchung des Einflusses von Politik auf die Entwicklung des Aktien-marktes in Deutschland wichtige Erkenntnisse verspricht, die für die Politik- wie auch Wirtschaftswissenschaft von Bedeutung sind. Zweitens, dass Aktienmarkt-reaktionen auf Politik als – wenn auch indirektes – Maß für politisch induzierte Umverteilung instrumentalisiert werden können. Diese Fokussierung auf Akti-enmärkte ist ernst zu nehmen – sie bedeutet nicht zuletzt, dass zahlreiche Arbei-ten, die bereits zur politischen Ökonomie von makroökonomischen Faktoren wie Wachstum, Beschäftigung, Inflation, oder etwa der Entwicklung von Wechsel-kursen vorliegen, weitgehend unberücksichtigt bleiben. Diese Einschränkung mag man bedauern. Sie ist aber aus mindestens vier Gründen unumgänglich. Erstens, weil die theoretische Motivation dieser Arbeit die Untersuchung der politischen Determinanten von Aktienmarktdaten nahelegt. Um beispielsweise die erwarteten Verteilungswirkungen von Parteipolitik für verschiedene Wirtschaftsbranchen zu untersuchen, sind die klassischen makroökonomischen Variablen ebenso wie andere Finanzmarktdaten (Wechselkurse, Anleihen, Rohstoffpreise) schlicht nutzlos. Zweitens, weil es sich bei Aktien um eine eigene Anlageklasse handelt, die sich von anderen Investitionsmöglichkeiten, z.B. Währungen, Rohstoffe oder Immobilien zumindest so stark unterscheidet, dass eine getrennte Untersuchung angemessen erscheint. Drittens, weil für viele der genannten makroökonomischen Schlüsselvariablen und sogar schon ein Teil der exemplarisch genanten Investitionsalternativen bereits polit-ökonomische Analysen vorliegen. Eine Behandlung dieser Faktoren als abhängige Variablen würde somit den Innovationsgehalt dieser Arbeit eher verringern und viertens den Rahmen der Arbeit sprengen.

Die Arbeit ist im Weiteren wie folgt aufgebaut. Das folgende Kapitel 2 bietet eine systematische und kritische Diskussion der bisher durchgeführten empirischen Studien zum Zusammenhang zwischen Politik und Aktienmärkten. Dabei werden in komprimierter Form auch jene wesentlichen Theoriestränge dargstellt, die für diese Studien wesentlich sind. Kapitel 3 und 4 untersuchen, jeweils am Beispiel Deutschlands, die sektorspezifischen Umverteilungswirkungen des parteipolitischen Regierungsprofils und die politischen Determinanten des systematischen Kapitalmarktrisikos. Das letzte Kapitel bietet eine Zusammenfassung der empirischen Befunde und eine Diskussion der Implikationen für das theoretische Fundament der Untersuchung. Dabei werden die Grenzen der vorgelegten Analysen sowie Möglichkeiten für weitere Forschung aufgezeigt.

2 Politisierte Börse? Wahlen, Parteipolitik und die Entwicklung von Aktienmärkten

Aktienmärkte sind aus entwickelten Volkswirtschaften nicht mehr wegzudenken. Sie sind entscheidend für den Wohlstand eines Landes (Demirgüç-Kunt/Levine 1996; Levine/Zervos 1998, 1996) und nicht zuletzt deshalb regelmäßig Gegenstand der öffentlichen Berichterstattung. Zu dem Ausmaß, mit dem die Bevölkerung in Aktien investiert, werden mit Änderungen der Aktienmarktperformance auch unmittelbare Umverteilungswirkungen auf die wirtschaftliche Situation der Bürger erfasst, die ihr Geld in der Tat immer stärker in Aktien anlegen. Im Zeitraum von 1983 bis 1993 ist der relative Anteil von Aktien am Geldvermögen privater Haushalte um mehr als das vierfache angestiegen, während der Anteil klassischer Anlageformen wie Bausparguthaben um 46 Prozent abgenommen hat.[10] Allein im Jahr 2003 legten 23 Prozent der westdeutschen und 21 Prozent aller ostdeutschen Haushalte direkt in Aktien an.[11] Auch wenn die überwiegende Mehrheit der Haushalte (82 Prozent) ihr Geld noch in Form einer schlichten Bankeinlage auf die hohe Kante legt, ist der Bedeutungszuwachs, den Kapitalanlagen in den vergangenen Jahren als Anlageform in Deutschland erfahren haben, nicht zu bestreiten. Aller Voraussicht nach wird die Bedeutung von Aktien als Kapitalanlage für Bürger nicht zuletzt als Folge des demographischen Wandels weiter wachsen (Fehr/Jokisch 2006). Die Bemühungen zur Erforschung jener Faktoren, die die Performance von Aktienmärkten beeinflussen, vermögen daher nicht zu überraschen. Die amerikanische Politikwissenschaft kann inzwischen ein beachtliches und zunehmend wachsendes Forschungsfeld vorweisen, das sich mit den Einflüssen von Wahlen, Parteipolitiken und politischen Institutionen auf die Entwicklung von Aktienmärkten als Kernstück entwickelter Volkswirtschaften beschäftigt.

Dieses Kapitel bietet eine kritische Bestandsaufnahme der wesentlichen empirischen Befunde zur Wirkung von Politik auf Aktienmärkte. Dies erfordert zunächst die entsprechend komprimierte Skizzierung jener beiden polit-

---

[10] Deutsches Aktieninstitut e.V., http://www.dai.de/internet/dai/dai-2-0.nsf/dai_statistiken.htm; 09.04.2007.
[11] Bundeszentrale für politische Bildung, http://www.dai.de/internet/dai/dai-2-0.nsf/Web Maskenformeln/41256A99002BDD554125699D004249B3/$FILE/Fb_08_4.pdf?openElement; 04.07.2006.

ökonomischen Grundmodelle, auf denen die Masse der Arbeiten im- oder explizit aufbaut. Diese beiden, im englischen unter dem Überbegriff „Political Business Cycle Models" rubrizierenden Ansätze sind zum einen das Opportunitäts-(Nordhaus 1975; MacRae 1977) und zum anderen das Parteiendifferenzmodell (Hibbs 1977). Beide setzen das strategische Verhalten von Regierungen mit der wirtschaftlichen Entwicklung in Beziehung. Die empirische Literatur zur Wirkung von Politik auf Aktienmärkte wird sodann in zwei Großbereichen, Wahlzykluseinflüsse und Parteieffekte, vorgestellt und kritisch diskutiert. Dabei wird insbesondere deutlich, wie wichtig politisch-institutionelle Faktoren für die Aktienmarktentwicklung sind. Zudem ist anzumerken, dass sich realiter sich zahlreiche Arbeiten mit mehreren dieser hier in unterschiedliche Kategorien eingeordneten Forschungsfragen befassen. Dennoch erscheint eine solche analytische Trennung hilfreich, um die Befunde zusammenzufassen und sinnvoll miteinander vergleichen zu können.[12] Der Schluss fasst die bisherigen Ergebnisse zusammen und artikuliert einige Anmerkungen für weitere Forschungsanstrengungen.

2.1 Wirtschaftspolitik als Dienstleistung der Parteien: Zur polit-ökonomischen und investitionstheoretischen Fundierung

Die beiden klassischen polit-ökonomischen Modelle liegen auch der Forschung zum Einfluss von Politik auf Aktienmärkte im- oder explizit zu Grunde. Dabei handelt es sich zum einen um das so genannte Opportunitätsmodell (opportunistic business cycle model) (Nordhaus 1975; MacRae 1977) und zum anderen das Parteiendifferenzmodell (partisan business cycle model) (Hibbs 1977). Beide gehen von der Vorstellung aus, die Anthony Downs (1968) in seiner klassischen Arbeit „Ökonomische Theorie der Demokratie" entwickelt. Demokratie ist demnach als Wettbewerb von politischen Parteien um die Stimmen der Wähler zu betrachten. Die wirtschaftliche Entwicklung eines Landes ist innerhalb dieses theoretischen Rahmens als Ergebnis des strategischen Verhaltens von Parteien

---

[12] Auch muss angemerkt werden, dass über die beiden thematisierten Literaturbereiche hinaus ein weiteres, aber noch jüngeres Forschungsfeld existiert, das sich mit dem Einfluss von einzelnen Gesetzesänderungen, Krisen und Konflikten auf Aktienmärkte beschäftigt (Guidolin/La Ferrara 2007; Schneider/Tröger 2006; Sinai/Gyourkoa 2004; Lang/Shackleford 2000; Boardman et al. 1997).

unter der Annahme rationaler, nutzenmaximierender, aber kurzfristig orientierter Wähler aufzufassen.[13]

Das Opportunitätsmodell (Nordhaus 1975; MacRae 1977) – auch opportunistisches Konjunkturzyklusmodell genannt – geht ursprünglich davon aus, dass Parteien Einfluss auf die Geldpolitik besitzen. Ausgelöst wird der Zyklus dadurch, dass für die regierende Partei unmittelbar vor Wahlen ein Anreiz zu expansiver Geldpolitik besteht, mit der die Arbeitslosigkeit unter Ausnutzung des von der Phillips-Kurve beschriebenen, zielkonfliktiven Zusammenhangs kurzfristig auf Kosten der Inflation reduziert werden kann. Mit diesem Verhalten zielt die regierende Partei darauf ab, die eigene Attraktivität für die Wählerschaft zu erhöhen und so ihren Stimmenanteil zu maximieren. Über einen längeren Zeitraum betrachtet, ergibt sich somit ein mit dem Wahlzyklus synchronisierter Wirtschaftszyklus: Während die Phase zu Beginn einer Legislaturperiode durch niedrige Inflation und höhere Arbeitslosigkeit gekennzeichnet ist, sorgt die Regierung für die Phase vor den folgenden Wahlen für eine geringere Arbeitslosigkeit und nimmt dafür höhere Inflationsraten in Kauf. Hervorzuheben ist an diesem Modell, dass sich Parteien in ihrem Verhalten als Regierungen, insbesondere während der Vorwahlphase, nicht voneinander unterscheiden.[14]

Demgegenüber verwendet das Parteiendifferenzmodell von Douglas C. Hibbs (1977) die Ideologie der Parteien als exogenen Bestimmungsfaktor für die Ausrichtung der Wirtschaftspolitik. Die Parteien bieten in diesem Modell ihrer Ideologie entsprechende Wirtschaftspolitiken an, die unterschiedlich auf die makroökonomische Entwicklung wirken. Ideologie kann dabei Anthony Downs folgend als „sprachliches Bild der idealen Gesellschaft und der wichtigsten Mittel, die zum Aufbau einer solchen Gesellschaft nötig sind" (Downs 1968: 93) definiert werden. In der Modellwelt dieses Ansatzes lässt sich Ideologie auf einer Links-Rechts-Skala erfassen. Auf dieser Dimension können politische Akteure wie Wähler oder Parteien entsprechend ihrer Vorstellungen von der „idealen Gesellschaft" angeordnet werden. Zentral ist in diesem Modell, dass sich insbesondere die Wirtschaftspolitiken verschiedener Parteien voneinander deutlich unterscheiden (Hibbs 1977; Alesina et al. 1997; Alesina 1987). Die Unterschied-

---

[13] Eine ausführliche Vorstellung und Diskussion der Grundmodelle wie auch deren Erweiterungen bieten Alesina et al. (1997). Einschlägige theoretische Forschungsentwicklungen behandeln Persson und Tabellini (2000).

[14] Sofern Fiskalpolitik nicht völlig wirkungslos ist, können auch vor Wahlen regelmäßig wiederkehrende, steuerpolitische Maßnahmen ein zyklisches Muster in der wirtschaftlichen Entwicklung hervorrufen. Ein wichtiger Fortschritt in der theoretischen Literatur betrifft die Frage nach der Plausibilität solcher opportunistischen Zyklen, wenn Wähler rationale Erwartungen bilden. Rogoff (1990) argumentiert beispielsweise, dass selbst unter der Bedingung rationaler Erwartungsbildung Zyklen auftreten können, wenn das Verhältnis von Regierung zu Bürgern durch zeitlich begrenzte Informationsasymmetrien gekennzeichnet ist. Für einen Überblick siehe Alesina et al. (1997)

lichkeit der Wirtschaftspolitiken voraussetzend, besagt das ursprüngliche Partei-endifferenzmodell, dass die Inflationsrate im Falle von Regierungen rechter Parteien geringer sein sollte als unter linken Parteien, da hohe Inflation für den Wohlstand ihrer kapitalstärkeren Wähler schädlicher ist als hohe Arbeitslosigkeit. Umgekehrtes gilt für die Wählerklientel von linken Parteien, die eine Reduktion der Arbeitslosigkeit einer geringeren Inflation vorziehen.

Zur Veranschaulichung und um die Bühne für die in den folgenden Kapiteln vorzunehmende Untersuchung des Einflusses von parteipolitischem Regierungsprofil auf den deutschen Aktienmarkt zu bereiten, stellt Abbildung 3 die wirtschaftspolitischen Positionen der deutschen Parteien auf der Links-Rechts-Skala für die Wahljahre 1994, 1998, 2002 und 2005 dar.[15]

Abbildung 3: Politikpositionen deutscher Parteien auf der Links-Rechts-Dimension (1994, 1998, 2002, 2005)

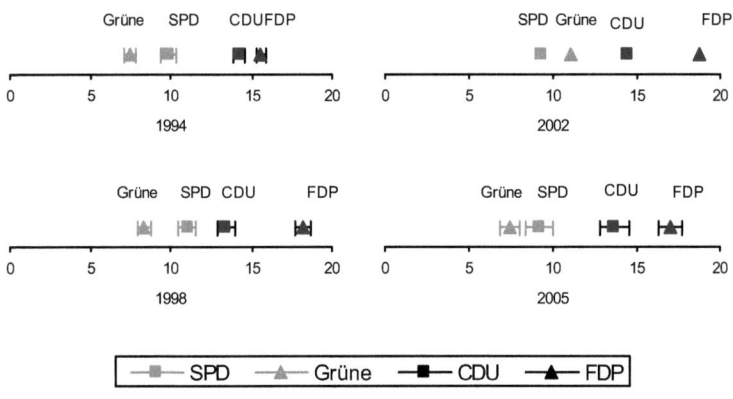

Idealpunktschätzungen auf Basis einer Wordscore-Analyse der Parteiprogramme. Fehlerindikatoren kennzeichnen 95%-Konfidenzintervalle. Keine Standardfehler für 2002. Datenquelle: Debus (2006).

---

[15] In der Parteienforschung existieren momentan drei Ansätze zur Ermittlung der Idealpolitiken politischer Parteien. Der erste, klassische Ansatz, wie ihn auch das Manifesto Research Project verwendet, besteht darin, Parteiprogramme entsprechend der Häufigkeit von darin verwendeten Schlüsselwörtern zu kodieren. Eine zweite Herangehensweise, das so genannte Wordscore-Verfahren (Laver et al. 2003), ermittelt die relative Häufigkeit aller in einem Parteiprogramm (oder Koalitionsabkommen) verwendeten Wörter und vergleicht diese mit einem Referenztext. Ein dritter Ansatz verwendet die Einschätzungen von Experten, die Parteien in unterschiedlichen Sachdimensionen auf einer Skala einordnen (Benoit und Laver 2006).

Die Skala reicht von extrem links (0) bis extrem rechts (20). Für jede Parteiposition kennzeichnet ein Fehlerindikator das zugehörige, 95-Prozent-Konfidenzintervall der Verteilung. Bekanntermaßen reflektiert die ökonomische Links-Rechts-Position größtenteils die Einstellung zur Frage, ob staatliche Leistungen mit Hilfe von Steuererhöhungen ausgeweitet oder zu Gunsten von Steuersenkungen reduziert werden sollen. Deutlich wird, dass die Politik-Positionen der Parteien sich voneinander systematisch unterscheiden, da die Konfidenzintervalle sich nicht schneiden. Die SPD und die Grünen sind links von der CDU positioniert, während die FDP am stärksten für Steuersenkungen auf Kosten staatlicher Leistungen eintritt. Über die Zeit betrachtet, nähern sich CDU und SPD 1998 an. Betrachtet man allein die beiden großen Parteien SPD und CDU, so fällt auf, dass sich für diese das Vorzeichen des Downs'schen Parteidifferentials (Downs 1968: 37-38) nicht ändert, da ihre Reihenfolge auf der Skala über die Zeit erhalten bleibt.[16]

Die Untersuchung des Einflusses von Politik auf Aktienmärkte erfordert natürlich auch eine theoretische Fundierung der auf diesem Markt stattfindenden Preisbildungs- und Informationsverarbeitungsprozesse. Investitionstheoretisch basieren die im Folgenden vorgestellten Studien auf dem klassischen Dividendenbarwertmodell (auch *net present value model)*. Vereinfacht gesprochen ergibt sich der Aktienwert eines Unternehmens dabei aus der Summe aller zukünftigen Unternehmensüberschüsse (unendlicher Dividendenstrom), die mittels eines risikokonformen und inflationsadjustierten Faktors diskontiert werden (Fama/Miller 1972; Franke/Hax 2004). Dabei verringert (erhöht) die Zunahme (Abnahme) der Inflation den Wert einer Investition in Aktien. Hier wird sofort deutlich, dass der Einfluss von Politik beispielsweise von der strategischen Manipulation der Inflationsrate durch die Regierungspartei herrühren kann, wie dies im Opportunitätsmodell angenommen wird. Aber auch die Risikobehaftetheit einer Investition, zu verstehen als quantifizierbare Abweichung von der erwarteten Wertentwicklung, ist eine weitere, wichtige Größe.

Der Kapitalmarkttheorie folgend lässt sich das Gesamtrisiko einer Wertpapieranlage in systematische und unsystematische Risiken unterteilen. Während das titelspezifische Risiko im Rahmen der Portfoliodiversifikation weitgehend eliminiert werden kann, basieren systematische Risiken auf marktinhärenten Veränderungen, die Einfluss auf den gesamten Aktienmarkt oder ganze Asset-Klassen ausüben (Uhlir/Steiner 1994: 170-172; Haugen 2001: 136-147). Die Menge politischer Faktoren, die aus dieser Perspektive risikowirksam sein können, ist sehr groß. Wirtschaftspolitische Veränderungen (Leitzinsänderungen,

---

[16] Allerdings machen die Grünen vor dem Hintergrund ihrer Position 1998 im Wahljahr 2002 einen „Sprung" über die SPD und bieten somit eine Wirtschaftspolitik an, die moderater ist als die der SPD.

Steuerreformen, Subventionen), außenpolitische (wirtschaftliche Sanktionen) oder sicherheitspolitische Ereignisse (Unruhen, Kriege) können dabei exemplarisch als systematische, originär politische Risikofaktoren genannt werden.

Darüber hinaus fußen die empirischen Arbeiten auf der Annahme halbstrenger Informationseffizienz im Sinne von Eugene F. Fama (1970). Dies bedeutet, dass bei der Preisbildung alle vergangenen Kursentwicklungen wie auch alle öffentlich zugänglichen Informationen Berücksichtigung finden.[17] Da nun der Aktienpreis eines Unternehmens auf einem effizienten Markt aus investitionstheoretischer Sicht der Summe aller diskontierten, zukünftigen Unternehmensüberschüsse (Dividendenzahlungen) gleicht, die wiederum von den Restriktionen abhängen, die die Politik der Wirtschaft auferlegt, können Aktienmärkte als Spiegel für die (erwarteten) wirtschaftlichen Konsequenzen von Politik betrachtet werden (Knight 2006; Herron et al. 1999). Deshalb werden Börsenmarktreaktionen zunehmend als Indikator für die ökonomische Wirkung von Politik und politischen Ereignissen instrumentalisiert (Bernhard/Leblang 2006; McGillivray 2004, 2003; Abadie/Gardeazabal 2003; Fisman 2001).

2.2 Wie politisiert sind Aktienmärkte?

Die empirische Literatur zum Einfluss von Politik auf Aktienmärkte lässt sich in zwei Großbereiche einteilen. Ein erster Bereich konzentriert sich auf die Überprüfung von Wahlzykluseffekten, wie sie theoretisch das opportunistische Konjunkturzyklusmodell nahe legt. Im erheblich umfangreicheren, zweiten Bereich werden ökonometrische Studien für die aktuellen und antizipierten Wirkungen des parteipolitischen Regierungsprofils (so genannte aktuelle und antizipierte Parteieffekte) durchgeführt, womit dieser Forschungsstrang in der Tradition des Parteiendifferenzmodells steht. Quasi flankierend widmet man sich in beiden Literatursträngen partiell auch dem Einfluss politischer Institutionen.

Anzumerken ist vorweg, dass Studien für die Vereinigten Staaten sehr viel zahlreicher sind als für andere Länder. Dieses Ungleichgewicht wird hier insofern ein wenig abgemildert, als sich dieser Literaturbericht auf die Vorstellung und Diskussion jener Untersuchungen beschränkt, deren statistische Analyseverfahren, insbesondere Korrektur der Schätzungen bei Annahmeverletzungen wie

---

[17] Es existiert eine lebhafte Debatte über die (Nicht-)Rationalität von Finanzmarktakteuren, deren Aufarbeitung hier nicht geleistet werden kann. Siehe hierzu exemplarisch die Beiträge zweier Hauptvertreter der behavioralistischen Finanzmarkttheorie: Richard H. Thaler (1993) und Andrei Shleifer (2000).

etwa Heteroskedastie und Autokorrelation sowie Anstrengungen bei der Drittvariablenkontrolle einem gewissen Mindestmaß genügen.[18]

2.2.1 Opportunistische Konjunkturzyklen

Unterliegt die Performance des amerikanischen Aktienmarkts einem Wahlzyklus, weil die Regierung vor Wahlen die Wirtschaft kurzfristig zu ihrem Vorteil manipuliert? In der Tat legen die bisherigen Arbeiten einen solchen Zyklus nahe. Die Ergebnisse von Gärtner/Wellershoff (1995) zeigen, dass die Renditen des Dow Jones Industrial Index in der ersten Hälfte der Präsidentschaftswahlperiode im Durchschnitt niedriger sind als in der zweiten Hälfte. Auch Johnson et al. (1999) stellen eine wahlzyklische Entwicklung fest, bei der die jährliche Rendite des S&P 500 in der zweiten Hälfte der präsidentiellen Wahlperiode höher ausfällt als in der ersten, und zwar unabhängig von der Parteizugehörigkeit des Präsidenten. Die Ergebnisse von Booth/Booth (2003) bestätigen ebenfalls einen Wahlzyklus auf dem US-Aktienmarkt und zwar für Aktien kleiner und großer Unternehmen. Somit findet die Hypothese eines Wahlzykluseffekts für den amerikanischen Aktienmarkt mehrfach empirische Bestätigung. Dies stützt die Vermutung, dass sowohl Demokraten als auch Republikaner die Wirtschaft vor Wahlen manipulieren, um ihre Attraktivität für Wähler zu erhöhen.

Tabelle 1 bietet einen Überblick über die empirischen Studien zum Wahlzykluseffekt. Foerster/Schmitz (1997) nehmen eine internationale Perspektive ein und untersuchen, ob sich der amerikanische Präsidentschaftswahlzyklus auf die Aktienmärkte anderer Länder überträgt. Für 18 Staaten im Zeitraum von 1957 bis 1996, darunter auch Deutschland, zeigt sich, dass ebenso wie in den Vereinigten Staaten die durchschnittliche Aktienrendite im zweiten Jahr nach der Präsidentschaftswahl signifikant negativ ist. Dagegen entwickeln sich die Aktienmärkte im ersten, dritten und vierten Jahr nach der Präsidentschaftswahl im Durchschnitt positiv.

So ermutigend diese ersten Befunde für den Wahlzykluseffekt in den Vereinigten Staaten und seine internationale Bedeutung auch sein mögen, scheint es doch spätestens auf den zweiten Blick fraglich, ob das diesen Studien zu Grunde liegende Opportunitätsmodell so ohne weiteres auf andere politische Systeme übertragen werden kann. Schließlich wurde es vor dem Hintergrund des amerikanischen Regierungssystems entwickelt. Wieso könnten der Generalisierbarkeit Grenzen gesetzt sein? Die idealtypische Einteilung politischer Systeme in Kon-

---

[18] Aus diesem Grund werden folgende Arbeiten nicht diskutiert: Niederhoffer et al. 1970; Allvine und O'Neill 1980; Riley und Luksetich 1980; Manning 1989; Gwilym/Buckle 1994; Huang 1985; Hensel und Ziemba 1995; Steeley 2003; Swensen und Patel 2004; Zhao et al. 2004.

sensus- und Mehrheitsdemokratien (Lijphart 1999) bietet für die Frage nach der Plausibilität einer Übertragung des Modells in andere Länder einen wichtigen Ansatzpunkt.[19] Diese Typologie erfasst institutionelle Charakteristika politischer Systeme und bringt sie mit der Regierungsbildung, -stabilität und -politik eines Landes in Verbindung.[20]

Eine Bedingung für die Existenz von Wahlzykluseffekten ist beispielsweise, dass Regierungsparteien überhaupt in der Lage sind, vor Wahlen die wirtschaftliche Entwicklung gezielt zu beeinflussen. Eine koordinierte Manipulation der Wirtschaft wie sie das opportunistische Konjunkturzyklusmodell unterstellt, ist in Konsensusdemokratien weniger plausibel, weil zum Beispiel die Zentralbank vom politischen Prozess weitgehend unabhängig ist (Lijphart 1999; vgl. auch Hays et al. 2000) und der fiskalpolitische Handlungsspielraum der Regierung durch die größere Anzahl von Vetospielern eingeschränkt wird (Tsebelis 2002, 1990). Dafür bieten diese Systeme zusätzliche Quellen für politisch induzierte Unsicherheit, weil der Etablierung einer Regierung lange und in ihrem Ausgang oftmals schwer abschätzbare Koalitionsverhandlungen vorangehen.[21]

Tatsächlich sprechen die Ergebnisse der ökonometrischen Studien insgesamt eher zu Gunsten der kritischen Einwände an einer direkten Übertragung des opportunistischen Konjunkturzyklusmodells auf politische Systeme, die sich vom amerikanischen unterscheiden. Bernhard/Leblang (2006) widmen sich der Reaktion von Aktienmärkten auf die im Rahmen von Wahlen auftretende, erhöhte politische Unsicherheit. Sie argumentieren im Anschluss an die Koalitionstheorie von Laver/Shepsle (1996), dass in Konsensusdemokratien auch nach der Wahl auf Grund der Notwendigkeit zur Koalitionsbildung eine erhöhte politische Unsicherheit vorherrscht, die sich auf den Aktienmarkt auswirken könnte. Die empirischen Ergebnisse stützen die Hypothese, dass Unsicherheit über die zukünftige Regierungspolitik unmittelbar vor Wahlen einen negativen Einfluss auf die Performance der nationalen Aktienmärkte hat. Auch beeinflusst die regelmä-

---

[19] Für eine weitere Unterscheidung zwischen parlamentarischen und präsidentiellen Regierungssystemen siehe Steffani (1984). Die Konsensus-/Westminster-Typologie ist jedoch an dieser Stelle fruchtbarer.

[20] Westminsterdemokratien kennzeichnet: Ein-Parteienregierung; Dominanz der Exekutive; Zweiparteiensystem; Mehrheitswahlrecht; korporatistisches System der Interessenvermittlung; zentralisierter, unitarischer Staatsaufbau; Einkammernsystem; mit einfacher Mehrheit änderbare Verfassung; keine richterliche Nachprüfung der Gesetzgebung; von Exekutive abhängige Zentralbank. Für Konsensusdemokratien ist charakteristisch: Koalitionsregierung; Kräftegleichgewicht zwischen Exekutive und Legislative; Mehrparteiensystem; Verhältniswahlrecht; pluralistisches System der Interessenvermittlung; föderaler Staatsaufbau; Zweikammernsystem; Verfassung nur mit qualifizierter Mehrheit änderbar; starke Verfassungsgerichtsbarkeit (richterliche Nachprüfung der Gesetzgebung); von Exekutive unabhängige Zentralbank.

[21] Eine theoretische Fundierung der Bildung von Koalitionsregierungen und den damit verbundenen Politiken bieten Laver und Shepsle (1996).

ßig nach Wahlen beginnende Phase der Koalitionsbildung die Renditen systematisch negativ.

Pantzalis et al. (2000) untersuchen den Einfluss von politischer Unsicherheit anlässlich nationaler Wahlen in 33 OECD-Ländern von 1974 bis 1995. Dabei wird argumentiert, dass die vor Wahlen bestehende Unsicherheit über die zukünftige Wirtschaftspolitik wichtig für den Aktienmarkt ist. Unter Verweis auf Brown et al. (1988) vermuten die Autoren, dass diese politische Unsicherheit mit dem Wahlergebnis weitgehend abgebaut wird und die Aktienmärkte sich in der Folge positiv entwickeln. Mit Hilfe von Ereignisstudien (MacKinlay 1997; Campbell et al. 1997) und anschließender Panel-Regressionen können Pantzalis et al. (2001) abnormale Renditen für die nationalen Aktienmärkte unmittelbar nach vorgezogenen Wahlen feststellen.

Die bislang vorliegenden Studien für einzelne Länder lassen die Zweifel an der Existenz eines klassischen Wahlzykluseffekts berechtigt erscheinen. Vuchelen (2003) untersucht die Reaktion des belgischen Aktienmarktes auf Wahlen und unerwartete Regierungswechsel zwischen 1974 und 2000. Hier scheint der Aktienmarkt sich nach einer Wahl grundsätzlich positiv zu entwickeln. Dies wird als Hinweis darauf gewertet, dass ein gewisses Maß an politisch induzierter Unsicherheit durch die Durchführung der Wahl beseitigt wird, auch wenn die restliche Unsicherheit erst im Laufe der Koalitionsverhandlungen abgebaut wird. Für Deutschland sind die empirischen Befunde nicht schlüssig. Pierdzioch/Döpke (2006) untersuchen ebenso wie Bohl und Gottschalk (2006, 2005) die Existenz eines Wahlzyklus in Deutschland und übertragen somit das ursprünglich vor dem Hintergrund des amerikanischen Regierungssystems entwickelte, opportunistische Wahlzyklusmodell auf das deutsche Regierungssystem. Pierdzioch/Döpke (2006) fassen ihr Ergebnis wie folgt zusammen: „The political process in Germany does not give rise to systematic and statistically significant cyclical movements in German stock market returns" (S. 9 FN. 2). Dahingegen stellen Bohl/Gottschalk (2006, 2005) fest, dass die Renditen des DAX in der zweiten Hälfte der Legislaturperiode signifikant höher sind als in der ersten.

Tabelle 1: **Studien zum Wahlzykluseffekt**

Studie Land (Zeitraum) DF	Abhängige Variable (Renditen)	Analyseverfahren	Kontrollvariablen	Befund
Gärtner/Wellershoff 1995 Vereinigte Staaten (1961-1992) v	S&P 400, S&P 500, NASDAQ composite index, DJI, small-cap stock index	OLS mit ARMA(9,17)-Residuenspezifikation	Inflationsrate, Börsen-Schock Oktober 1987, Parteizugehörigkeit des Präsidenten	Renditen in zweiter Hälfte der Wahlperiode höher
Johnson et al. 1999 Vereinigte Staaten (1929-1996) j	S&P 500, small stock index	Wilcoxon-Test	Inflationsrate, Parteizugehörigkeit des Präs.	Rendite des S&P 500 höher während der zweiten Hälfte der Wahlperiode
Booth/Booth 2003 Vereinigte Staaten (1946-1996) m,v,j	S&P 500, Indizes großer und kleiner Unternehmen	OLS mit Newey-West-Standardfehlern	Zins-Spread, allgem. Marktrendite, Überschussrendite hochbewerteter Aktien	Renditen kleiner und großer Unternehmen in zweiter Hälfte der Wahlperiode höher
Foerster/Schmitz 1997 16 OECD-Länder (1960-1996) m	Nationale Aktienindizes	OLS mit White-Standardfehler	Kurzfristiger Zinssatz, Zins-Spread	Renditen höher in zweiter Hälfte der US-Wahlperiode
Worthington 2006 Australien (1958-2005) t	Australischer „All Ordinaries" Aktien-Index	OLS mit Newey-West-Standardfehlern	Inflationsrate	Volatilität steigt mit Nähe des Wahltermins
Bohl/Gottschalk 2005 Deutschland (1957-2004) m	DAX	OLS mit Newey-West-Standardfehlern, Instrumentalvariablen-Verfahren	Inflationsrate, NYSE-Rendite, Zinssatz, Differenz lang- u. kurzfristiger Zinssatz; Parteizugehörigkeit Bundesreg. u. US-Präsident	Rendite in zweiter Hälfte der Bundestagswahlperiode höher
Pierdzioch/Döpke 2006 Deutschland (1960-2002) v	DAX	OLS mit Newey-West-Standardfehlern	Kurzfristiger Zinssatz, Zins-Spread; Börsenschocks	Kein Zusammenhang
Vuchelen 2003 Belgien (1974-2000) v	Belgischer Aktienindex	OLS	Parteizugehörigkeit der Reg., Rendite NYSE, risikoloser Zinssatz, Konjunkturentwicklung, Änderung CHF/Dollar-Kurs	Rendite höher unmittelbar nach Wahl

Studie	Index/Daten	Methode	Variablen	Ergebnis
Vuchelen 2003 Belgien (1974-2000) v	Belgischer Aktienindex	OLS	Parteizugehörigkeit der Reg., Rendite NYSE, risikoloser Zinssatz, Konjunkturentwicklung, Änderung CHF/Dollar-Kurs	Rendite höher unmittelbar nach Wahl
Pantzalis et al. 2000 33 OECD- u. Entwicklungsländer (1975-1995) w	Nationale Morgan Stanley Aktienindizes	OLS, Wilcoxon-Test	Internationale Aktienmarktentwicklung, Inflation, Arbeitslosigkeit, BIP, politische u. ökonomische Freiheit	Rendite nach vorgezogenen Wahlen positiv
Bohl/Gottschalk 2006 15 OECD-Länder (1957-2004), m	Nationale Aktienindizes	OLS mit Newey-West-Standardfehlern	Verbraucherpreisindex, Zins-Spread, Parteizugehörigkeit der Regierung	Kein Zusammenhang
Bernhard/Leblang 2006 15 parlament. Demokratien (1975-2002) t	Abweichung nationaler Aktienrenditen von Vergleichsportfolio (Multi-Faktoren-CAPM)	OLS mit White-Standardfehlern	Rendite NYSE, Goldpreis, Ölpreis, 14 Sektorrenditen	Rendite geringer vor Wahlen und während Koalitionsbildung

DF: Datenfrequenz (t=täglich, w=wöchentlich, m=monatlich, v=vierteljährlich, j=jährlich).

Zusammenfassend ergibt sich das folgende Bild: Die Befunde stützen die Hypothese eines opportunistischen Wahlzyklus in den Vereinigten Staaten, bei dem die Aktienrendite in der ersten Hälfte der Wahlperiode geringer ist als in der zweiten. Weitere Länderstudien können klassische Wahlzykluseffekte in politischen Systemen, die sich von dem der Vereinigten Staaten unterscheiden, bislang nicht überzeugend nachweisen. Hier lässt bereits die Unterschiedlichkeit der politisch-institutionellen Charakteristika eine unmittelbare Übertragung des auf die Vereinigten Staaten zugeschnittenen, opportunistischen Konjunkturzyklusmodells fraglich erscheinen. Gleichzeitig verweist dies auf die Bedeutung von politischen Institutionen für den Einfluss, den Politik auf die Wirtschaft und damit auf den Aktienmarkt auszuüben vermag. Dieser Aspekt wird weiter unten aufgegriffen werden.

Wie die Befunde zeigen, ist es jedoch keineswegs so, dass ein Wahlzykluseffekt in anderen Ländern nicht existiert. Allerdings ist dessen Periodizität eine andere, weil der Zyklus nicht bewusst von Parteien zu ihrem eigenen Vorteil herbeigeführt wird bzw. werden kann. Denn in stärker konsensual ausgerichteten Demokratien deutet einiges darauf hin, dass Unsicherheit über die zukünftige Regierungspolitik vor Wahlen wie auch die unmittelbar nach Wahlen auftretende Phase der Koalitionsbildung die Rendite verringern. Hier ist somit zu vermuten, dass unterschiedliche politisch-institutionelle Rahmenbedingungen den Parteien in diesen Ländern andere Handlungslogiken aufzwingen, die einen andersartigen Wahlzykluseffekt zur Folge haben.

Die empirischen Ergebnisse stützen nicht nur die Vermutung, dass der Übertragung des auf Amerika zugeschnittenen, opportunistischen Konjunkturzyklusmodells Grenzen gesetzt sind. Eine zu beachtende Implikation lautet, dass diese Befunde auch auf bislang kaum erforschte, wirtschaftliche Kosten konsensualer Entscheidungsfindung hindeuten. Denn Demokratien, die viel Wert auf Konsensbildung legen, leiden nicht nur unter einer in der Literatur inzwischen theoretisch und empirisch gut untersuchten, höheren Blockadeanfälligkeit (Tsebelis 2002, 1990), sondern könnten auch mit Blick auf die in einer globalisierten Ökonomie so wichtigen Entwicklung ihrer Aktienmärkte mit einem zusätzlichen Standortnachteil zu kämpfen haben.

2.2.2 Welche Partei mag der Aktienmarkt lieber?

Wesentlich umfangreicher als die Untersuchungen zur Existenz eines durch Wahlen induzierten Zyklus auf Aktienmärkten sind jene Arbeiten, die sich in der Tradition des Parteiendifferenzmodells anschicken, Parteieffekte auf dem Aktienmarkt aufzuspüren. Diese Bemühungen waren bislang sehr stark auf die Vereinigten Staaten konzentriert. Erheblich geringere Aufmerksamkeit wurde der

Bedeutung von Parteien und ihren Politiken in anderen Ländern gewidmet. Einige Arbeiten untersuchen mögliche Parteieffekte in Großbritannien und vergleichsweise wenige Studien beschäftigen sich mit Deutschland.[22] Dem ursprünglichen Modell von Douglas C. Hibbs folgend argumentieren einige Autoren, dass sich Politik auf Aktien über den Faktor Inflation auswirken sollte, da die Inflationsrate den Wert einer Kapitalinvestition verändert. Sofern linke Parteien in der Tat höhere Inflationsraten in Kauf nehmen als rechte Parteien, sollte die erwarteten Rendite von Kapitalanlagen somit unter der Amtsinhaberschaft linker Parteien niedriger ausfallen als in Zeiten, in denen eine rechte Partei regiert. Allerdings sind weitere theoretische Ansatzpunkte denkbar, die vermuten lassen, dass die Parteizugehörigkeit der Regierung für die Aktienentwicklung von Bedeutung ist.

So konnte die Parteienforschung im Rahmen des Manifesto Research Project zahlreiche, mehrdimensionale Unterschiede zwischen den politischen Positionen linker und rechter Parteien ausmachen. Wirtschaftspolitisch haben linke Parteien eine starke Präferenz für die Umverteilung von Reichtum zu Gunsten von Bevölkerungsschichten mit niedrigen Einkommen (Budge und Keman 1990). Diese Umverteilung wird insbesondere dadurch finanziert, indem Unternehmen und wohlhabende Einzelpersonen mit höheren Steuern belastet werden (Benoit/Laver 2006; Budge et al. 2001; Budge et al. 1994). Aus Sicht von Anlegern ist gerade die Steuerbelastung von Unternehmen ein entscheidender Faktor für deren relative Investitionsattraktivität.

Zunehmend zieht die empirische Literatur aber auch weitere Elemente der Wirtschaftspolitik, beispielsweise Subventionen, Abgaben, Zölle oder nichttarifäre Handelshemmnisse (Mansfield und Busch 1995; Magee et al 1989), als für die Entwicklung von Unternehmen und damit deren Aktien relevante Faktoren in Betracht (McGillivray 2004, 2003; Herron et al. 1999; Roberts 1990). Dies ist natürlich damit begründet, dass auch diese Größen einen Einfluss auf die Profitabilität von Unternehmen ausüben und deshalb ebenfalls für die Entwicklung von Aktienkursen, die ja Änderungen der erwarteten Gewinnträchtigkeit reflektieren, relevant sein sollten.

---

[22] Für Brasilien (Jensen und Schmith 2005), Griechenland (Siokis und Kapopoulos 2007), Kanada (Brander 1991), Neuseeland (Cahan et al. 2005) und Taiwan (Roberts und Lin 2001) liegt jeweils nur eine einzige Studie vor. Der Forschungsstand ist somit noch nicht weit genug fortgeschritten, als dass er eine Diskussion dieser Ergebnisse zum gegenwärtigen Zeitpunkt rechtfertigen könnte.

2.3 Parteieffekte in den Vereinigten Staaten – „Does the market prefer Republicans?"

Die Ergebnisse der Untersuchungen zu Parteieffekten in den Vereinigten Staaten sind sehr heterogen (Tabelle 2). Auf der „Pro-Republikaner"-Seite finden sich Leblang/Mukherjee (2005) mit einer Langzeitstudie zum Zusammenhang zwischen der Rendite des Dow Jones Industrial Index und der Parteizugehörigkeit des US-Präsidenten von 1930 bis 2000. Die Rendite des amerikanischen Aktienmarkts stieg den Schätzungen zufolge unter einer republikanischen Regierung um durchschnittlich fast fünf Prozent. Während Amtsperioden eines demokratischen Präsidenten reduzierte sich die Aktienrendite im Durchschnitt um etwa 4 Prozent. Zu gegenteiligen Ergebnissen kommen Santa-Clara/Valkanov (2003). Ihre Schätzungen besagen, dass die Aktienrenditen in Zeiten eines demokratischen Präsidenten signifikant höher war als während republikanischer Regierungsphasen. Ein genauerer Blick auf diese Studie zeigt jedoch, dass dieses Ergebnis möglicherweise auf zwei beachtliche Ausreißer, nämlich die sehr negativen Renditen während der Präsidentschaft des republikanischen Politikers Edgar Hoover von 1928 bis 1933 und die sehr positiven Renditen unter Präsident Roosevelt (1933-1937), zurückzuführen sein könnte (2003: 1848, Figure 1). Den Einwand, dass die Ergebnisse von diesen Ausreißern getrieben seien, können Santa-Clara/Valkanov jedoch insbesondere durch die Schätzung einer Quantilsregression weitgehend entkräften.

Schließlich ist in der Literatur auch die Auffassung vorzufinden, die Parteizugehörigkeit des US-Präsidenten sei überhaupt nicht oder nur begrenzt für die Aktienmarktentwicklung von Belang. Gärtner/Wellershoff (1995) stellen fest, dass der Aktienmarkt unabhängig von der Parteicouleur des Präsidenten in der zweiten Hälfte der Amtsperiode höhere Renditen hervorbringt. Dieselbe Frage verfolgend ermitteln Johnson et al. (1999), dass auch die Aktienrenditen des S&P 500 unabhängig von der Parteizugehörigkeit des Präsidenten ist. Lediglich die Rendite von Unternehmen mit geringer Marktkapitalisierung ist während der Regierungszeit eines demokratischen Präsidenten signifikant höher als während der eines republikanischen. Auch Booth/Booth (2003) kommen in ihrer Studie zu diesem Ergebnis.

Tabelle 2: Studien zu Parteieffekten auf dem amerikanischen Aktienmarkt

Effekt	Marktebene	Studie (Zeitraum) DF	Abhängige Variable (Renditen)	Analyseverfahren	Kontrollvariablen	Befund
Aktuelle Parteieffekte	*Allgemeine Marktentwicklung*	Gärtner/Wellershoff 1995 (1961-1992) v	S&P 400, S&P 500 NASDAQ composite index, DJI, small-cap stock index	OLS mit ARMA(9,17)-Residuenspezifikation	Börsenschock 1987, Inflation	Kein Zusammenhang
		Johnson et al. 1999 (1929-1996) j	S&P 500, small stock index	Wilcoxon-Test	Inflationsrate, Wahlzyklus	Rendite kleiner Unternehmen höher während demokratischer Präsidenten
		Booth/Booth 2003 (1946-1996) m,v,j	S&P 500, Indizes großer und kleiner Unternehmen	OLS mit Newey-West-Standardfehlern	Zins-Spread, allgem. Marktrendite, Überschussrendite hochbewerteter Aktien	Aktien kleiner Unternehmen höher während republikanischer Präsidenten
		Santa-Clara/Valkanov 2003 (1927-1998) m	Differenz zwischen CRSP Index und 3-Monats-Bundesanleihe	OLS mit Newey-West-Standardfehlern, Bootstrapping, Quantilregression	Dividenden-Kurs-Verhältnis, Zins-Spread, Ausfallrisikoprämie, relativer Zinssatz	Renditen höher während demokratischer Präsidenten
Antizipierte Parteieffekte	*Allgemeine Marktentwicklung*	Leblang/Mukherjee 2005 (1930/1944-2000) t	Dow Jones Industrial Index	GARCH(1,1)	Handelsvolumen, Zinssatz, Inflationsrate, asymmetrische Parteimehrheiten der beiden Kammern	Rendite und Volatilität höher wenn republikanischer Präsident im Amt und wenn Sieg des republikanischen Kandidaten wahrscheinlicher wird
	Sektorindizes	Roberts 1990 (1980) t	Rüstungssektor	SUR	Allgemeine Marktentwicklung	Renditen steigen mit Wahrscheinlichkeit eines Wahlsieges des republikanischen Kandidaten
		Herron et al. 1999 (1992) t	74 Dow Jones Industry Group Indizes	OLS	Allgemeine Marktentwicklung	15 von 74 Sektoren reagieren auf Siegeswahrscheinlichkeiten der Kandidaten

Cheng 2005 (2004) t	Pharmazie, alternative Energien, Rüstung, Immobilien	OLS	Allgemeine Marktentwicklung, risikoser Zinssatz	Renditen der Sektoren, die von erwarteten Politiken eines Kandidaten profitieren, steigen, wenn dessen Sieg wahrscheinlicher wird
Mattozzi 2004 (2000) t	20 Einzelunternehmen, darunter: Philip Morris, MBNA, UPS, Credit Suisse First Boston, Enron, Pfizer, Goldman Sachs, Time Warner, Vivendi	OLS, GARCH(1,1)	Allgemeine Marktentwicklung, risikoser Zinssatz	Renditen der Unternehmen, die Kandidaten finanziell unterstützen, steigen, wenn Sieg dieses Kandidaten wahrscheinlicher wird
Knight 2006 (2000) t / w	70 Einzelunternehmen, darunter: AXA Financial, Boeing, Bristol Meyers Squibb, Enron, Goldman Sachs, Microsoft, Philip Morris	OLS, Instrumental-variablen-Verfahren	Allgemeine Marktentwicklung	Renditen kovarieren mit Wahlwahrscheinlichkeiten Kandidaten

Unternehmen

DF: Datenfrequenz (t=täglich, w=wöchentlich, m=monatlich, v=vierteljährlich, j=jährlich).

Ein Hauptkritikpunkt an diesen Studien ist die Vernachlässigung von rationalen Erwartungen bei der theoretischen und ökonometrischen Modellierung. Denn wie bereits das Kapitalwertmodell vermuten lässt, ist das Handeln auf Aktienmärkten zutiefst zukunftsgerichtet. Wenn beispielsweise die Wirtschaftspolitiken zweier Parteien A und B unterschiedlich auf die Profitabilität von Unternehmen wirken, sollten potentielle Investoren vor Wahlen den Wert einer Investition unter der Regierung von Partei A und unter der Regierung von Partei B ermitteln, mit den jeweiligen Siegeswahrscheinlichkeiten der Parteien gewichten und schließlich aufsummieren, um den Erwartungswert der Investition zu berechnen (Füss/Bechtel 2006; Herron et al. 1999; Roberts 1990). Das Ergebnis ist ein Erwartungswert, der insbesondere von der Wahrscheinlichkeit abhängt, mit der eine der beiden Parteien die Regierung übernehmen wird. Eine solche mikrotheoretische Fundierung berücksichtigt, dass die Auswirkungen der von den verschiedenen Parteien vertretenen Wirtschaftspolitiken, gewichtet mit deren jeweiligen Eintrittswahrscheinlichkeiten, vor Wahlen antizipiert und vom Aktienmarkt eingepreist werden sollten (antizipierte Parteieffekte). Solche Antizipationseffekte könnten auch erklären, warum einige Studien keinen aktuellen Parteieffekt nachweisen können, weil ja die Wirkungen der Parteipolitiken schon vor der Wahl vom Markt eingepreist worden sein könnten.

Um diese antizipierten Parteieffekte auch bei den Schätzungen adäquat zu erfassen, muss zunächst eine geeignete Operationalisierung für die Wahlchancen einer Partei gefunden werden. In der Literatur können drei alternative Operationalisierungsmöglichkeiten identifiziert werden. Eine erste besteht in der Verwendung von Wettchancen, wie sie Buchmacher teilweise für Wetten auf den Ausgang einer Wahl veröffentlichen. Diese reflektieren „the acquisition of new information on the relative standing of [...] the parties" (Herron 2000, S. 331) und sind somit eine Wahrscheinlichkeitseinschätzung des Sieges einer Partei am Wahltag (Genmill 1992; Roberts 1990). Die zweite Möglichkeit besteht in der Verwendung von Preisdaten politischer Aktienmärkte wie beispielsweise des Iowa Political Stock Market. Hier können Aktien der Parteien bzw. Kandidaten gehandelt werden, wobei der zu erzielende Gewinn davon abhängt, ob man in die Aktien des Wahlsiegers investiert hat. Der mit finanziellem Einsatz verbundene Handel stiftet – wie im Fall von Wetten – einen starken Anreiz, alle verfügbaren Informationen bei der Erwartungsbildung zu berücksichtigen, um den Wahlausgang so gut wie möglich vorherzusagen. Diese Wahlbörsen (in Deutschland die so genannte Wahl$treet) können die Wahlergebnisse meist zuverlässiger prognostizieren als die Umfrageinstitute (Schaffer/Schneider 2005; Wolfers/Zitzewitz 2004; Bohm 1999). Berg et al. (2008) zeigen beispielsweise, dass diese „Prediction Markets" die Wahlergebnisse der US-Präsidentschaftswahlen zwischen

1988 und 2004 in 74 Prozent aller Fälle besser vorhersagten als die Umfragein-stitute.

Eine dritte Möglichkeit bietet das so genante „Electoral Option Model" (Alesina et al. 1997). Basierend auf leicht zugänglichen und über große Zeiträu-me verfügbaren Umfrageergebnissen werden Siegeswahrscheinlichkeiten dabei durch die Adjustierung für die Varianz und die Entfernung bis zum Wahltag berechnet. Zur Veranschaulichung zeigt Abbildung 4 Siegeswahrscheinlichkei-ten des demokratischen (Bill Clinton) sowie des republikanischen (George Bush Sr.) Kandidaten bei den US-Präsidentschaftwahlen 1992, die mit Hilfe der letzt-genannten Alternative konstruiert wurden.

Abbildung 4:   Siegeswahrscheinlichkeiten und Unsicherheit des Wahlausgangs bei den US-Präsidentschaftswahlen 1992

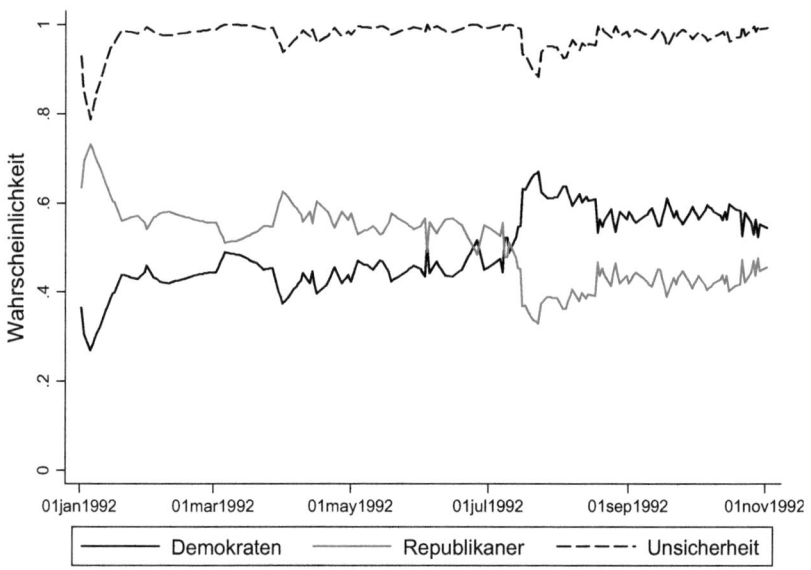

Konstruierte Siegeswahrscheinlichkeiten nach Alesina et al. (1997). Datenquelle: Leblang und Mukherjee (2005).

Auch die Unsicherheit über den Wahlausgang lässt sich auf Basis von Sieges-wahrscheinlichkeiten operationalisieren. Dies geschieht mit Hilfe einer inversen U-Funktion, die als Maximum den Wert Eins annimmt, wenn die Siegeswahrscheinlichkeiten bei 0,5 liegt und 0 wird, wenn die Siegeswahrscheinlichkeit bei 1 oder 0 liegt.[23] Die Überlegung ist dabei, dass im Falle eines knappen Wahlkampfes, d.h. für beide Kandidaten ist ein Wahlsieg gleich wahrscheinlich, die Unsicherheit über den Wahlausgang am höchsten ist (Funktionswert 1), während keine Unsicherheit vorherrscht (Funktionswert 0), wenn einer der beiden Wettbewerber aller Voraussicht nach am Wahltag die Mehrheit der Stimmen auf sich vereinigen wird.

Unter Verwendung solcher Siegeswahrscheinlichkeiten untersuchen Leblang/Mukherjee (2005) die Existenz von antizipierten Parteieffekten und stellen mittels Tagesdaten von 1944 bis 2000 fest, dass der amerikanische Aktienmarkt die Wirkungen der Parteipolitiken auf die Performanz der Unternehmen tatsächlich vorwegnimmt: Die Siegeswahrscheinlichkeiten der Parteien (bzw. deren Kandidaten) besitzen in allen geschätzten Modellspezifikationen einen signifikanten Einfluss auf die Rendite des Dow Jones. Dabei steigt die Rendite mit der Wahrscheinlichkeit eines Wahlsieges des republikanischen Kandidaten an. Ein weiterer Fortschritt der Studie besteht in der Schätzung von antizipierten Parteieffekten auf die Volatilität der Aktienrendite mit Hilfe von Generalized Autoregressive Conditional Heteroscedasticity (GARCH)-Modellen (Engle 1982, 2001; Bollerslev 1986). Diese Verfahren berücksichtigen nicht nur die finanzzeitreihentypische Klumpenbildung der Volatilität (volatility clustering), die vorliegt, wenn auf hohe (niedrige) Renditeschwankungen wieder hohe (niedrige) Schwankungen folgen (Heteroskedastizität). GARCH-Verfahren bieten zudem die Möglichkeit, neben dem Mittelwert gleichzeitig auch die Volatilität der Rendite als Funktion exogener Variablen zu modellieren. Die Schätzergebnisse zeigen, dass die Volatilität mit der Erwartung eines republikanischen Sieges und zunehmender Knappheit des Wahlausgangs ansteigt und immer dann sinkt wenn die Wahrscheinlichkeit eines demokratischen Präsidenten zunimmt.[24]

Für die Vereinigten Staaten wurde die abhängige Variable bereits disaggregiert, um aufzuzeigen, ob die Effekte über einzelne Wirtschaftssektoren und auch Unternehmen hinweg variieren. Theoretisch motiviert ist diese Suche nach sektor- und unternehmensspezifischen Parteieffekten durch die umfangreiche Literatur zum Einfluss von Interessengruppen auf die von Kandidaten und Parteien vertretenen Politiken. Beispielsweise argumentiert Baron (1989), dass Politiker vor Wahlen gegenüber jenen Interessengruppen glaubhafte Versprechen für Dienstleistungen (z.B. das Einsetzen für gewünschte Politiken oder Einfluss-

---

[23] Die gängige funktionale Form für die Unsicherheit des Wahlausgangs v_t in Abhängigkeit von der Siegeswahrscheinlichkeit Pr_t zum Zeitpunkt t lautet $v_t(\mathrm{Pr}_t) = 1 - 4(\mathrm{Pr}_t - 0.5)^2$.

[24] Zumindest erwähnt werden soll die Arbeit von Van der Ploeg (1989), der den Einfluss eines unerwarteten Wahlausgangs auf den Aktienmarkt untersucht.

nahme auf Verwaltungsentscheidungen) abgeben, die sie während des Wahlkampfes unterstützen. Austen-Smith (1995) entwickelt ein Modell, in dem sich Lobbyisten durch Parteispenden Zugang zu einem Kandidaten erkaufen und ihn im Falle seiner Wahl strategisch mit Informationen versorgen können, die jene Politiken rechtfertigen, von der die vertretenen Interessen am meisten profitieren (informational lobbying). Aus den Gleichgewichtsprognosen lässt sich unter anderem die Erkenntnis gewinnen, dass die Nähe zwischen der präferierten Politik des Kandidaten und der Interessengruppe entscheidend für deren Verhalten ist. Je ähnlicher die Vorstellungen von der idealen Politik sind, desto eher werden beide miteinander kooperieren und Wahlkampfunterstützung gegen vorteilhafte Politik tauschen. Ein weiteres einflussreiches theoretisches Modell liefern Grossman/Helpman (2001, 1994), das sektorspezifische Außenhandelspolitik als Gegenleistung für Wahlkampfspenden betrachtet. Wie die folgende Bestandsaufnahme deutlich macht, zeigen die empirischen Befunde in der Tat nicht nur, dass antizipierte Parteieffekte existieren, sondern überdies, dass die Wirkungsrichtung für verschiedene Sektoren und Unternehmen, z.T. auch in Abhängigkeit von deren Spendenverhalten, gegensätzlich ausfallen können.

Roberts (1990) erklärt die Varianz der Renditen von US-Rüstungsunternehmen mit Veränderungen in der Wahrscheinlichkeit eines Wahlsieges des republikanischen Kandidaten Ronald Reagan bei der amerikanischen Präsidentschaftswahl 1980. Ronald Reagan hatte die Sicherheits- und Verteidigungspolitik während seiner Wahlkampagne besonders hervorgehoben. Unter dem Motto „Make America Great Again" trat er für die Wiederaufnahme mehrerer Rüstungsprogramme und die dafür erforderliche, deutliche Erhöhung des Verteidigungshaushalts ein. Die zukünftige Profitabilität der an diesen Projekten beteiligten Unternehmen sollte also ganz maßgeblich damit zusammenhängen, ob Ronald Reagan Präsident der Vereinigten Staaten werden würde. Sofern Aktienmärkte tatsächlich halb-streng informationseffizient sind, sollten diese öffentlichen Informationen verarbeitet und somit erwartete Umverteilungswirkungen vorweggenommen werden (Fama 1970). Die Schätzungen legen nahe, dass ein Anstieg der Siegeswahrscheinlichkeit von Ronald Reagan um ein Prozent die Rendite des Rüstungssektors um durchschnittlich 1,4 Prozent nach oben trieb (1990, S. 303).

Für die amerikanische Präsidentschaftswahl 1992 rekonstruieren Herron et al. (1999) die US-Wirtschaft als Aktienportfolio, das 74 Sektorindizes umfasst. Die Schätzungen zeigen, dass die Renditen von 15 der 74 Sektoren signifikant mit den Siegeswahrscheinlichkeiten der Präsidentschaftskandidaten zusammenhingen. Die zunehmende Wahrscheinlichkeit eines Sieges von Bill Clinton war positiv mit den Renditen der Umwelt-, Raumfahrt- und Rüstungssektoren verbunden. Im Unterschied dazu profitierten der Kosmetik- und der Pharmazie-

Sektor von einer zunehmenden Siegeswahrscheinlichkeit des republikanischen Kandidaten George Bush Sr. Eine noch niedrigere Aggregationsperspektive verwendet Knight (2006), der mittels Analysen mehrerer Investmentbanken 41 Unternehmen identifiziert, die nach einem Sieg des republikanischen Kandidaten George W. Bush bei der Präsidentschaftswahl 2000 höhere Gewinne verzeichnen sollten als unter einer Administration des Demokraten Al Gore. Zudem werden 29 Unternehmen erfasst, deren Profite unter einer Regierung von Al Gore höher ausfallen würden. Die Ergebnisse zeigen, dass der Wert der Unternehmen ganz erheblich von den Siegeswahrscheinlichkeiten der Präsidentschaftskandidaten abhing. Die Differenz des Unternehmenswertes unter den beiden möglichen Präsidenten betrug zwischen 9 und 16 Prozent. Die Tabak-Industrie hätte im Falle einer Bush-Regierung eine 13-prozentige Wertsteigerung erfahren, während der alternative Energien-Sektor 16 Prozent an Wert verloren hätte.

Die Studie von Mattozzi (2004) bestätigt diese Befunde weitgehend. Die Renditen zweier Indizes mit den 10 spendenfreudigsten Unternehmen der beiden politischen Lager kovariierten während der Präsidentschaftswahl 2000 signifikant mit der Siegeswahrscheinlichkeit desjenigen Kandidaten, dessen Wahlkampf die Firmen finanziell unterstützt hatten.[25] Cheng (2005) stellt auch für die Präsidentschaftswahl 2004 einen systematischen Zusammenhang zwischen der Wahrscheinlichkeit eines Wahlsieges der Kandidaten und der Aktienperformance jener Unternehmen fest, die den Kandidaten große Summen an Wahlkampfspenden zukommen ließen. Ein darauf basierender „Bush Index" bzw. „Kerry Index" weist den Schätzungen zufolge erhebliche Responsivität gegenüber den jeweiligen Siegeswahrscheinlichkeiten auf und macht somit die immensen Umverteilungswirkungen der erwarteten Parteipolitiken deutlich: Stieg die Wahrscheinlichkeit eines Sieges von George W. Bush um einen Prozentpunkt, erhöhte sich der Marktwert des „Bush-Index" am Folgetag um 720 Millionen Dollar. Gleichzeitig sank der Marktwert des „Kerry Index" um eine Milliarde Dollar. Insgesamt belegen die empirischen Studien sehr deutlich die Antizipation von Parteieffekten auf dem amerikanischen Aktienmarkt.

---

[25] Unter den größten Geldgebern des Kandidaten Bush finden sich drei Konzerne des Pharmazie-Sektors (Pfizer, Bristol-Myers Squibb, GlaxoSmithKline), die jeweils zwischen 1,8 (GlaxoSmithKline) und 2,5 (Pfizer) Millionen Dollar spendeten. Die größte finanzielle Unterstützung erhielt George W. Bush durch den Tabakkonzern Philip Morris, der 3,8 Millionen Dollar spendete. Auch aus dem Energiesektor erhielt der Kandidat der republikanischen Partei Spenden. So unterstützte die Enron Corporation George W. Bushs Kampagne mit 2,5 Millionen Dollar. Al Gore hingegen wurde allen voran von Unternehmen der Unterhaltungs- und Filmbranche unterstützt. Time Warner spendete 2,4 Millionen, Vivendi Universal 2,1 Millionen, Viacom 1,5 Millionen Dollar. Weitere Geldgeber stammten aus dem Kommunikationssektor (Loral Space & Communications, Vyyo Inc, Cablevision Systems), dem Bankenbereich (Goldman Sachs, FleetBoston Financial, Bear Stearns) und der Nahrungsmittel sowie der Gesundheitsbranche (Slim-Fast Foods und Thompson Medical).

2.3.1.1 Parteieffekte in anderen Ländern

Geringere Aufmerksamkeit wurde in der Forschung Parteieffekten in anderen Ländern geschenkt. Hudson et al. (1998) untersuchen die Reaktion des FTSE 30 auf den Wahlsieg der linken (Labour) bzw. rechten (Tories) Partei in Großbritannien mittels Tagesdaten von 1945 bis 2002. Die Ergebnisse lassen darauf schließen, dass die allgemeine Marktrendite unmittelbar nach Wahlen in Reaktion auf einen Sieg der Labour-Partei abnahm. Die umgekehrte Wirkung hatte ein Sieg der Tories auf die Performance des britischen Aktienmarktes. Bemerkenswerterweise bestand zwischen der Aktienmarktperformance während einer linken im Vergleich zu einer rechten Regierungspartei kein signifikanter Unterschied. Dies kann als erneuter Hinweis darauf gedeutet werden, dass die Wirkungen der Parteipolitiken vor der Wahl antizipiert werden und dann unmittelbar nach dem Wahlergebnis die vollständige Anpassung an den neuen Gleichgewichtspreis erfolgt. Diese Vermutung wird auch dadurch gestützt, dass die Marktreaktion auf die Bekanntgabe des Wahlergebnisses stärker ausfiel, je mehr das Ergebnis von dem erwarteten Wahlausgang abwich.

Leblang/Mukherjee (2005) bestätigen die Bedeutung von antizipierten Parteieffekten in Großbritannien. Auch sie kommen zu dem Ergebnis, dass der britische Aktienmarkt in der skizzierten Richtung auf die Siegeswahrscheinlichkeit der Parteien reagiert. Basierend auf monatlichen Daten von 1943 bis 2000 zeigen die Schätzungen, dass die Renditen und auch deren Volatilität immer dann stiegen, wenn der Sieg der konservativen Partei wahrscheinlicher wurde. Zudem erhöhte sich die Volatilität mit knapper werdendem, erwartetem Wahlausgang, was wiederum die Hypothese vom Einfluss politisch induzierter Unsicherheit auf die Aktienmarktperformance bestätigt.

Für Deutschland analysieren Pierdzioch/Döpke (2006) sowie Bohl/Gottschalk (2005) den Zusammenhang zwischen der aktuellen Parteizugehörigkeit der Bundesregierung und der Rendite des DAX zwischen 1960 und 2002 sowie 1957 und 2004. Beide kommen zu dem Ergebnis, dass die aktuelle Parteizugehörigkeit der Regierung keine Rolle für die Entwicklung der Aktienmarktperformance spielt. Allerdings schließt dies nicht die Möglichkeit aus, dass der Markt die erwarteten Wirkungen der Parteipolitiken antizipiert.

Tabelle 3: Studien zu Parteieffekten in anderen Ländern

Studie Land (Zeitraum) DF	Abhängige Variable (Renditen)	Analyseverfahren	Kontrollvariablen	Befund
Hudson et al. 1998 Großbritannien (1945-1992) t	FTSE30	OLS Regression	Zeit seit Beginn der Amtsperiode	Rendite sinkt (steigt) bei Labour (Tory)-Sieg.; stärker bei überraschendem Wahlergebnis
Leblang/Mukherjee 2005 Großbritannien (1943-2000) m	FTSE All Share	GARCH	Handelsvolumen, Inflationsrate, Popularität des Premiers, Inflation, Zinssatz	Rendite sinkt wenn Sieg der Labour-Partei wahrscheinlicher
Pierdzioch/Döpke 2006 Deutschland (1960-2002) v	DAX	OLS mit Newey-West-Standardfehlern	Kurzfristiger Zinssatz, Zins-Spread, Börsencrashs	Kein Zusammenhang
Bohl/Gottschalk 2005 Deutschland (1957-2004) m	DAX	OLS mit Newey-West-Standardfehlern, Instrumentverfahren	US-Aktien- u. Dividendenrenditen, realer u. erwarteter Zinssatz, Inflation, Zins-Spread; Parteizugehörigkeit Bundesregierung u. US-Präsident	Kein Zusammenhang
Füss/Bechtel 2006 Deutschland (2002) t	DAX, MDAX, SDAX	GARCH/TARCH(1, 1) mit semi-robusten Standardfehlern	US-Aktienrenditen, risikoloser Zinssatz, Montagseffekt, Handelsvolumen, Inflation	SDAX Rendite und Volatilität steigen (sinken) wenn rechte (linke) Regierung wahrscheinlicher. Volatilität sinkt mit Knappheit des Wahlausgangs

Bohl/Gottschalk 2006 15 OECD-Länder (1957-2004), m	Nationale Aktienindizes	OLS mit Newey-West-Standardfehlern	Verbraucherpreisindex, lang- u. kurzfristiger Zinssatz, Parteizugehörigkeit der Regierung	Rendite unter linken Regierungen in Österreich, Dänemark und Deutschland höher
McGillivray 2003 14 Industrieländer (1973-1996) m	Nationale Preisstreuung der Sektorindizes (Morgan Stanley Capital) bezogen auf nationale, allgemeine Marktentwicklung	GLS, OLS mit panel-korrigierten Standardfehlern	Marktkapitalisierung zu BIP, Marktvolatilität, Inflation, Zinssatz, Parteizusammensetzung der Regierung, Anzahl Regierungsparteien, Föderalismus, Präsidentialismus	Umverteilungswirkung in Ländern mit Verhältniswahlrecht stärker als in Systemen mit Mehrheitswahlrecht, aber zeitlich diffuser

DF: Datenfrequenz (t=täglich, w=wöchentlich, m=monatlich, v=vierteljährlich, j=jährlich).

Füss/Bechtel (2006) gehen diesem Einwand nach und untersuchen den Zusammenhang zwischen erwarteter Parteizugehörigkeit der Regierung und den Aktienrenditen des DAX, MDAX und SDAX bei der Bundestagswahl 2002. Die Schätzergebnisse legen nahe, dass der Wert und die Volatilität des SDAX, der die Aktienentwicklung von kleinen Unternehmen repräsentiert, systematisch mit den Siegeswahrscheinlichkeiten einer linken bzw. rechten Koalition kovariierten. Rendite und Volatilität stiegen dabei immer dann, wenn eine rechte Koalitionsregierung wahrscheinlicher wurde.

2.3.1.2 Die Bedeutung von politischen Institutionen für Parteieffekte

Bereits bei der Bestandsaufnahme der empirischen Befunde zum Wahlzykluseffekt ist deutlich geworden, dass die institutionellen Rahmenbedingungen des politischen Systems für den Einfluss von Politik auf Aktienmärkte eine Rolle zu spielen scheinen. In einem wegweisenden Beitrag geht Fiona McGillivray (2003) der Frage nach, ob Änderungen in der Regierungszusammensetzung Umverteilungswirkungen zwischen Wirtschaftssektoren zur Folge haben, die zeitlich und hinsichtlich ihrer Stärke über Länder mit unterschiedlichen Wahlsystemen hinweg variieren.[26] Argumentiert wird dabei zum einen, dass sich mit Regierungswechseln auch die Ausrichtung der Wirtschaftspolitik, insbesondere der Handels- und Industriepolitik ändert, womit sektorspezifische Umverteilungswirkungen verbunden sind. Diese sollten sich in der relativen Renditeentwicklung der Sektoren zueinander widerspiegeln. Zum anderen wird vermutet, dass dieser Effekt nicht in allen politischen Systemen gleich ist, sondern durch institutionelle Faktoren, besonders durch das Wahlsystem und dessen Folgen für die Aushandlungsprozesse während der Regierungsbildung, beeinflusst wird. Aufgrund der in Verhältniswahlsystemen erforderlichen Koalitionsbildung sind die Regierungsparteien meist zu zeitintensiven Verhandlungsprozessen gezwungen, an deren Ende Kompromisse stehen, die zu einer moderateren Politik führen.[27] Im Gegensatz hierzu sind Politiken in Mehrheitsdemokratien ohne zeitliche Verzögerung auf Grund von Koalitionsverhandlungen und dem Zwang zur Berücksichtigung von Akteuren mit Vetorechten umsetzbar (McGillivray 2003, S. 372). Dies führt zu der Hypothese, dass sektorspezifische Parteieffekte in Ländern mit majoritären Wahlsystemen zeitlich sehr viel konzentrierter unmittelbar nach Wahlen auftreten sollten als in Ländern, die ein proportionales Wahlsystem verwenden.

---

[26] Die untersuchten Länder sind: Australien, Belgien, Dänemark, Deutschland, Frankreich, Großbritannien, Italien, Kanada, Niederlande, Norwegen, Österreich, Schweden, Schweiz und die Vereinigten Staaten.

[27] Somit basiert dieses Argument auf dem so genannten „Balancing model" (Fiorina 1991; Alesina und Rosenthal 1996), das Koalitionspolitiken als Konvexkombination der beteiligten Koalitionspartner betrachtet. Für eine Kritik siehe Krehbiel (1996).

Die empirischen Schätzungen belegen, dass die Renditereaktion auf Änderungen in der Regierungszusammensetzung in Verhältniswahlsystemen über einen sehr viel längeren Zeitraum erfolgt als in Ländern mit Mehrheitswahlrecht. Insgesamt scheinen diese sektorspezifischen Umverteilungswirkungen in Ländern mit Verhältniswahlrecht jedoch stärker ausgeprägt zu sein. Einige weitere Ergebnisse der Studie verdienen Beachtung. So nimmt das Ausmaß der relativen Renditeentwicklung der Sektoren zu, je weiter links eine Regierung auf der Links-Rechts-Dimension des politischen Wettbewerbs positioniert ist, was auf deren stärkere Tendenz zu allokationsverzerrenden Markteingriffen zurückgeführt wird (vgl. McGillivray 2003, S. 388). Diese ersten Befunde stützen nicht nur Forderungen nach einer Berücksichtigung von politischen Institutionen bei der Untersuchung von Parteieffekten auf Aktienmärkten. Sie stärken auch Rufe nach einer stärkeren Erforschung der Bedeutung von institutionellen Konfigurationen politischer Systeme für die Aktienmarktentwicklung.

2.4 Zusammenfassung und Kritik

Die Ergebnisse der hier betrachteten Studien zeigen, dass die ökonometrischen Untersuchungen zumindest für die Vereinigten Staaten einen robusten opportunistischen Wahlzyklus auf dem Aktienmarkt nachweisen können, bei dem die Aktienmarktperformance in der ersten Hälfte der Wahlperiode schlechter ausfällt als in der zweiten. Für andere Länder kann lediglich festgehalten werden, dass ein nationaler, klassischer Wahlzykluseffekt eher abzulehnen ist. Auf die Frage, ob die aktuelle Parteizugehörigkeit der Regierung einen Einfluss auf die Aktienmarktperformance in den Vereinigten Staaten besitzt, kann auf Grundlage der diskutierten Studien am ehesten mit einem leisen „Ja" geantwortet werden. Was jedoch die Richtung des Zusammenhangs betrifft, sind die Ergebnisse bislang zu widersprüchlich und vor allem dann fraglich, wenn der rationalen Erwartungsbildung der Investoren bei der ökonometrischen Modellierung keine Rechnung getragen wurde. Diese zentrale Überlegung wird in den folgenden Kapiteln aufgegriffen werden.

Im Falle der Vereinigten Staaten existiert darüber hinaus empirische Evidenz dafür, dass der Aktienmarkt von der erwarteten Parteizugehörigkeit der Regierung beeinflusst wird, wobei Rendite und Volatilität steigen, wenn ein Sieg des republikanischen Kandidaten wahrscheinlicher wird. Auf Sektoren- und Unternehmensebene zeigen die Befunde nicht nur, dass antizipierte Parteieffekte existieren, sondern überdies, dass die Wirkungsrichtung für verschiedene Sektoren und Unternehmen gegensätzlich ausfallen kann. Um analoge Aussagen über den Einfluss der erwarteten Regierungspolitik auch für andere Länder zu wagen, ist es allerdings noch zu früh. Es ist zu hoffen, dass die Forschung solche theoretisch zu erwartenden, antizipierten Parteieffekte auf Sektoren- und Unternehmensebene auch in anderen Ländern und ländervergleichend untersuchen wird. Dies gilt ebenfalls für den moderierenden Einfluss politischer Institutionen auf Wahlzyklus- und Parteieffekte am Aktienmarkt – die theoretischen Überlegungen wie auch die bisherigen empirischen Befunde können hierzu nur ermutigen. Die geleistete Bestandsaufnahme verdeutlicht auch, dass noch erhebliche politökonomische Forschungsanstrengungen ausstehen.

Mit den im Weiteren vorgelegten Untersuchungen soll ein erster Schritt zur Beseitigung der Forschungslücken für den Zusammenhang von Politik und Aktienmarktentwicklung in Deutschland geleistet werden. Die folgenden beiden Kapitel greifen je einen Fragenkomplex auf. Zum einen soll untersucht werden, ob die erwartete Parteizugehörigkeit der Regierung die Entwicklung von Wirtschaftssektoren unterschiedlich beeinflusst. Hierzu werden auf Grundlage des rationalistischen Parteiendifferenzmodells unter Zuhilfenahme von Interessengruppenmodellen Hypothesen hinsichtlich der Wirkung des *erwarteten* parteipolitischen Regierungsprofils auf den Mittelwert und die Volatilität von Aktienrenditen vier verschiedener Sektorindizes abgeleitet und empirisch überprüft. Im vierten Kapitel wird allgemeiner gefragt, ob verschiedene politische Faktoren wie Wahlen, Parteien und institutionelle Regierungskonfigurationen das systematische Risiko einer Kapitalinvestition in den deutschen Aktienmarkt beeinflussen. Kapitel 5 fasst die wesentlichen Ergebnisse zusammen und formuliert Perspektiven für weitere Forschungsbemühungen.

3 Rendite auf Regierungsprofil: Sektorspezifische Umverteilung und die erwartete Parteizugehörigkeit der Bundesregierung

Die Heterogenität der Verteilungsinteressen von Menschen und Gruppen von Menschen ist für Politik konstitutiv (Lasswell 1950). Zunehmend widmet sich die Politikwissenschaft nicht nur dem Ausmaß, zu dem Parteien die Verteilungswünsche von Wählern (Adams et al. 2004) und Interessengruppen (Bräuninger/Bernhagen 2005; Grossman/Helpman 2001, 1994; Austen-Smith 1995) bei der Formulierung von politischen Inhalten in Form von Parteiprogrammen oder Koalitionsvereinbarungen berücksichtigen (Budge/Keman 1990; Budge et al. 2001; Budge et al. 1994). Auch die tatsächliche Umsetzung von Umverteilungswünschen (McGillivray 2004, 2003) und der ökonomische Wert dieser Politiken rückt nun stärker in den Blickpunkt der Forschung (Knight 2006; Bernhard/Leblang 2006; Herron 2000).

Dieses Kapitel macht sich die auf Aktienmärkten stattfindende, umfängliche Verarbeitung von Informationen (Fama 1970) zunutze, um erstmalig für das politische System der Bundesrepublik Deutschland sektorspezifische Umverteilung als Folge des parteipolitischen Regierungsprofils zu untersuchen. Von investitionstheoretischen Standardmodellen sowie der Annahme ausgehend, dass auf Aktienmärkten ein starker Anreiz besteht, die Wirkungen aller wirtschaftlich relevanten politischen Informationen zu verarbeiten, sollte die Erwartung politisch induzierter Umverteilung zu einer Reallokation von Kapital auf dem Aktienmarkt führen. Aktienmarktreaktionen spiegeln dann im Aggregat den Wert politisch verursachter Umverteilung wider (Knight 2006; Leblang/Mukherjee 2005). Die Reaktion von Aktienmärkten auf (erwartete) Änderungen des parteipolitischen Regierungsprofils kann sodann als – wenn auch indirektes – Maß für wirtschaftliche Umverteilung instrumentalisiert werden (McGillivray 2004, 2003; Herron et al. 1999). Damit bietet sich ein innovatives und wesentlich universeller einsetzbares Mittel, um politische induzierte Umverteilungswirkungen auf die Wirtschaft als Folge parteipolitisch motivierter, klientelistischer Politik zu identifizieren.

Bereits ein Blick in die einschlägigen Börsen- und Wirtschaftszeitschriften lässt vermuten, dass die Profitwirkung eines Regierungswechsels für verschiedene Sektoren unterschiedlich ausfallen könnte und so zwischen Investoren, Unternehmen wie auch deren Beschäftigten Gewinner und Verlierer generiert. Das Unternehmermagazin Impulse thematisiert beispielsweise im Vorfeld der Bundestagswahl 1998 die *erwarteten* branchenspezifischen Wirkungen eines Wechsels von der amtierenden CDU/FDP-Koalition zu einer rot-grünen Bundesregierung mit der Schlagzeile:

„Kanzler, Kurse, Kapital; GELD Anlagestrategie / Deutsche Börse nach der Wahl - Der Countdown läuft. Auf welchen Ausgang der Bundestagswahl aber sollen Börsianer setzen? Hier die Aktien, die je nach Wahlausgang profitieren oder verlieren."[28]

In dem Beitrag wird unter anderem darauf hingewiesen, dass SPD und Grüne den Umweltschutz voranzutreiben sowie den privaten Konsum zu stärken beabsichtigen, wovon Aktien der alternativen Energienbranche sowie Konsumgüterwerte profitieren würden.

Obgleich Aktienmarktreaktionen auf politische Entwicklungen zunehmend verwendet werden, um monetäre Umverteilungswirkungen von Politik zu ermitteln, konzentrieren sich die Studien bislang fast ausschließlich auf den Einfluss, den die aktuelle Parteizugehörigkeit der Regierung auf die allgemeine Entwicklung des Aktienmarktes, repräsentiert durch Marktindizes, z.B. den Dow Jones Industrial oder den Financial Times Stock Exchange Index, ausübt (Leblang/Mukherjee 2005, 2004; Santa-Clara/Valkanov 2003; Gärtner/Wellershoff 1995; Genmill 1992).[29] Solche Marktindizes aggregieren die Kursdaten verschiedenster Branchen, um die allgemeine Performanz des Marktes zu reflektieren. Ob und in welchem Ausmaß das parteipolitische bestimmte Regierungsprofil eine – möglicherweise variierende – Rolle für die Entwicklung verschiedener Sektoren spielt, ist eine Frage, der man kaum Beachtung geschenkt hat. Sollte diese Vermutung, die von Parteispenden- und Interessengruppenmodellen abgeleitet werden kann, auch nur teilweise zutreffen, dann generierten Studien, die solche Marktindizes als abhängige Variable verwenden, einen unvollständigen, wenn nicht sogar falschen Eindruck von Umverteilungswirkungen, die von unterschiedlichen Parteien in Regierungsverantwortung ausgehen. Denn sektorspezifische Einflüsse von Parteipolitik würden bei der Aggregation im Mittelwert des Gesamtmarktes „verschwinden", die unterschiedliche Wirkung parteipolitisch-klientelistischer Politik auf Branchen somit weggewaschen (Herron et al. 1999; Roberts 1990).

Dieses Kapitel schickt sich an, zur Schließung dieser Forschungslücke beizutragen. Die Forschungslücke resultiert insbesondere aus der sehr starken Fo-

---

[28] Impuls Heft 9/1998, S. 160.
[29] Ausnahmen sind etwa die Studien von

kussierung der Literatur auf den amerikanischen Aktienmarkt, die bereits im Literaturüberblick (Kapitel 2) deutlich geworden ist: In der Tat existiert keine einzige Untersuchung, die sich der Frage nach sektorspezifischen Umverteilungswirkungen von Parteipolitik in Deutschland widmet. Auch existiert keine Studie, die antizipierte Parteieffekte in einer Konsensdemokratie untersucht. Hier bietet sich mit Deutschland ein geeigneter Ausgangspunkt, um die Forschungsanstrengungen in diese Richtung voranzutreiben.

In theoretischer Hinsicht ist die Untersuchung dieses Kapitels vom rationalistische Parteiendifferenzmodell (Alesina et al. 1997) und so genannten ideologischen Parteispendenmodellen (Austen-Smith 1995; Hall/Deardorff 2006) motiviert. Wie im Weiteren ausgeführt wird, lassen diese Ansätze zum einen vermuten, dass Parteien in Regierungsverantwortung Politiken umsetzen, die systematisch zwischen verschiedenen Branchen diskriminieren, um ihre Klientel zu bedienen. Da verschiedene Parteien jeweils unterschiedliche Sektoren politisch fördern, ergeben sich Umverteilungseffekte: Verschiedene Branchen entwickeln sich besser oder schlechter in Abhängigkeit davon, welche Partei die Regierung stellt. Die Vermutung, dass die erwartete Parteizugehörigkeit der Regierung einen unterschiedlichen Einfluss auf verschiedene Sektoren ausübt, wird mit Hilfe täglicher Renditedaten von vier ökonomisch bedeutsamen Branchen (Rüstung, alternative Energien, Pharma und Konsumgüter) überprüft. Die Ergebnisse legen nahe, dass die Renditen dieser Sektoren in der Tat systematisch mit der Siegeswahrscheinlichkeit einer linken bzw. rechten Koalition und der Unsicherheit des Wahlausgangs im Zusammenhang stehen. Die Schätzungen von konditionalen Volatilitätsmodellen belegen, dass der Rüstungs- und der alternative Energien-Sektor sowie partiell auch die Pharma- und Konsumgüterbranche von der Unsicherheit des Wahlausgangs und der erwarteten Parteizugehörigkeit der Regierung beeinflusst werden.

Diese Befunde sind in zweierlei Hinsicht bemerkenswert. Erstens, weil frühere Studien die Vermutung, das *aktuelle* parteipolitische Regierungsprofil spiele für die allgemeine Aktienmarktentwicklung in Deutschland eine Rolle, widerlegen konnten (Pierdzioch/Döpke 2006; Bohl/Gottschalk 2005). Vor diesem Hintergrund betonen die Ergebnisse dieses Kapitels erstens die Notwendigkeit, die rationale politische Erwartungsbildung auf dem Aktienmarkt explizit zu modellieren, und zweitens das Erfordernis, Parteieffekte in ihre sektorspezifischen Komponenten zu zerlegen, um ein genaueres Bild von den wirtschaftlichen Verteilungskonsequenzen parteipolitischer Regierungsprofile zu erhalten.

3.1 Parteien, Wahlen und sektorspezifische Umverteilung

Der Einfluss von Parteien auf die Wirtschaftsentwicklung ist ein klassisches Thema in der politischen Ökonomie. Spätestens seit der wegweisenden Arbeit von Douglas C. Hibbs (1977) beschäftigt sich die polit-ökonomische Forschung mit der Frage, ob die Entwicklung makroökonomischer Schlüsselvariablen wie Inflation, Arbeitslosigkeit oder Wachstum durch die Parteizugehörigkeit der Regierung erklärt werden können (Alesina 1987; Alesina et al. 1997). Bislang hat sich in der Politikwissenschaft insbesondere die Staatstätigkeits- und Globalisierungsforschung intensiv mit dem Einfluss von (Partei-)Politik und politischen Institutionen auf die Staatsausgaben beschäftigt (Kittel/Winner 2006; Primo 2006; Garrett/Mitchell 2001; Rodrik 1998; Schmidt 1998). Weitere Arbeiten untersuchen den Einfluss politischer Faktoren auf die Verteilung des Etats auf einzelne Haushaltspositionen (Bräuninger 2005; König/Tröger 2005), insbesondere die Sozialausgaben (Scruggs/Allan 2006; Allan/Scruggs 2004; Boix 2001; Garrett 1998). Ob Politik hiermit jedoch tatsächlich die Umverteilung von Reichtum innerhalb der Wirtschaft erreicht, inwieweit Verteilungswünsche auf anderen Wegen, beispielsweise mittels industrie- oder handelspolitischen Maßnahmen, befriedigt werden und wer davon in welchem Ausmaß profitiert, ist bislang noch kaum untersucht worden. Dies stellt gerade auch deshalb ein Manko dar, weil die theoretische Literatur den Einsatz von politischen Entscheidungen zum Zwecke der gezielten Umverteilung nahe legt (Bräuninger/Bernhagen 2005; Grossman/Helpman 2001, 1994; Tullock 1998). Darüber hinaus erscheinen solche Formen wirtschaftlicher Umverteilung im Vergleich zu rein haushaltspolitischer Reallokation a priori mindestens von ebenso großer, wenn nicht sogar noch größerer Bedeutung.[30] Das zentrale Problem bestand bislang schlicht darin, diese vermuteten Umverteilungswirkungen empirisch nachzuweisen.

Ein im Augenblick in der Forschung unternommener Versuch, diese Forschungslücke zumindest partiell zu schließen, besteht darin, die Wirkung von Politik auf die Einkommensverteilung von Bürgern direkt zu schätzen (Iversen/Soskice 2006; Moene/Wallerstein 2003; Minnich 2003). Allerdings haben diese Anstrengungen mit erheblichen Grenzen der Datenverfügbarkeit zu kämpfen. Abgesehen von ausufernden Klassifikationsdebatten existieren oftmals nicht mehr als 50 Beobachtungen und das teilweise auf Fünf-Jahres-Daten beschränk-

---

[30] Zum Beispiel betrug die deutsche volkswirtschaftliche Wertschöpfung im Jahr 2005 2,241 Billionen Euro. Eine Umverteilung von lediglich 4 Prozent dieses Vermögens entspräche bereits dem Betrag, den der Bundeshaushalt 2005 für den Einzelhaushaltsplan Arbeit und Soziales vorsah (http://www.destatis.de/basis/d/vgr/vgrtab1.php; 24.10.2006).

te, hohe Aggregationsniveau verhindert die Aufdeckung von kurzfristigen Verteilungswirkungen von Politik.[31]

Einen anderen Weg beschreitet in jüngerer Zeit die polit-ökonomische Forschung, um diesen Messschwierigkeit zu begegnen. Dabei macht sie sich jene umfängliche Informationsverarbeitung zunutze, die auf Aktienmärkten stattfindet (Fama 1970). Die Grundidee dieser Anstrengungen besteht darin, dass Investoren, die ihren Reichtum maximieren wollen, einen starken Anreiz haben, alle politischen Einflüsse, die die zukünftige wirtschaftliche Entwicklung von Unternehmen betreffen, bei ihren heutigen Aktienkauf- und Verkaufsentscheidungen zu berücksichtigen. Dies führt zu einer Einpreisung politischer Informationen auf dem Aktienmarkt (Fama 1970). Eine auf rationaler Erwartungsbildung aufbauende, mikrotheoretische Argumentation impliziert somit für die Aggregatebene, dass Preisänderungen den Einfluss von erwarteten politischen und ökonomischen Einflüssen auf die betrachteten Wertpapiere reflektiert und so die Richtung and das Ausmaß von Wertänderungen misst (Bernhard and Leblang 2006: 6-10; Roberts 1990: 290).

Die Studien zum Einfluss der Parteizugehörigkeit der Regierung auf die Aktienmarktentwicklung konzentrieren sich fast ausschließlich auf die Vereinigten Staaten und gehen zurück auf die Arbeiten von Stigler/Friedland (1962) und Niederhoffer et al. (1970). In deren Gefolge untersuchen zahlreiche Arbeiten den Zusammenhang zwischen dem parteipolitischen Regierungsprofil und der allgemeinen US-Börsenperformance (Leblang/Mukherjee 2005; Herron 2000; Foerster/Schmitz 1997; Gärtner/Wellershoff 1995; Huang 1985).[32] Eine solche Einschränkung auf den Gesamtmarkt ist natürlich insofern kritikwürdig, als die Richtung der politischen Sensitivität von Unternehmen über Branchen hinweg variieren kann. Rüstungsunternehmen, die zu einem großen Teil von staatlichen Aufträgen leben, die politische Entscheidungsträger erteilen und mit Steuergeldern finanzieren, könnten eine ganze andere Präferenz hinsichtlich des parteipolitischen Regierungsprofils besitzen als beispielsweise Solar- und Windenergieunternehmen, die eher von einer Regierung profitieren, die den Umweltschutz und die Gewinnung von alternativen Energien in besonderem Maße betont. Dieser Einwand ist umso plausibler, als Parteien in der Tat sehr unterschiedliche Ideologien und Klientel bedienen, die nicht selten miteinander in Konflikt stehen.

Die Gefahr, dass sektorspezifische Umverteilungswsirkungen von Politik bei der Aggregation der einzelnen Aktienrenditen in einen allgemeinen Marktin-

---

[31] So schätzen Iversen/Soskice (2006) beispielsweise Regressionsmodelle mit 17 Datenpunkten.

[32] Wie im Literaturüberblick deutlich wurde, gibt es nur relativ wenige Studien für andere Länder, siehe etwa Siokis/Kapopoulos 2007; Jensen/Schmith 2005; Leblang/Mukherjee 2005. Einige vergleichende Untersuchungen bieten Bernhard/Leblang 2006.

dex untergehen, ist kein theoretisches Scheinargument. Este Studien konnten bereits zeigen, dass Politik in der Tat keinen uniformen Effekt auf die Wirtschaft ausübt. Mit mehreren Fallstudien illustriert beispielsweise Fiona McGillivray (2004), wie klientelistische Politik sektorspezifische Umverteilung zur Folge haben kann. Ein Beispiel greift dabei auf die Stahlbranche in Deutschland im Jahre zurück. Als Helmut Kohl nach den vorgezogenen Bundestagswahlen 1982 mit seiner konservativen CDU/FDP-Koalition die Regierung übernahm, flossen sehr bald erhebliche Steuergelder als Subventionen in die Stahlindustrie im Saarland und Ruhrgebiet (McGillivray 2004: 106). Diese Gelder sorgten für die – wenn auch „künstliche" – Rentabilität dieses Sektors, der zuvor erhebliche Umsatzeinbrüche erlitten hatte.

Über diese eher anekdotenhafte Plausibilisierung hinausgehend konnten einige Studien bereits quantitativ nachweisen, dass die erwartete Parteizugehörigkeit der Regierung in den Vereinigten Staaten sektorspezifisch auf den Aktienmarkt wirkt. Roberts (1990) untersucht, ob die Wahrscheinlichkeit eines Sieges von Ronald Reagan bei den US-Präsidentschaftswahlen 1980 die Renditen der amerikanischen Rüstungsbranche beeinflusst. Reagan hatte die Sicherheits- und Verteidigungspolitik zu einem zentralen Thema seines Wahlkampfes gemacht und die Unterschiede zwischen ihm und dem demokratischen Kandidaten traten dabei deutlich zu Tage. Roberts argumentiert vor diesem Hintergrund, dass die sicherheitspolitischen Unterschiede der Kandidaten auch unterschiedlich umfangreiche Aufträge für Unternehmen der Rüstungsbranche implizieren, für die der Staat Hauptabnehmer ihrer Produkte ist. Die Schätzungen belegen, dass die Renditen auf Aktien der Rüstungsbranche um durchschnittlich etwa 1,4 Prozent zunahmen, wenn die Wahrscheinlichkeit von Reagans Sieg und einer republikanischen Kongressmehrheit um einen Prozent anstieg (Roberts 1990: 303). Dahingegen reagierte der Gesamtmarkt nicht systematisch auf eine solche Änderung. Roberts stellt vor diesem Hintergrund fest:

> „This finding is quite significant, for it indicates the inappropriateness of treating broad market movements as accurate assessments of the economic consequences of political events. Only by disaggregating the market reactions into relevant policy dimensions will the true implications emerge" (1990: 304).

Dieser Empfehlung folgend konstruieren Herron et al. (1999) die amerikanisch Wirtschaft als Aktienportfolio, das 74 Sektorindizes umfasst. Die Schätzungen zeigen, dass die Renditen von 15 der 74 Sektoren signifikant mit den Sieges-wahrscheinlichkeiten der Präsidentschaftskandidaten zusammenhingen. Die zunehmende Wahrscheinlichkeit eines Sieges von Bill Clinton war positiv mit den Renditen der Umwelt-, Raumfahrt- und Rüstungssektoren verbunden. Im Unterschied dazu profitierten der Kosmetik- und der Pharmazie-Sektor von einer zunehmenden Siegeswahrscheinlichkeit des republikanischen Kandidaten George Bush Sr. Ein noch niedrigeres Aggregationsniveau verwendet Knight (2006), der mittels Kaufempfehlungen mehrerer Investmentbanken 41 Unternehmen identifiziert, die nach einem Sieg des republikanischen Kandidaten George W. Bush bei der Präsidentschaftswahl 2000 höhere Gewinne verzeichnen sollten als unter einer Administration des Demokraten Al Gore. Zudem werden 29 Unternehmen erfasst, deren Profite unter einer Regierung von Al Gore höher ausfallen würden. Die Ergebnisse zeigen, dass der Wert der Unternehmen ganz erheblich von den Siegeswahrscheinlichkeiten der Präsidentschaftskandidaten abhing. Die Differenz des Unternehmenswertes unter den beiden möglichen Präsidenten betrug zwischen 9 und 16 Prozent. Die Tabak-Industrie hätte im Falle einer Bush-Regierung eine 13-prozentige Wertsteigerung erfahren, während der alternative Energien-Sektor 16 Prozent an Wert verloren hätte. Die Studie von Mattozzi (2004) bestätigt diese Befunde weitgehend. Dabei zeigt sich, dass die Renditen zweier Indizes mit den 10 spendenfreudigsten Unternehmen der beiden politischen Lager während der Präsidentschaftswahl 2000 signifikant mit der Siegeswahrscheinlichkeit desjenigen Kandidaten kovariierten, dessen Wahlkampf die Firmen finanziell unterstützt hatten (so auch Cheng 2005).

3.2 Sektorspezifische Parteieffekte in einer Konsensdemokratie

Das Parteiendifferenzmodell (Hibbs 1977, 1987) geht davon aus, dass Parteien unterschiedliche, ideologisch bestimmte Politiken verfolgen und diese in Regierungsverantwortung auch implementieren. Ursprünglich wird argumentiert, dass rechte Parteien ob ihrer kapitalkräftigeren Wählerklientel einen größeren Wert auf niedrige Inflation als auf geringe Arbeitslosigkeit legen. Im Unterschied dazu vertreten politisch links positionierte Parteien die Interessen von Arbeitern, die vor allem an geringer Arbeitslosigkeit interessiert sind, da sie über wenig Kapital verfügen und sehr viel stärker von dem durch Beschäftigung generierten Einkommen abhängen.

Führt man diese Argumentation einen Schritt weiter, könnten Parteien aber auch Politiken verfolgen, die zwischen Wirtschaftssektoren so diskriminieren, dass dies den Interessen ihrer Wählerklientel entspricht. Beispielsweise legen einige Bürger sehr großen Wert auf den Schutz der Umwelt, selbst wenn dies einen Verzicht auf ökonomisches Wachstum bedeutet. Anderen wiederum ist wirtschaftliches Wachstum wichtiger als Umweltschutz. Diese Interessenheterogenität spiegeln Parteien in ihren Programmen in Form von klientelistischer

Politik wieder. Eine Partei wie etwa die Grünen, die sich vor allem dem Umweltschutz verschrieben hat, wird dann den Erhalt der Umwelt beispielsweise durch Subvention des erneuerbare Energien-Sektors sehr viel stärker vorantreiben als andere Parteien, denen die Umwelt weniger wichtig ist. Auch die Betonung von Sicherheitspolitik und internationalen Bündnisverpflichtungen vermag eine Rolle zu spielen. Konservativen Wählern sind oft internationaler Einfluss, Heimatschutz und Terrorismusbekämpfung durch den Auf- und Ausbau militärischer Kapazitäten wichtig. Wird diese Nachfrage von einer Partei in Regierungsverantwortung bedient, dann führt dies zu einem (relativ) Anstieg der Rüstungsausgaben, da die Implementierung der Politik Investition in den Auf- und Ausbau von Streitkräften sowie die kostspielige Entwicklung und Produktion von neuen Waffensystemen erfordert. Unternehmen der Rüstungsbranche werden sich natürlich unter einer Regierung, die eine solche Politik verfolgt, deutlich vorteilhafter entwickeln und somit höhere Gewinne generieren als unter einer Regierung, die andere Schwerpunkte setzt.

Es ist unmittelbar einleuchtend, dass sektorspezifische Parteieffekte nur dann existieren können, wenn auch Politiken spezifisch sind, d.h. ausreichend unterschiedlich und gleichzeitig genau genug formuliert werden können, um Branchen strategisch zu beeinflussen (Verdier 1995). Somit ist die Divergenz von Parteipolitiken eine wichtige Bedingung für die Existenz von sektorspezifischen Umverteilungswirkungen von Parteipolitik. Bemerkenswerterweise ist Politikdivergenz in einer Konsensdemokratie wie Deutschland theoretisch sogar plausibler als in einem eher majoritär angelegten politischen System wie den Vereinigten Staaten. Denn in Konsensdemokratien ist Politikkonvergenz hin zum Medianwähler (Downs 1967) kein Gleichgewichtsverhalten (Adams/Merrill 2006), weil eine Condorcet-Siegesposition nicht existiert. Die erforderliche Heterogenität der Parteipolitiken ist also grundsätzlich wahrscheinlicher in einem Mehrparteiensystem, in dem das Medianwählertheorem nicht anwendbar ist. Darüber verleiht auch die Mehrdimensionalität des Parteienwettbewerbs in Deutschland (Debus 2007; Pappi/Shikanu 2004; Budge et al. 2001, 1994) der Möglichkeit sektorspezifischer Parteieffekte zusätzliche Plausibilität, da dies den Parteien die Möglichkeit bietet, ein ausdifferenziertes Bündel von Politiken anzubieten, die den Wünschen ihrer Wählerklientel entsprechen (Persson/Tabellini 2000) und damit gleichzeitig verschieden auf die Profitabilität von unterschiedlichen Wirtschaftsbranchen wirken.

In der Tat zeigen Untersuchungen zum politischen Wettbewerb, dass die deutschen Parteien auch über die Zeit hinweg sehr deutliche Unterschiede ihrer Idealpolitiken aufweisen (Debus 2007; Benoit/Laver 2006; Budge et al. 2001). Nicht nur ist – wie zu erwarten – die wirtschaftspolitische Position der Sozialdemokratischen Partei Deutschland (SPD) immer links von der Position der

Christlich-Demokratischen Union (CDU). Die Bi-Polarisierung bleibt auch dann erhalten, wenn man kleine Parteien wie die Grünen oder die Liberalen (FDP) berücksichtigt. Wie im Folgenden noch detailliert gezeigt wird, sind beide kleinen Parteien meist extremer als die großen Volksparteien: Die Grünen stehen für eine stärker links orientierte Wirtschaftspolitik als die SPD und die FDP hat eine wirtschaftspolitisch liberalere Position als die CDU. Diese Polarität des deutschen Parteiensystems wird später bei der Generierung von Siegeswahrscheinlichkeiten für eine linke bzw. rechte Koalition noch von Bedeutung sein. An dieser Stelle ist zunächst nur festzuhalten, dass auch eine Koalition zwischen SPD und Grünen sowie zwischen CDU und FDP unter der Annahme paretoeffizienter Verhandlungsergebnisse einen deutlichen Politikunterschied erwarten lässt.[33]

Weitgehend ungebunden von den politischen Vorstellungen des Medianwählers genießen Parteien in einer Konsensdemokratie auch mehr Spielraum, um Interessengruppen im Austausch für Parteispenden vorteilhafte, klientelistische Politiken zukommen zu lassen (Garrett 1995). In der theoretischen Literatur bieten Interessengruppen-Modellen hierbei einen wichtigen Ausgangspunkt. Dort wird argumentiert, dass Parteien bzw. Kandidaten im Austausch für Wahlkampfspenden glaubhafte Versprechen gegenüber Interessengruppen abzugeben vermögen. Für Unternehmen sind Parteispenden eine Investition (Gordon/Hafer 2007; Gordon et al. 2007; Baldwin/Magee 2000; Snyder 1990) mit dem Ziel, sich durch die Politik Renten zu verschaffen (Tullock 1967, 1998).

In einem einflussreichen Aufsatz trennt David P. Baron (1989: 46-47) zwischen zwei verschiedenen Dienstleistungsarten, die Kandidaten (bzw. Parteien) im Falle ihres Wahlsieges gegenüber jenen Interessengruppen erbringen können, die sie im Wahlkampf unterstützt haben. Die erste Art sind politisch herbeigeführte Vorteile, die Dritten keine oder vernachlässigbar geringe Kosten auferlegen. Baron nennt als Beispiele das Eintreten für oder Opponieren gegen sehr spezielle Gesetze, Interventionen in Verwaltungsentscheidungen oder die Vergabe von Krediten durch staatliche Kreditinstitute.[34] Dienstleistungen zweiter Art erfordern dahingegen, dass Kosten anfallen, die von anderen getragen werden müssen. In diese Kategorie fällt vermutlich die größere Zahl gesetzgeberischer

---

[33] Dies bedeutet freilich nicht, dass Politikunterschiede in Großbritannien oder den Vereinigten Staaten, die Powell (2000: 41) als Mischform aus Mehrheits- und Konsensdemokratie klassifiziert, nicht bestehen. Solche Unterschiede existieren durchaus und die Literatur hat eine Reihe von Ansätzen zu bieten, um die Nicht-Konvergenz von Parteipolitiken in Mehrheitsdemokratien zu erklären (siehe z.B. Adams 2001). Die hier gemachten Ausführungen sollen lediglich verdeutlichen, dass Politikunterschiede und somit Parteieffekte in einer Konsensdemokratie wie Deutschland mindestens ebenso plausibel sind wie in den Vereinigten Staaten.

[34] Natürlich können solche Maßnahmen ebenfalls Kosten für Dritte implizieren, insofern diese dadurch einen Wettbewerbsnachteil erleiden.

Maßnahmen. Beispiele sind steuer- und handelspolitische Entscheidungen, umweltrechtliche Regelungen, die mit erhöhten Produktionskosten einhergehen oder aber Subventionen in bestimmte Wirtschaftszweige.[35]

In einer ebenfalls weit beachteten Arbeit thematisieren Grossman/Helpman (1994) die Möglichkeit, dass einzelne Industriezweige vorteilhafte Handelspolitiken im Austausch für Wahlkampfspenden erhalten. In Regierungsverantwortung ist eine Partei sowohl daran interessiert, den Wohlstand der Bevölkerung zu erhöhen, hat aber auch ein Interesse an möglichst umfangreicher finanzieller Unterstützung in Form von Spenden, die für den Wahlkampf genutzt werden können. Beide Faktoren erhöhen – gegeben ökonomisches Wahlverhalten auf Seiten der Bürger – die Chance der Wiederwahl. Dabei kann die Summe der Spenden dadurch in die Höhe getrieben werden, dass die Regierung Industriezweige durch gesetzgeberische Entscheidungen in der Außenhandelspolitik fördert. Grossman/Helpman (1994) halten abschließend fest, dass hierfür jedoch nicht nur außenhandelspolitische Entscheidungen geeignet sind:

„[…] the tools that we have developed for studying the relationship between special interest groups and policymakers may be applicable to many additional problems. For example, our approach could be used to study the endogenous design of social transfer schemes, environmental regulations, or government spending programs" (S. 848-849).

Die Auffassung, dass Parteispenden eine wichtige Investitionsfunktion für Unternehmen erfüllen (Baldwin/Magee 2000), sich also eine Spende heute durch vorteilhafte Politik in der Zukunft bezahlt macht, hat in jüngerer Zeit Auftrieb erhalten. In zwei weit beachteten Aufsätzen untersuchen Gordon/Hafer (2007) und Gordon et al. (2007) den Einfluss von Unternehmen auf Regulierungsentscheidungen innerhalb eines Landes. Dabei wird deutlich, dass Parteispenden dazu beitragen, für Unternehmen vorteilhafte Regulierungsentscheidungen herbeizuführen. Bedeutung erlangen Regulierungsentscheidungen besonders dadurch, dass sie Firmen Kosten auferlegen, beispielsweise durch Umweltauflagen, die Investitionen in emissionsärmere Produktionstechniken erfordern, oder Sicherheitsbestimmungen zum Schutz von Arbeitnehmern. Auch in der Politik ist man sich dieses Zusammenhangs bewusst. Der amerikanische Senator Joseph Lieberman führt diesbezüglich aus: "The bigger contributions you accept, the more expectations some people have that they have a call on their government for something in return" (zitiert nach Baldwin/Magee 2000: 79). Ein weiteres Ergebnis der Studien von Gordon/Hafer (2007) und Gordon et al. (2007) lautet,

---

[35] Weitere theoretische Modelle bieten unter anderem Austen-Smith (1995), Lohmann (1995) oder die frühe Formalisierung von Peltzman (1976).

dass nicht nur die Gesetzgebung, sondern auch die Rigorosität, mit der Regulierungsentscheidungen von der Verwaltung durchgesetzt werden, von den Spen-
denaktivitäten der Unternehmen abhängen. Dabei fungieren die Spendenausga-
ben als Signal, mit dem ein Unternehmen seine Bereitschaft kommuniziert, gegen unvorteilhafte Politik in Form von politischer Lobbyarbeit und/oder rechtli-
chen Schritten – etwa eine Klage vor Gericht – anzugehen.[36]

Verbindet man das rationalistische Parteiendifferenzmodell mit diesen Parteispendenmodellen, so sollten Parteien in Regierungsverantwortung sektorspezifische Politiken verfolgen, die für ihre jeweilige Wählerklientel sowie jene Industrien, die sie in Form von Spenden unterstützt haben, von Vorteil sind. In
einer Arena wie dem Aktienmarkt, innerhalb derer ein starker Anreiz zu prospek-
tivem Handeln besteht, also alle Faktoren, die die Profitabilität eines Wirt-
schaftszweiges beeinflussen, berücksichtigt werden, sollten Investoren solche
sektorspezifischen Parteieffekte *antizipieren*. Dies führt zu der empirisch beobachtbaren Implikation, dass Sektorrenditen mit der erwarteten Parteizugehörigkeit der Regierung zusammenhängen sollten. Das folgende Kapitel führt diesen
Gedanken aus. Es stellt die Markt-Mikrofundierung der Untersuchung vor und
erläutert darauf aufbauend, warum sektorspezifische Reaktionen auf die erwartete Parteizugehörigkeit der Regierung politisch induzierte Umverteilungswirkungen von Politik, bzw. Parteien, reflektieren.

3.3 Aktienmarktreaktionen als Indikator für (parteipolitische) Umverteilung

Warum bzw. unter welchen Bedingungen reflektieren Aktienmarktreaktionen auf
die erwartete Parteizugehörigkeit der Regierung parteipolitische Umverteilungseffekte? Um diese Frage zu beantworten, präsentiert der vorliegende Abschnitt
die mikrotheoretische Fundierung der Untersuchung. Diskutiert werden dabei die
Annahmen und Kausalmechanismen auf Ebene der Akteure auf Finanzmärkten,
den Investoren. In der einschlägigen finanzwirtschaftlichen Literatur ist unumstritten, dass die so genannte Kapitalwertmethode (auch Net-present-value-
Modell) das dominierende Verfahren zur Ermittlung des Wertes einer Investition
ist. Die Kernidee lautet hierbei, dass eine Anlage genau soviel wert ist, wie sie
zukünftige, zurückfließende Zahlungsströme erwarten lässt (Shiller 1983; Ho-
wells/Keith 1998).[37]

---

[36] Für eine andere Auffassung siehe Ansolabehere et al. (2003).

[37] Verfahren der Investitionsrechnung lassen sich in statische und dynamische unterteilen. Statische
Verfahren sind beispielsweise die Durchschnittsrechnung oder etwa die Ermittlung von Vergleichs-

3.3.1 Finanzmarkttheoretische Grundlegung

Eine für die Untersuchung zentrale Annahme lautet, dass Individuen sich entsprechend der klassischen Finanzmarkttheorie kalkulierend-rational verhalten und somit Informationen, die den Wert einer Anlage beeinflussen, unverzerrt in deren Bewertung eingehen. Der Preis einer Aktie reflektiert dann im Gleichgewicht ihren tatsächlichen, intrinsischen Wert. Im Allgemeinen liegt Studien, wie sie in der empirischen Finanzmarktforschung durchgeführt werden, die Annahme halbstrenger Informationseffizienz im Sinne von Eugene F. Fama (1970) zu Grunde. Diese Annahme ist auch für die hier beabsichtigte, polit-ökonomische Untersuchung zu treffen. Ein informationseffizienter Kapitalmarkt ist dadurch gekennzeichnet, dass die Preise zu jedem Zeitpunkt alle verfügbaren Informationen vollständig wiedergeben. Dabei kann genauer zwischen schwacher, halbstrenger und strenger Informationseffizienz differenziert werden (Fama 1970). Diese Effizienzstufen unterscheiden sich hinsichtlich der Informationen, die auf dem Markt verarbeitet und somit bei der Preisbildung berücksichtigt werden. Ein Markt ist schwach informationseffizient, wenn nur vergangene Informationen bei der Preisbildung Berücksichtigung finden. Bei der typischerweise angenommenen, halbstrengen Form der Informationseffizienz werden zusätzlich zu den vergangenen, auch öffentlich zugängliche, aktuelle Informationen verarbeitet. Schließlich ist ein Markt dann streng informationseffizient, wenn zusätzlich zu den vergangenen und öffentlich zugänglichen Informationen noch private Informationen, so genannte Insiderinformationen, zur Bildung der Preise herangezogen werden (Fama 1970: 383).

Im Unterschied dazu argumentieren Vertreter der behavioralistischen Finanzmarkttheorie, dass diese Vorstellung effizienter Märkte der Realität nicht gerecht würde. Es sind vor allem drei „Anomalien", die angeführt werden, um diese Kritik zu untermauern. Diese sind ungenutzte Arbitragemöglichkeiten, der so genannte Small-Firm-Effekt und die Über- bzw. Unterreaktion auf neue Information.[38] Exemplarisch soll hier der Aspekt der ungenutzten Arbitrage und die Über- bzw. Unterreaktion auf neue Information kurz diskutiert werden, um einen Eindruck der Debatte zu vermitteln, aber auch, um mögliche Limitierungen

---

rechnungen zwischen Kosten und Gewinn. Dynamische Verfahren, zu denen auch die Kapitalwertmethode gehört, sind die Methode des internen Zinsfußes oder das Annuitätsverfahren, siehe z.B. Kruschwitz 2005; Franke/Hax 2004.

[38] Diese Aufzählung erhebt selbstverständlich nicht den Anspruch der Vollständigkeit. So ist beispielsweise eine weitere, intensiv untersuchte „Anomalie" das so genannte „IPO-Underpricing", wobei es sich um die systematische Unterbewertung von Aktien jener Unternehmen handelt, deren Börsengang noch nicht lange zurückliegt. Hierzu siehe etwa Teoh et al. (1998) oder auch Ritter (1991). Klassisch zum „Small-Firm-Effekt" die Studie von Banz (1981).

der vorzunehmenden Untersuchung von Aktienmarktreaktionen auf das erwartete parteipolitische Regierungsprofil frühzeitig aufzuzeigen.

Eine Stoßrichtung der behavioralistischen oder verhaltensökonomischen Kritik klassischer Finanzmarkttheorie zielt auf die Vorstellung ab, Arbitragemöglichkeiten würden von Individuen immer genutzt und dies sorge letztlich dafür, dass Unterschiede im Preis derselben Anlage auf verschiedenen Märkten ausgeglichen würden (Shleifer 2000). Kein Preis, der über dem tatsächlichen, durch die entsprechenden erwarteten Zahlungsrückflüsse gerechtfertigten Wert einer Anlage liegt, wäre aufrechtzuerhalten. Wenn aber Arbitragemöglichkeiten ungenutzt blieben, dann könnten „irrationale" Preisunterschiede auch längerfristig bestehen bleiben.

Mindestens ebenso gewichtig ist die Kritik an der rationalen Informationsverarbeitung, wie sie in der Ökonomie allgemein und freilich ebenso in der klassischen Finanzmarkttheorie unterstellt wird. Vertreter der Verhaltensökonomie weisen dabei auf die Unter- bzw. Überreaktion der Märkte auf neue Information hin. Eine Unterreaktion liegt beispielsweise dann vor, wenn der Preis einer Aktie in Reaktion auf eine positive Information geringer steigt, als der Information angemessen ist. Von einer Überreaktion kann dahingegen gesprochen werden, wenn der Preis einer Aktie stärker steigt, als dies die verursachende positive Information rechtfertigt.[39] Aus Sicht der behavioralistischen Finanzmarkttheorie sind die Ursachen für diese Phänomene psychischer Natur. Ein wesentlicher Faktor sei die von Daniel Kahneman und Amos Tversky festgestellte Risikoaversion von Individuen (Kahneman/Tversky 1979). Deren Untersuchung zum Umgang von Individuen mit Risiko belegt eine Scheue vor Unsicherheit, wenn es um mögliche Gewinne geht, während im Fall von Verlusten ein risikofreudiges Entscheidungsverhalten zu beobachten ist. Eine weitere Ursache für Abweichungen vom intrinsischen Wert einer Anlage wird in der Überbewertung vergangener Informationen gegenüber aktuellen Informationen gesehen (Barberis et al. 2005).

Welche Implikationen ergeben sich hieraus für die empirischen Ergebnisse einer Untersuchung von Aktienmarktreaktionen auf politische Ereignisse? Träfe die behavioralistische Variante der Finanzmarkttheorie zu, würden die Marktreaktionen nicht mehr länger den „objektiven" Einfluss von Politik auf Aktienmärkte widerspiegeln, da den Markt erreichende Informationen verzerrt in die

---

[39] Bemerkenswerterweise wird die Existenz dieses Phänomens weder von klassischen noch von behavioralistischen Finanzmarkttheoretikern verneint. Während dies jedoch als allenfals zufällige Abweichungen im Rahmen eines „Random-Walk"-Prozesses interpretieren, behaupten letztere hiermit eine Marktanomalie aufgedeckt zu haben. Eine ebenfalls vorgebrachte Erklärung für das Auftreten von Über-/Unterreaktionen sind methodische Unterschiede der verschiedenen Studien (Fama 1998).

Bewertung von Aktienanlagen einfließen würden. Allerdings reflektierten systematische Marktreaktionen auf politische Entwicklungen, etwa eine Änderung in dem erwarteten parteipolitischen Profil der Bundesregierung, immer noch die – von den Verzerrungen individueller Informationsverarbeitung beeinflussten – wahrgenommenen Verteilungskonsequenzen. Die sich hieraus ergebenden Kursverluste oder -gewinne sind jedoch real: Wenn der Wert einer Aktie sich ändert, beeinflusst dies den Reichtum von Investoren, die Möglichkeiten von Unternehmen, sich über den Kapitalmarkt zu finanzieren und damit nicht zuletzt auch die Arbeitsplatzperspektiven der in diesen Unternehmen beschäftigten Menschen. Kurz gefasst: Auch wenn Akteure eine Information „falsch" verarbeiten, werden die damit wahrgenommenen („faschen") Wertänderungen dennoch real. Dies bedeutet für diese Arbeit, dass antizipierte Parteieffekte auf dem Aktienmarkt selbst dann „reale" Parteieffekte mit Verteilungswirkungen darstellen, wenn der Aktienmarkt insgesamt Informationen systematisch „falsch", „irrational" oder vom Herdenverhalten der Investoren dominiert wird.

Letztlich scheint ein Verhalten, wie es die behavioralistische Finanzmarkttheorie unterstellt, jedoch auf liquiden Märkten als Dauerzustand nur schwer aufrechtzuerhalten, solange eine ausreichende Anzahl rationaler Individuen auf dem Markt agiert (Fama 1965). Es wird deshalb im Weiteren davon ausgegangen, dass zumindest die Segmente des deutschen Aktienmarktes, die für diese Arbeit von Relevanz sind, halbstreng informationseffizient sind, da es sich dabei um liquide Märkte handelt, die auch von der Öffentlichkeit intensiv beachtet werden. Wie soeben jedoch deutlich geworden ist, repräsentieren Aktienmarktreaktionen an sich bereits Umverteilungswirkungen, und zwar völlig unabhängig davon, ob die ihr unterliegende Informationsverarbeitung nun völlig rational ist oder stumpfes Herdenverhalten die Investitionsentscheidungen der Anleger treibt. Wenn Politik einen systematischen Einfluss auf Aktiemärkte hat, dann spiegelt dies allein bereits Umverteilungswirkungen wider, die realökonomische Folgewirkungen besitzt.

Im Folgenden soll nun gezeigt werden, wie individuelle Werteinschätzungen zustande kommen und diese als Grundlage für die Bildung der Preise auf dem Aktienmarkt fungieren. Hiermit wird nachgewiesen, dass die Preisreaktionen auf dem Aktienmarkt die erwarteten wirtschaftlichen Konsequenzen von (Partei-)Politik widerspiegeln, sofern diese politischen Verteilungswirkungen existieren.

3.3.2 Kapitalwertmodell, Parteipolitik und rationale Erwartungsbildung

Sei D_t die Dividende einer Aktie zum Zeitpunkt t, so ergibt sich der Wert einer Aktie W_t entsprechend der Kapitalwertmethode als Summe aller auf den momentanen Zeitpunkt ($t = 0$) abgezinsten, zukünftigen Dividendenzahlungen (Franke/Hax 2004: 166-169; Perridon/Steiner 2004: 219-228). Unter der Annahme stetiger Dividendenzahlungen und einem unendlichen Anlagehorizont ist der erwartete Wert einer Aktie

$$W_0 = \int\limits_{k}^{+\infty} e^{-\delta t} D_t \mathrm{dt} \tag{3.1}$$

wobei es sich bei δ um einen Diskontierungsfaktor handelt, mit dessen Hilfe das mit der Anlage verbundene Risiko sowie die Opportunitätskosten aus einer risikolosen Alternativanlage berücksichtigt wird. Der Risikofaktor wird klassischerweise mit Hilfe des so genannten Capital Asset Pricing Model (CAPM) ermittelt.[40] Eine Änderung des Aktienwertes W_t kann entsprechend (1) durch die Änderung der Dividendenzahlung D_t erfolgen. An dieser Stelle wird somit der einschlägigen Literatur insofern gefolgt, als der Einfluss von Politik auf die Rendite über die Änderung der Dividenden angenommen wird. Um die Kausalkette zu identifizieren, ist zunächst festzuhalten, dass die Höhe der Dividendenzahlung, die man sich von einer Aktie erwarten kann, von den Gewinnen des Unternehmens abhängt. Die Dividende wird als Quotient aus den erwirtschafteten Gewinnen Π und der Anzahl der Aktien definiert. Ein Investor wird somit entsprechend seines Anteils an einem Unternehmen oder Sektors, gemessen an der Zahl seiner Aktienanteile, an den Gewinnen beteiligt (Miller and Modigliani

---

[40] Das CAPM basiert auf der Idee, dass ein Investor sowohl für die aus der Investition entstehenden Opportunitätskosten wie auch das systematische Risiko, mit dem die Anlage behaftet ist, entschädigt werden muss (Franke/Hax 2004: 351-358; Perridon/Steiner 2004: 274-282). Die Opportunitätskosten fallen in diesem Modell an, weil das Kapital zu einem bestimmten risikolosen Zinssatz angelegt werden könnte. Das systematische Risiko hängt davon ab, wie stark die Aktienrendite im Durchschnitt von der Marktrendite abweicht. Da dieses Risiko in einem effizienten Markt nicht durch weitere Diversifizierung zu eliminieren ist, muss der Investor dafür in Form der so genannten Risikoprämie kompensiert werden. Formal ausgedrückt ergibt sich der Diskontierungsfaktor δ somit als $\delta = r_{rl} + \beta_s (r_M - r_{rl})$. Dabei ist r_{rl} die risikolose Rendite und der Gewichtungsfaktor β ist die standardisierte Kovarianz zwischen dem Wertpapier (z.B. die Aktie eines Unternehmens oder eines Sektorportfolios) und der Marktrendite, also $\beta = \dfrac{\mathrm{cov}(r_s, r_M)}{\mathrm{var}(r_M)}$.

1961; Williams 1938). Auf der Ebene eines Sektors bestimmt somit dessen erwartete, zukünftige Gewinnträchtigkeit die Höhe der Dividendenzahlung.

Die Partei $j = \{g,b\}$, die die Regierung stellt, kann entweder eine Politik verfolgen, die für eine Wirtschaftsbranche relativ vorteilhaft ist, d.h. die politischen Entscheidungen erhöhen den Gewinn des Sektors im Vergleich zu einem anderen Amtsinhaber (in diesem Fall $j = g$), oder der Amtsinhaber verfolgt eine Politik, die der Branche relativ betrachtet einen geringeren Gewinn oder gar Verluste beschert (dann ist $j = s$). Als politische Instrumente zur Einflussnahme auf die Gewinnentwicklung von Sektoren sind beispielsweise industriepolitische (Subventionen), außenhandelspolitische (Zölle, nicht-tarifäre Handelshemmnisse wie etwa Sicherheitsbestimmungen und Qualitätsanforderungen) oder Verwaltungsentscheidungen (Kontrolle und Kontrollstrenge von Regulierungsentscheidungen, z.B. von Umwelt- und Arbeitsschutzauflagen) denkbar (Baron 1989; Grossman/Helpman 1994; Gordon/Hafer 2005, 2007).

Bemerkenswerterweise sind die Bedingungen, unter denen sektorspezifische Parteieffekte auftreten, nicht besonders restriktiv, da letztlich nur relative Gewinnunterschiede zwischen Wirtschaftsbranchen unter den beiden möglichen Regierungen für deren Existenz eine Rolle spielen. Hierzu stelle man sich vereinfachend eine Volkswirtschaft mit zwei Sektoren (S_I, S_{II}) vor. Die politisch verursachte Gewinnumverteilung zwischen den beiden Sektoren sei definiert als

$$U(a^j) = \Pi_{S_I} |a^j - \Pi_{S_I}| a^j , \qquad (3.2)$$

wobei $\Pi_{S_I} |a^j$ der Gewinn des Sektors S_I unter der Regierung a^j (der Amtsinhaberschaft von Partei j) und $\Pi_{S_I} |a^j$ der Gewinn des Sektors S_I unter derselben Regierung ist. Die sektorspezifische Umverteilung der Regierung a^g ist somit $U(a^g) = \Pi_{S_I} |a^g - \Pi_{S_I}| a^g$ und die der Regierung a^b ist $U(a^b) = \Pi_{S_{II}} |a^b - \Pi_{S_{II}}| a^b$. Ist $U(a^g) > 0$, dann bevorzugt die Politik von a^g den Sektor S_I gegenüber dem Sektor S_{II}. Ist $U(a^g) < 0$, dann diskriminiert die Politik von a^g den Sektor S_{II} gegenüber dem Sektor S_I. Falls $U(a^g) = 0$, dann wirkt sich die Politik von a^g auf beide Sektoren gleichermaßen positiv, negativ oder gar nicht aus.[41]

---

[41] Analoges gilt für a^b.

Wann tritt nun in welchem Umfang Umverteilung zwischen Sektoren als Folge einer Änderung der Regierung auf? Hierzu sei das Umverteilungsdifferential definiert als

$$\varphi = U(a^g) - U(a^b). \tag{3.3}$$

Das Umverteilungsdifferential gibt an, wie groß der Unterschied in der Gewinnumverteilung zwischen den Sektoren unter einer g - und b -Regierung ist. Parteipolitisch induzierte Umverteilung findet immer dann statt, wenn $\varphi \neq 0$. Somit reicht es für die Existenz von sektorspezifischen Umverteilungswirkungen von Politik bereits aus, dass $U(a^g) \neq U(a^b)$, die beiden Parteien also nicht in genau gleicher Weise zwischen den Sektoren diskriminieren und so exakt gleiche Umverteilung herbeiführen.

Da der Wert einer Investition in einen Sektor davon abhängt, wie sich dessen Gewinn *in Zukunft* entwickeln wird, ist von einer rationalen Erwartungsbildung der Investoren auszugehen. In der Tat scheint die Arena von Finanzmärkten besonders gut geeignet, um von einer solchen Erwartungsbildung auf Seiten der Investoren auszugehen. Denn das Versäumnis prospektiven Handelns wird vom Markt erbarmungslos mit dem Wertverlust des eingesetzten Kapitals bestraft. Die Kosten einer individuellen Entscheidungsfindung, die die zukünftige Wertentwicklung nicht in Rechnung stellt, sind somit als hoch einzuschätzen.

Vor einer Wahl können Investoren zwischen zwei möglichen Regierungen unterscheiden und Wahrscheinlichkeiten für den Wahlsieg der sie tragenden Parteien angeben. Mit Wahrscheinlichkeit $\Pr_t^b \in [0,1]$ gewinnt eine Partei, die Politiken verfolgt, die sich relativ vorteilhaft für einen Sektor S_I auswirkt, da die b -Partei mit dieser Politik die eigene Wählerklientel und die mir ihr verbundenen, wirtschaftlichen Interessengruppen bedient. Der Erwartungswert einer Investition in Sektor S_I zum Zeitpunkt t ist somit

$$E_t[W_0^{S_I}] = \Pr_t(a^g) \left(\int_k^{+\infty} e^{-\delta t} D_t^{S_I} \big| a^g \mathrm{dt} \right) + (1 - \Pr_t(a^g)) \left(\int_k^{+\infty} e^{-\delta t} D_t^{S_I} \big| a^b \mathrm{dt} \right).$$

Einfaches umformen ergibt

$$\left(\int_k^{+\infty} e^{-\delta t} D_t^{S_I} \big| a^b \mathrm{dt} \right) + \Pr_t(a^g) \left(\int_k^{+\infty} e^{-\delta t} \Big[D_t^{S_I} \big| a^g - D_t^{S_I} \big| a^b \Big] \mathrm{dt} \right). \tag{3.4}$$

Gleichung 3.4 hat eine sehr einleuchtende Interpretation. Der Wert einer Investition in einen Sektor beträgt mindestens das erste Integral, das den Kapitalwert der Branche im Falle einer weniger vorteilhaften b -Regierung erfasst. Dieser

Wert steigt mit der Wahrscheinlichkeit, dass nach den anstehenden Wahlen eine
g -Regierung amtieren wird, multipliziert mit dem Wert, den der Sektor im Falle
einer solchen, für die Gewinne vorteilhaften Regierung besitzt. Nehmen die
Siegeschancen der Partei g ab, dann sinkt auch der Wert des Sektors. Die Änderung des Branchenwertes in Abhängigkeit vom erwarteten parteipolitischen Profil der Regierung ist der *antizipierte Parteieffekt*.

Um Hypothesen hinsichtlich der Entwicklung der Sektorrenditen und deren
Volatilität ableiten zu können, wird auf die Beiträge von Glosten/Milgrom
(1985) und Leblang/Mukherjee (2005) zurückgegriffen.[42] Dabei findet Handel
auf dem Aktienmarkt in Form eines sequentiellen Spiels statt. Ein Investor wählt
auf Basis der Aktienpreise jene Sektoren aus, in die er sein Kapital investieren
bzw. aus denen er Kapital abziehen will, indem er Aktien kauft bzw. verkauft.
Der risiko-neutrale Händler legt Aktienkurse fest und verkauft bzw. kauft die
vom Investor nachgefragte bzw. angebotene Menge an Aktien.

Vor Wahlen erhält der Investor Informationen, auf deren Basis er Erwartungen hinsichtlich der Wahrscheinlichkeit bildet, mit der eine bestimmte Partei
die Wahl gewinnen wird und berechnet dann jene Menge an Branchenaktien, die
den Wert seines Portfolios maximieren. Steigt beispielsweise die Siegeswahrscheinlichkeit einer Partei, deren Politik zu Gunsten eines Sektors ausfällt, dann
investiert der Investor in diese Branche. Der Händler bringt die Marktpreise in
üblicher Weise mit den neuen Informationen in Einklang. Wenn der erwartete
Wert einer Brancheninvestition steigt (sinkt), dann steigen (sinken) die Aktienrenditen dieses Sektors, weil die Nachfrage nach den entsprechenden Wertpapieren zunimmt (abnimmt).

Um Angebot und Nachfrage auszugleichen, wird der Händler den Aktienkurs und auch die Volatilität erhöhen (verringern), um risikoscheue Investoren
von einem Kauf abzuhalten (zum Kauf zu bewegen) (Karpoff 1986; Andersen
1996). Dies impliziert, dass ein Nachfragezuwachs über den Anstieg des Handelsvolumens eine Erhöhung der Volatilität auslöst. Wird eine Investition in den
Sektor hingegen weniger attraktiv, weil die Wahrscheinlichkeit einer für die
Branchengewinne schädlichen Regierung angestiegen ist, dann sinkt die Nachfrage. Der Händler gleicht wiederum Angebot und Nachfrage aus, indem Kurse
und Volatilität angepasst werden. Dabei verringert er den Preis und die Volatilität.[43] Somit treten unterschiedliche Reaktionen auf positive bzw. negative Informationen auf (Leblang/Mukherjee 2005; Lisenfeld 1998; Edington/Lee 1993).

---

[42] Während diese Arbeiten eine detaillierte formale Abhandlung enthalten, soll für die vorliegende
Untersuchung eine kurze, rein verbale Wiedergabe der Kausalmechanismen genügen, zumal es hier
nicht um einen finanzmarkttheoretischen Forschungsbeitrag geht, sondern um die Aufdeckung von
sektorspezifischen Umverteilungseffekten von Parteipolitik.
[43] Siehe Leblang/Mukherjee (2005) für eine Formalisierung.

Auf Grundlage dieser Markt-Mikro-Fundierung ist der folgende empirisch beobachtbare Zusammenhang zu erwarten: *Steigt die Wahrscheinlichkeit einer Regierung, deren Politik für einen Sektor vorteilhaft (nachteilig) ist, dann steigen (sinken) die Sektorrenditen und deren Volatilität.* Bereits an dieser Stelle ist auf eine Besonderheit hinzuweisen, die diese Argumentation für die empirische Schätzung impliziert. Da die Kausalkette, die den Wert einer Sektorinvestition mit der Renditeentwicklung verbindet, über das Handelsvolumen führt, ist für die empirische Überprüfung ein Interaktionsterm zwischen der erwarteten Parteizugehörigkeit der Regierung und dem Handelsvolumen erforderlich.

Eine Kritik an der in der Literatur verwendeten, mikrotheoretischen Modellierung des Marktgeschehens betrifft die Annahme, ein Händler bestimme nicht nur den Preis, sondern auch die Volatilität. Volatilität ergibt sich ja aus den Änderungen der Renditen und kann somit schwerlich unmittelbar beeinflusst werden. Zweitens ist die Vermutung hinterfragbar, dass ein Wertzuwachs einer Aktieninvestition einen Anstieg des Handelsvolumens und so eine höhere Volatilität nach sich zieht.[44] Denn auch im Falle eines Wertverlustes, könnte man argumentieren, steigt das Handelsvolumen und die Volatilität an, weil die Papiere auf den Markt geworfen werden. Ein weiterer Einwand lässt sich gegen die Vorstellung vorbringen, dass Preise sich änderten, weil entsprechende Transaktionen vorgenommen würden. Unterstellt man den Investoren jedoch vollständig rationales Verhalten, wäre dies allerdings nicht der Fall. Vielmehr würden die Preise schon dann steigen, sobald die Akteure wissen, dass der Kapitalwert der Aktien gestiegen ist (d.h. die Aktien mehr wert sind) und letztlich käme es zu gar keinen Transaktionen auf dem Markt. Letztlich lässt sich über den empirischen Wahrheitsgehalt dieser Einwände an dieser Stelle natürlich nicht urteilen. Darüber kann nur die Empirie entscheiden. Deshalb wird die formulierte Leithypothese zumindest vorläufig als Arbeitshypothese beibehalten.

Die hier formulierte, zunächst sehr allgemeine, noch nicht unmittelbar überprüfbare Leithypothese gilt es nun soweit zu präzisieren, dass sie empirisch widerlegbar ist. Insbesondere ist zu klären, welches parteipolitische Regierungsprofil für welchen Sektor vor- oder nachteilig ist. Dieser Aufgabe widmet sich der folgende Abschnitt.

---

[44] Alternativ könnte man argumentieren, dass ein Anstieg der erwarteten Rendite mehr Investoren anzieht, deren Erwartungen jedoch insgesamt heterogener ausfallen und somit auch die Volatilität zunimmt.

3.3.3 Sektoren und Parteien: Zur Identifikation der parteipolitischen Präferenzen von Wirtschaftssektoren

Eine wichtige Aufgabe, die sich bei der Schätzung von sektorspezifischen Umverteilungswirkungen von Politik stellt, besteht in der Identifikation jener Sektoren, die von einer bestimmten Regierung profitieren sollten. Diese Auswahl von Wirtschaftsbranchen soll im Weiteren so theoriegeleitet und nachvollziehbar wie möglich erfolgen. Zwei Ansätze liegen dieser Identifikation zu Grunde. Dies sind zum einen das Wahlkampfspendenmodell, auf das beispielsweise auch Knight (2006) in seiner Studie zurückgreift, und zum anderen das bereits erwähnte Parteiendifferenzmodell, soweit für die betroffenen Politikfelder Idealpunktschätzungen vorliegen.

Entsprechend dem Wahlkampfspendenmodell (Austen-Smith 1995; Hall/Deardorff 2006) ist die erste Informationsquelle für die Zuordnung von Sektoren zu bestimmten Parteien die von Unternehmen und Verbänden getätigten Parteispenden in den Jahren, in denen eine Bundestagswahl stattgefunden hat (1994, 1998, 2002, 2005). Die diesem Ansatz zu Grunde liegende Annahme zur Etablierung einer solchen Sektor-Partei-Verbindung lautet, dass Interessengruppen jene Parteien finanziell unterstützen werden, deren Politiken am meisten mit den eigenen Präferenzen übereinstimmen. Somit sind Parteispenden ein Signal für den Markt auf deren Basis Rückschlüsse auf die interessengruppenspezifischen Auswirkungen der von einer Partei vertretenen Politik vorgenommen werden können (Wittman 1989). Die Validität dieses hier lediglich angenommenen Zusammenhangs ist für diese Arbeit zweifellos von erheblicher Bedeutung. Die empirischen Befunde stützen die Annahme jedoch. So stellen Brownars/Lott beispielsweise schlicht fest: „donors support candidates who value the same things that they do" (317). Auch die Studien von Hojnacki/Kimball (1999, 1998) sowie Grenzke (1989) kommen zu diesem Ergebnis. Eine erste empirische Untersuchung liegt inzwischen auch für Deutschland vor (Höpner 2006), die ebenfalls zu Gunsten der hier gemachten Annahme vom Informationsgehalt von Parteispenden spricht.

Daten zu den von Unternehmen und Verbänden getätigten Parteispenden wurden den Rechenschaftsberichten der Parteien entnommen, die als Bundestagsdrucksache in Form einer Unterrichtung durch den Präsidenten des Deutschen Bundestages veröffentlicht werden.[45] Bevor jedoch genauer auf branchenspezifische Geldgeber der Parteien eingegangen wird, soll kurz ein Eindruck von der Finanzierung der deutschen Parteien und dem Stellenwert, den Spenden dabei einnehmen, vermittelt werden.

---

[45] BT-Drs. Nr. 13/3390; 13/4163; 14/2508; 14/3535; 14/5050.

Parteien finanzieren sich in Deutschland in erster Linie aus staatlichen Zuwendungen, die jedoch an den Wahlerfolg bei Europa-, Bundestags- und Landtagswahlen, an die Summe der Mitgliedsbeiträge und an die Höhe der erzielten Spenden gekoppelt sind. Für jede gültige Wahlstimme erhält eine Partei 0,85 Euro und ab vier Millionen Stimmen 0,7 Euro pro Stimme. Pro eingeworbenen Euro (Mitgliedsbeiträge, Mandatsbeiträge oder Spenden) erhält eine Partei 0,38 Euro. Die staatlichen Zuwendungen an alle Parteien sind bei 133 Millionen Euro gedeckelt. [46] Den Rechenschaftsberichten der Parteien für 2005 und der Festsetzung staatlicher Mittel zur Parteienfinanzierung zu entnehmen, dass Spenden von juristischen Personen wie Unternehmen, Verbänden und Vereinen zwischen 20 und 40 Prozent der Gesamtspendeneinnahmen ausmachen (Tabelle 4). Der Anteil von Spenden an den Gesamteinnahmen der Parteien variiert zwischen 8 (SPD) und 36 (FDP) Prozent. Dabei ist zu beachten, dass Spendeneinnahmen über die Regelungen des Bundeswahlgesetzes staatliche Zuschüsse generieren. Die Bedeutung von Parteispenden als Einnahmequelle wird also in Tabelle 4 eher unter- als überschätzt. Auch die Verheimlichung von Parteispenden sorgt dafür, dass deren Anteil an den Gesamteinnahmen einer Partei eher zu gering als zu hoch ausgewiesen wird.

Tabelle 4: Spendenaufkommen politischer Parteien 2005 in Euro

Partei	Spenden gesamt	Spendenanteil		Anteil Spenden an Einnahmen	Einnahmen (gesamt)
		Juristischer Personen	Natürlicher Personen		
CDU/CSU	42.602.123	39.7	60.3	26.5	161.024.520
FDP	11.752.374	33.4	66.6	36.2	32.456.217
SPD	14.164.795	23.2	76.8	8.4	169.083.888
Grüne	4.429.780	21.4	78.6	16.6	26.608.411

Datenquelle: Rechenschaftsberichte der Parteien 2005 und Festsetzung der staatlichem Mittel für das Jahr 2005 (Stand: 8. Februar 2006); http://www.bundestag.de/parlament/funktion/finanz/ festsetz_staatl_mittel/index.

Aus den Rechenschaftsberichten der Parteien ist ersichtlich, dass viele Branchen ein ideologisch sehr promiskuitives Spendeverhalten an den Tag legen, da sie an fast alle Parteien (oft auch dieselben Beträge) spenden. Ein solches, nicht zwischen Parteien diskriminierendes Spendenverhalten lässt kaum Rückschlüsse auf die politische Präferenz eines Sektors und damit seine Profitabilität unter ver-

---

[46] Für weitere Details siehe §§ 18 und 20 des Bundeswahlgesetzes sowie die Informationen des Bundeswahlleiters unter http://www.bundeswahlleiter.de/wahlen/abc/d/ts2.htm; 13.10.2008.

schiedenen Regierungen zu. Um die parteipolitisch-ideologische Präferenz einer Branche möglichst eindeutig bestimmen zu können, wurden deshalb nur jene Sektoren berücksichtigt, deren Verbände und/oder Unternehmen in mindestens drei der vier Bundestagswahljahre ideologisch konsistent an eine Partei spendeten. Im bipolaren deutschen Parteienwettbewerb (Nohlen 2000: 312) ist ein Spendenverhalten dann ideologisch konsistent, wenn aus einem Sektor entweder ausschließlich Spenden an SPD oder Grüne oder ausschließlich an CDU/CSU oder FDP getätigt wurden. Diese beiden Kriterien sorgen dafür, dass eindeutige Hypothesen bezüglich der zu erwartenden Sektorentwicklung unter einer SPD/Grünen- bzw. CDU/FDP-Regierung formuliert werden können.

Tabelle 5 zeigt, welche Unternehmen und Verbände in den Wahljahren diesen Kriterien entsprechend spendeten und bietet eine kurze Zusammenfassung der wesentlichen Geschäftsfelder bzw. der vertretenen Unternehmen. Ein erster Sektor, der die genannten Kriterien erfüllt, ist die *Rüstungsbranche*. Hier spendeten Hersteller von gepanzerten Gefechtsfahrzeugen (Rheinmetall DeTec AG, Kraus-Maffei), Kampfflugzeugen und -hubschraubern (EADS), Raketen und ferngelenkten Bomben (Diehl) sowie Infanterie-Handwaffen (Heckler & Koch). Um einen Eindruck von der Größe und Bedeutung dieser Unternehmen zu erhalten, wurden zudem soweit zugänglich Umsatzzahlen recherchiert. Obgleich diese Zahlen nicht für alle Unternehmen und jedes Jahr vorliegen, vermitteln sie dennoch ein erstes Bild: Rheinmetall verzeichnete in den Jahren 2005 und 2006 einen Umsatz von 1,4 bzw. 1,45 Milliarden Euro. EADS erzielte mit Rüstungsgütern im Zeitraum von 2000 bis 2005 einen Umsatz von durchschnittlich 5,2 Milliarden Euro.[47] Die Diehl GmbH konnte 2007 einen Umsatz von 420 Millionen Euro ausweisen.

Im *Pharmabereich* spendeten vor allem Verbände (Bundesverband der Pharmazeutischen Industrie und Verband Forschender Arzneimittelhersteller), die insgesamt über 300 Unternehmen der Pharmabranche repräsentieren, ideologisch konsistent an eine oder mehrere Parteien. Ebenfalls spendeten aus der Pharmabranche die beiden Unternehmen Altana (Umsatz 2006: über 1,1 Milliarden Euro) und Pfizer Deutschland (Umsatz 2006: 1,6 Milliarden Euro). Experten schätzen den Umsatz der gesamten Pharmabranche in Deutschland im Jahr 2007 auf etwa 540 Milliarden Euro. Damit ist Deutschland für Pharma-Unternehmen der drittgrößte Absatzmarkt der Welt. Etwa 115.000 Personen waren in dieser Branche 2006 beschäftigt.[48]

---

[47] Abrufbar unter http://www.eads.com/800/de/investor/ir.html; 18.03.2008.
[48] http://www.faz.net/s/RubE4DBC2864515412C86EF6C0402B6929F/Doc~E470C07E4EE79428B8 1C01947961FF886~ATpl~Ecommon~Sspezial~AOrd~E933FDFB679EE4808AB349FDB169CFB3 F.html; 18.03.2008.

Aus der *Konsumgüterbranche* spendeten der Fachverband Kartonverpackung für flüssige Nahrungsmittel und vor allem Zigarettenproduzenten vertreten durch den Verband der Cigarettenindustrie, einem Zusammenschluss von sieben Tabakfabrikanten. Philipp Morris (im Jahr 2000 3.000 Beschäftigte, 6,9 Milliarden Euro Umsatz in Deutschland) spendete auch als Einzelunternehmen.

Zahlreiche Spenden stammen aus dem Bereich *erneuerbare Energien*. Hier stellten insgesamt 14 Unternehmen Parteien Geld zur Verfügung. Bei den Unternehmen handelt es sich um Hersteller und Betreiber von Windkraftanlagen (Nordex AG, EWO Energietechnologie GmbH, Ostwind-Verwaltungs-GmbH, Umweltkontor Renewable Energy, Windpark Wohlbedacht GmbH & Co, WPD Wind Projekt Development GmbH) und Produzenten von Solarzellen (Conergy AG, Ersol AG, First Solar AG, Q-Cells AG, SMA Technologie, Solarparc AG, Solarworld AG, Solon AG). Der erneuerbare Energien-Sektor ist inzwischen auch in seiner finanziellen Bedeutung nicht zu unterschätzen. Im Jahr 2004 wurden mit dem Verkauf und Betrieb von Anlagen zur regenerativen Energiegewinnung 11,6 Milliarden Euro Umsatz erzielt und etwa 130.000 Personen beschäftigt.

Zur Identifikation der parteipolitischen Präferenz eines Sektors wurden die Branchen einer Partei zugeordnet, wenn Unternehmen oder Verbände dieser Wirtschaftsbranche in mindestens drei der vier Bundestagswahljahre ideologisch konsistent an eine Partei spendeten. Im bipolaren deutschen Parteienwettbewerb (Nohlen 2000: 312) ist ein Spendenverhalten dann ideologisch konsistent, wenn aus einem Sektor entweder ausschließlich Spenden an SPD oder Grüne oder ausschließlich an die CDU/CSU oder FDP getätigt wurden.

Tabelle 5: Spendende Unternehmen und Verbände (1994, 1998, 2002, 2005)

Branche	Unternehmen/Verband	Geschäftsbereich und Umsatzzahlen	SPD	Grüne	CDU/CSU	FDP
Rüstung	Rheinmetall DeTec AG	Produktion von gepanzerten Gefechtsfahrzeugen (Kampfpanzer, Haubitzen, Transportpanzer, etc.); Umsatz: in Mrd EUR: 1,4 (2005)/1,45 (2006)			x	x
	EADS Deutschland GmbH	Hersteller von Luftfahrt- und Rüstungsprodukten (Kampfflugzeuge, Kampfhubschrauber, Drohnen, Bomben, Überwachungsinstrumente); Umsatz 2000-2005 in Mrd EUR: 5,2 (Jahresdurchschnitt)			x	
	Diehl GmbH	Hersteller ferngelenkter Bomben und Raketen, intelligente und konventionelle Gefechtsmunition, Trainingssysteme; Umsatz 2007 in Mrd EUR: 420			x	
	Heckler & Koch GmbH	Produktion von Handwaffen (Pistolen, Gewehre, Maschinengewehre, Scharfschützengewehre, Granatmaschinenwaffen)			x	
	Krauss-Maffei AG	Produktion von gepanzerten Gefechtsfahrzeugen (Kampfpanzer, Artilleriepanzer, Transportpanzer, etc.). Hauptlieferant der Bundeswehr (Leopard, Panzerhaubitze 2000, Dingo 2, Mungo)				x
Pharma	Bundesverband der Pharmazeutischen Industrie e.V.	Vertretung von über 260 pharmazeutischen Unternehmen auf dem Gebiet der Arzneimittelforschung, -entwicklung, -zulassung, -herstellung und -vermarktung			x	
	Verband Forschender Arzneimittelhersteller e.V.	Vertretung von 44 forschenden Pharma-Unternehmen				x
	Altana AG	Vertrieb von Medikamenten			x	x
	Pfizer Deutschland GmbH	Erforschung und Entwicklung von Arzneimitteln			x	x
Konsumgüter	Fachverband Kartonverpackung für flüssige Nahrungsmittel e.V.	Vertretung von Interessen der in Deutschland tätigen Hersteller von Getränkekartons	x			
	Verband der Cigarettenindustrie	Interessenverband der Zigarettenhersteller in Deutschland. Mitglieder: Philip Morris, British American Tobacco, Reemtsma Cigarettenfabriken, Austria Tabak, JT International Germany (früher Reynolds RJ Tobacco), Tabak- und Cigarettenfabrik Heintz van Landewyck, Joh. Wilh. von Eicken	x			
	Philipp Morris GmbH	Hersteller von Tabakprodukten	x			

Branche	Unternehmen	Geschäftstätigkeit			
Erneuerbare Energien	EWO Energietechnologie GmbH	Planung, Entwicklung und Anschluss von Windkraftanlagen			x
	Nordex AG	Entwicklung und Produktion von Windturbinen	x		
	Ostwind-Verwaltungs-GmbH	Planung, Entwicklung, Anschluss und Betrieb von Windkraftanlagen	x	x	
	Umweltkontor Renewable Energy	Planung, Entwicklung, Anschluss und Betrieb von Windkraftanlagen			x
	Windpark Wohlbedacht GmbH & Co	Planung, Entwicklung, Anschluss und Betrieb von Windkraftanlagen			x
	WPD Wind Projekt Development GmbH	Planung, Entwicklung, Anschluss und Betrieb von Windkraftanlagen			x
	Conergy AG	Planung, Entwicklung, Anschluss und Betrieb von Windkraftanlagen			x
	Ersol AG	Recycling von Silizium für Solarzellenproduktion			x
	First Solar AG	Betreiber von Solaranlagen			x
	Q-Cells AG	Entwicklung und Produktion von Solarzellen			x
	SMA Technologie	Entwicklung und Produktion von Solar-, Wind- und kombinierten Energieanlagen			x
	Solarparc AG	Betreiber von Solar- und Windenergieanlagen			x
	Solarworld AG	Betreiber von Solar- und Windenergieanlagen			x
	Solon AG für Solartechnik	Hersteller von Komponenten für Solaranlagen			x

Rüstungsbranche (CDU/FDP): Unternehmen der Rüstungsbranche spendeten vor allem für die CDU (Rheinmetall DeTec, EADS Deutschland GmbH, Diehl GmbH, Heckler & Koch GmbH) und teilweise auch an die FDP (Rheinmetall DeTec, Krauss-Maffei). Deshalb ist davon auszugehen, dass die Rüstungsindustrie sich unter einer Regierung aus CDU und FDP höhere Gewinne verspricht und deshalb eine rechte (CDU/FDP)-Regierung einer linken (SPD/Grünen)-Regierung vorzieht. Diese bessere Performance unter einer CDU/FDP-Regierung macht sich für Investoren durch höhere Dividendenausschüttungen bezahlt. Diese Vermutung legt auch die von konservativen Parteien wie der CDU verfolgte Sicherheits- und Verteidigungspolitik, bei der den Streitkräften eine größere Bedeutung beigemessen wird, nahe (Knight 2006; Roberts 1990). Die rationale Erwartungsbildung sorgt dafür, dass Investoren Profiteffekte des parteipolitischen Regierungsprofils vorwegnehmen. Hieraus ergibt sich die folgende Hypothese:

Hypothese 3.1 [*Rüstung*]: Steigt die Wahrscheinlichkeit einer rechten (CDU/FDP)-Regierung, dann steigen Renditen und Renditevolatilität des Rüstungssektors.

Pharmaindustrie (CDU/FDP): Verbände und Unternehmen aus der Pharmabranche spendeten für die CDU (Bundesverband der Pharmazeutischen Industrie e.v., Verband Forschender Arzneimittelhersteller e.v., Altana AG, Pfizer Deutschland GmbH) wie auch die FDP (Verband Forschender Arzneimittelhersteller e.v., Altana AG, Pfizer Deutschland GmbH). Deshalb ist davon auszugehen, dass die Pharmabranche in Deutschland eine Regierung aus CDU und FDP bevorzugt und sich Investoren unter einer aus diesen beiden Parteien bestehenden Regierung höhere Renditen erwarten als unter einer linken SPD/Grünen-Regierung. Wie aus der obigen formalen Argumentation deutlich wurde, sollten rationale Investoren diesen positiven Effekt einer rechten CDU/FDP-Regierung antizipieren. Dies führt zu der folgenden Hypothese:

Hypothese 3.2 [*Pharma*]: Steigt die Wahrscheinlichkeit einer rechten (CDU/FDP)-Regierung, dann steigen Renditen und Renditevolatilität der Pharmaindustrie.

Bemerkenswert ist, dass die Vermutung eines parteipolitisierten Pharmasektors der Einschätzung von Praktikern widerspricht. Denn hier ist man der Auffassung, keine Partei habe in dem vergangenen Jahrzehnt grundlegende gesundheitspolitische Veränderungen vorgenommen, die die wirtschaftliche Entwicklung der Pharmabranche signifikant beeinflusst hätten. Begründet wird dies mit dem beachtlichen Steueraufkommen, das aus diesem Sektor gewonnen wird und den erheblichen Schwierigkeiten, die Politiker bei der Folgenabschätzung gesetzlicher Änderungen in diesem Politikfeld gegenüberstehen. Deshalb sei auch in Zukunft mit Politik-Änderungen, die die Pharmabranche wirksam treffen könnten, nicht zu rechnen. Träfe dies zu, dann sollten Investoren nicht auf Änderungen der erwarteten Parteizugehörigkeit der Regierung reagieren. Statistisch ausgedrückt sollte man in diesem Fall die Annahme der Nullhypothese erwarten. Umso interessanter ist es, ob die empirischen Ergebnisse die von Praktikern vertretene Nullhypothese oder die oben formulierte Alternativhypothese stützen.

Konsumgüter (SPD/Grüne): Verbände und Unternehmen aus der Konsumgüterbranche spendeten ausschließlich für die SPD (Fachverband Kartonverpackung für flüssige Nahrungsmittel e.V., Verband der Cigarettenindustrie, Philipp Morris GmbH). Deshalb ist davon auszugehen, dass die Konsumgüterindustrie eine linke, SPD-geführte Regierung einer rechten, CDU-geführten Regierung gegenüber bevorzugt und Investoren unter einer SPD-geführten Regierung eine höhere Dividenden erhalten als unter einer CDU-geführten Regierung. Diese Zuordnung auf Basis des beobachteten Spendenverhaltens erscheint auch auf Basis der sektorspezifischen Aktienkaufempfehlungen plausibel, die eine Investmentbank (Dresdner Kleinwort Wasserstein) im Vorfeld der Bundestagswahl 2002 veröffentlichte.[49] In diesen Hinweisen für Aktieninvestitionen im Vorfeld der Bundestagswahl wurde betont, dass der Konsumgüterbereich auf Grund der stärker nachfrageorientierten Politik der SPD unter einer von dieser Partei geführten Bundesregierung profitabler sei.

Die Vermutung, dass der Konsumgütersektor von einer linken, SPD-geführten Regierung profitieren sollte, erscheint auch aus wirtschaftspolitischer Perspektive plausibel. Nämlich dann, wenn man die Wirtschaftspolitik einer Regierung in eine von zwei Großkategorien einordnet, deren jeweiliges Ziel darin besteht, eine für die eigene Wählerklientel möglichst vorteilhafte Politik zu implementieren (Alesina 1987; Hibbs 1977). Nachfrageorientierte Wirtschaftpolitik, wie sie eher von der SPD verfolgt wird, zielt auf eine vor allem durch Steuererhöhungen finanzierte Anhebung der Staatsausgaben ab, um eine stärkere Gleichverteilung von Reichtum wie auch eine Nachfragestärkung zu erreichen (Benoit/Laver 2006; Persson/Tabellini 2000). Auch stärken linke Parteien Gewerkschaften bei Lohnverhandlungen und setzen sich für die gesetzliche Festschreibung von Mindestlöhnen ein (Calmfors/Driffill 1988; OECD 2004), um die Nachfrage zu stärken, die sich positiv auf den Umsatz im Konsumgüterbereich auswirken sollte. Allerdings mag fraglich erscheinen, ob die Annahme

---

[49] http://www.dresdner-bank.de/medienservice.php?pdf_anzeigen=aktuell05090103; 12.03.2005.

dieser Links-Rechts-Unterteilung über den Untersuchungszeitrum von mehr als einer Dekade zulässig ist.

Abbildung 5 zeigt, wie sich die vertretenen wirtschaftspolitischen Positionen von CDU, SPD, den Grünen und der FDP von 1990 bis 2005 entwickelt haben. Die wirtschaftspolitische Links-Rechts-Dimension ist auf der Ordinate, die Zeit auf der Abszisse abgetragen. Die Schätzungen basieren auf Wordscore-Analysen der Parteiprogramme (Laver et al. 2003; Laver/Garry 2000). Ein niedriger Wert auf der Links-Rechts-Skala steht für eine sehr linke, ein hoher Wert für eine sehr rechte Wirtschaftspolitik. CDU wie auch FDP sind durchgängig mit einem Wert von mindestens 13 eingeordnet und liegen damit deutlich rechts von der Position der SPD und den Grünen, die durchschnittlich klar geringere Werte erhalten. Die Unterteilung zwischen linker und rechter Wirtschaftspolitik scheint also trotz der beobachtbaren Längs- und Querschnittvarianz durchaus geeignet, um CDU und FDP auf der einen und SPD und Grüne auf der anderen Seite wirtschaftspolitisch voneinander abzugrenzen.

Abbildung 5:   Idealpunkte deutscher Parteien auf der Links-Rechts-Dimension (1990, 1994, 1998, 2002, 2005)

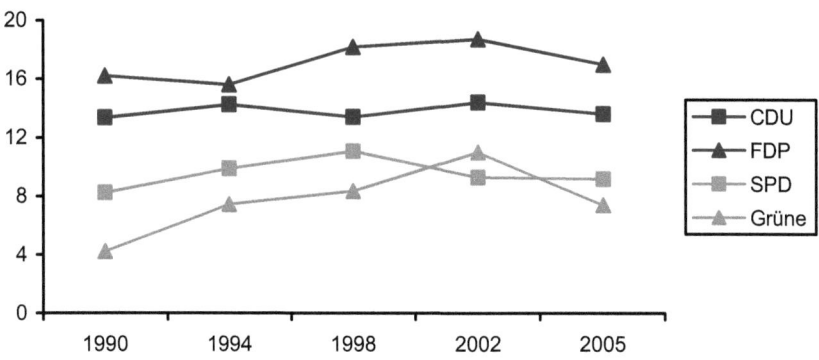

Schätzungen basieren auf einer Wordscore-Analyse der Parteiprogramme. Datenquelle: Debus (2007).

Auf Grund höherer Konsumgüternachfrage unter einer linken, SPD-geführten Regierung ist zu vermuten, dass Investoren diesen Effekt antizipieren und deshalb die Renditen dieser Branche responsiv gegenüber der erwarteten parteiideologischen Ausrichtung der Bundesregierung sind:

Hypothese 3.3 [*Konsumgüter*]: Steigt die Wahrscheinlichkeit einer linken (SPD/Grünen)-Regierung, dann steigen Renditen und Renditevolatilität der Konsumgüterindustrie.

Erneuerbare Energien (SPD/Grüne): Die Grünen erhielten zahlreiche Spenden von Unternehmen aus dem alternative Energien-Sektor. Hierzu gehören Hersteller und Betreiber von Windkraftanlagen (Nordex AG, EWO Energietechnologie GmbH, Ostwind-Verwaltungs-GmbH, Umweltkontor Renewable Energy, Windpark Wohlbedacht GmbH & Co, WPD Wind Projekt Development GmbH), Produzenten von Solarzellen (Conergy AG, Ersol AG, First Solar AG, Q-Cells AG, SMA Technologie, Solarparc AG, Solarworld AG, Solon AG für Solartechnik). Zwei Unternehmen spendeten auch an die SPD (Nordex AG, Ostwind-Verwaltungs-GmbH). Somit ist davon auszugehen, dass der alternative Energien-Sektor eine linke Regierung aus SPD und Grünen einer rechten CDU/FDP-Regierung vorzieht, da sich die Gewinne in diesem Falle besser entwickeln. Investoren sollten davon profitieren, weil unter einer linken SPD/Grünen-Regierung höhere Dividenden ausgeschüttet werden.

Abbildung 6:   Idealpunkte der deutschen Parteien auf der Umweltdimension 1990, 1994, 1998, 2002, 2005 (Umweltschutz vs. Wirtschaftswachstum)

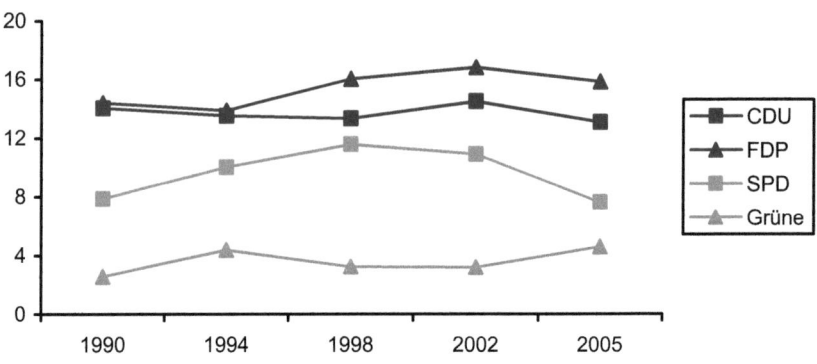

Idealpunktschätzungen basieren auf einer Wordscore-Analyse der Parteiprogramme. Datenquelle: Debus (2007).

Diese Vermutung ist auch aus den Idealpunkten der Parteien ableitbar, die Abbildung 6 zeigt. Dargestellt werden die Idealpunkte der Parteien auf der Umweltdimension. Ein niedriger Wert steht für die Bereitschaft, die Umwelt auch dann zu schützen, wenn dies wirtschaftliche Wachstumseinbußen bedeutet. Mit steigendem Wert auf der Umweltdimension ist eine Partei stärker gegen eine solche Haltung. Deutlich wird, dass CDU und FDP recht ähnliche Einstellungen gegen eine Priorisierung des Umweltschutzes aufweisen. SPD und besonders die Grünen legen hingegen vergleichsweise großen bzw. sehr großen Wert auf den Schutz der Umwelt, selbst wenn dies Kosten in Form von geringerem ökonomischem Wachstum verursacht.

Anekdotenhafte Evidenz belegt die parteipolitisch motivierte Förderung der erneuerbaren Energienbranche. In der Tat begann die rot-grüne Bundesregierung unmittelbar nach ihrer Wahl im Jahr 1998 damit, diesen Sektor auf verschiedene Arten zu subventionieren und den „Ausstieg aus der Atomenergie" voranzutreiben. Diese Anstrengungen resultierten unter anderem in dem Erneuerbare-Energien-Gesetz vom 29.03.2000 (EEG), mit dem Ziel, die Produktion von Energie aus regenerativen Energiequellen zu fördern. Auch kam es zu einer Novellierung des Atomgesetzes (so genannter Atomkonsens), mit dem die Nutzung der Kernenergie beendet werden sollte. Allein im Jahr 2004 wendete die rot-grüne Bundesregierung knapp 200 Millionen Euro auf, um den erneuerbare Energien-Sektor mittels einem durch die Steuerreform finanzierten „Marktanreizprogramm zur Förderung von Maßnahmen zur Nutzung erneuerbarer Energien" (BMU 2005: 20) zu subventionieren. Kleinanleger wurden bei Investitionen mit Zuschüssen gefördert, Energiegewinnungsanlagen konnten von zinsverbilligten Darlehen und Teilschulderlassen profitieren. Zudem erleichterten die Änderungen des Erneuerbare-Energien-Gesetz 2004 die Einspeisung, Übertragung und Verteilung von alternativen Energien. All diese gesetzgeberischen, profiterhöhenden Maßnahmen trafen auf geharnischte Kritik von Seiten der CDU und FDP. Sie wären unter einer CDU/FDP-Regierung kaum denkbar gewesen.

Der Aktienmarkt sollte die unterschiedlichen Positionen der Parteien auf Grund ihrer Bedeutung für die wirtschaftliche Entwicklung des erneuerbare Energien-Sektors in Rechnung stellen und so die Parteieffekte antizipieren. Weil diese Branche unter einer Regierung aus SPD und Grünen höhere Gewinne verzeichnen kann als unter einer CDU/FDP-Regierung, ist die folgende Hypothese aufzustellen:

Hypothese 3.4 [*Erneuerbare Energien*]*:* Steigt die Wahrscheinlichkeit einer linken (SPD/Grünen)-Regierung, dann steigen Renditen und Renditevolatilität der erneubare Energienbranche.

Die Investoren unterstellte rationale Erwartungsbildung und die verwendete Markt-Mikro-Struktur besitzen allerdings noch eine weitere empirische Implikation. Ist der Wahlausgang gut vorhersagbar, weil eine Partei in den Meinungsumfragen mit einem komfortablen Vorsprung führt, können Investoren ihre Entscheidungen unter größerer Sicherheit tätigen. Es besteht ja kaum Gefahr, dass sich die erwartete Parteizugehörigkeit der Regierung von der einen zur anderen Sekunde grundlegend ändert. Ist der prognostizierte Wahlausgang hingegen knapp, fällt es schwer, die zukünftige Entwicklung einer Sektorinvestition abzuschätzen. Folgt man der gängigen Finanzmarkt-Literatur (Elton et al. 2007; Elliott/Kopp 2005), ist die Volatilität der Rendite ein Maß für Unsicherheit. Somit ergibt sich folgende Hypothese:

Hypothese 3.5 [*Knappheit des Wahlausgangs*]: Je knapper der erwartete Wahlausgang, desto höher die Renditevolatilität.

3.3.4 Forschungsdesign und Daten

Unter der Annahme halbstrenger Informationseffizienz verarbeiten Märkte alle öffentlich verfügbaren Informationen bei der Preisbildung (Fama 1970). Auf der Aggregatebene reflektieren Preisänderungen somit auch die Wirkung von Politiken auf die zukünftigen Gewinne (Füss/Bechtel 2007; McGillivray 2004, 2003). Aktienmarktreaktionen auf politische Informationen können folglich genutzt werden, um die Wirkung von Parteien und deren Politik auf die Wirtschaft zu untersuchen (Bernhard/Leblang 2006, Roberts 1990). Ein möglicher Einwand lautet, dass diese Aktienmarktreaktionen nur ein sehr indirektes Maß für die wirtschaftlichen Verteilungskonsequenzen von Politik sind, dessen Validität überdies darauf angewiesen ist, dass der Markt tatsächlich halbstreng informationseffizient ist.

Dieser Einwand greift jedoch aus zwei Gründen zu kurz. Erstens ist wohl in keiner anderen Arena der Anreiz zu rational-prospektivem Handeln, das eine effiziente Verarbeitung von Informationen impliziert, so stark wie auf dem Aktienmarkt, wo Fehleinschätzungen mit finanziellen Kosten bestraft werden. Natürlich heißt dies nicht, dass ein solches Verhalten auf Finanzmärkten nicht vorkommt. Wie Milton Friedman (1953) jedoch betont, können Investoren nicht in alle Ewigkeit Verluste machen und so werden jene Akteure, die mit ihren Prognosen falsch liegen, weil sie Informationen missachten oder falsch verarbeiten mit der Zeit aus dem Markt gedrängt. Zweitens ist es zwar richtig, dass die Prognosen der Aktieninvestoren ex post nicht immer zutreffend sind und somit die tatsächlichen Verteilungswirkungen von Politik (in Form von Gewinnänderungen der Sektoren) nicht immer mit den erwarteten übereinstimmen. Aber selbst dann handelt es sich um Aktienmarktreaktionen auf (Partei-)Politik trotzdem um Umverteilungswirkungen, weil sich ja die Renditen und somit der Reichtum von

78

Aktionären ebenso wie die Refinanzierungsmöglichkeiten der entsprechenden Branchen und Unternehmen dennoch ändern. Auch ein „irrationalerweise" auftretender Aktienkurssturz hat also handfeste Konsequenzen für ein Unternehmen, seine Zukunftsaussichten und seine Belegschaft. Insofern kann man sagen, dass Aktienmarkteffekte von Politik auch dann Verteilungswirkungen erfassen, wenn die Annahme halbstrenger Informationseffizienz nicht zutrifft, sich Investoren – so wie von der behavioralistischen Finanzmarkttheorie (Shleifer 2000; Thaler 1993) behauptet – irrational verhalten und Märkte ineffizient sind.

3.3.5 Sektorrenditen als abhängige Variable

Die abhängige Variable dieser Untersuchung ist die tägliche Rendite R_t eines Sektors zum Zeitpunkt t. Die stetige Rendite ist definiert als

$$R_t \equiv \ln(P_t) - \ln(P_{t-1}) \,, \tag{3.5}$$

wobei P_t der Preis des Aktienindex einer Branche zum Zeitpunkt t ist.[50] Als Konsumgüter- und Pharmaindex wurden jeweils die korrespondierenden Branchenindizes von Thomson Datastream verwendet. Leider stand ein erneuerbarer Energien-Index überhaupt nicht und ein Rüstungsindex nur für einen Teil des Untersuchungszeitraumes zur Verfügung. Deshalb wurden diese Sektorindizes selbst mittels des so genannten „Value-Index"-Konzeptes erstellt.[51] Sei $P_{f,t}$ der Aktienkurs des Unternehmens f zum Zeitpunkt t, so ist der Kursindex der Branche i definiert als

---

[50] Sicherlich wäre es auf den ersten Blick wünschenswert, die Aktienrenditen allein jener Unternehmen zu untersuchen, die als Spender aufgetreten sind. Dies ist aus zwei Gründen jedoch nicht möglich und auch nicht ratsam. Erstens, weil viele der spendenden Unternehmen nicht börsennotiert sind (meistens handelt es sich um Gesellschaften mit beschränkter Haftung). Zweitens haben ja auch Verbände als Vertreter einer ganzen Branche ihre politische Präferenz zum Ausdruck gebracht und die Wertentwicklungen dieser Branchen werden am besten durch den entsprechenden Aktienindex repräsentiert.
[51] Die Unternehmen für den Rüstungssektor sind: EADS, Cargolifter, Renk, IWKA, Rheinmetall und ThyssenKrupp. Der Erneuerbare-Energien-Sektor basiert auf den Aktienkursen der Unternehmen Plambeck, SAG Solarstrom, Solarparc, Solarworld und Nordex.

$$P_{i,t} \equiv \frac{\sum_{f=1}^{n} P_{f,t} \cdot MK_{f,t}}{\sum_{f=1}^{n} P_{f,0} \cdot MK_{f,0}} \cdot 100 , \qquad (3.6)$$

wobei $MK_{f,t}$ die Marktkapitalisierung des Unternehmens f zum Zeitpunkt t ist. Der Branchenindex ist also der Quotient aus der Summe aller wertgewichteten Kurse der n berücksichtigten Unternehmen und der Summe aller wertgewichteten Kurse in der Basisperiode. Abbildung 7 stellt die vier Sektorrenditen graphisch dar.

Abbildung 7: Sektorrenditen (Rüstungs-, Erneuerbare Energien-, Pharma- und Konsumgüterbranche)

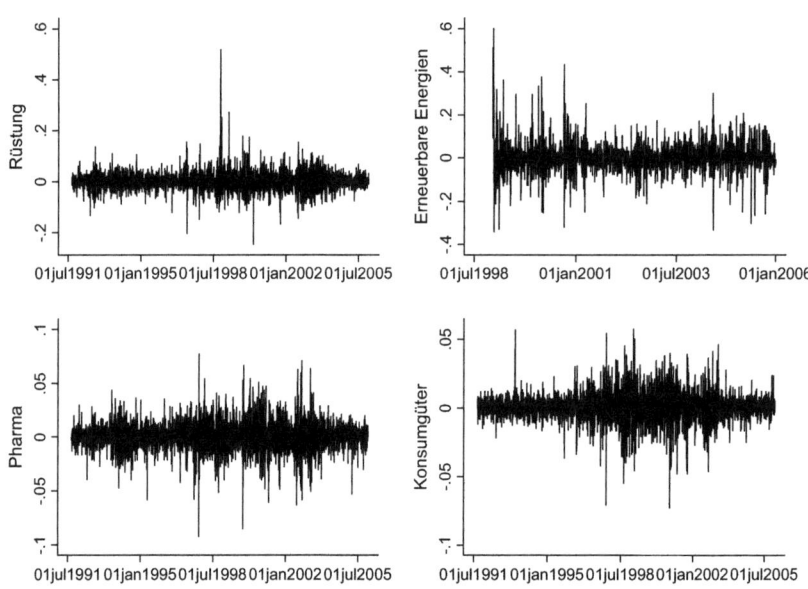

Auf Grund der Tatsache, dass die für die empirische Überprüfung (siehe hierzu weiter unten) erforderlichen Umfragedaten erst ab September 1991 zur Verfügung stehen, ist die Basisperiode der 02.09.1991 für alle Indizes, auch die Datastream-Branchenindizes. Dies gilt nicht für den erneuerbare Energien-Sektor, für den die erforderlichen Unternehmensaktienkurse erst ab 14.12.1998 verfügbar waren. Analog zur Erstellung des Kursindex erfolgte die Berechnung des Handelsvolumens, wobei hier die Anzahl der gehandelten Aktien (in 1.000 Stück) aufsummiert wurde. Tabelle 6 zeigt deskriptive Statistiken für die Sektorrenditen und das zugehörige Handelsvolumen.

Tabelle 6: Deskriptive Statistik

	Mittel	Min	Max	Stabw
Rüstungsrendite	0,0615	-24,66	51.75	3,53
Rüstung Handelsvolumen	4.417,05	30,00	68.639,40	4.141,40
Pharmarendite	0,04	-9,21	7.72	1,30
Pharma Handelsvolumen	736,44	7,00	23.969,00	1.103,55
Erneuerbare Energien-Rendite	0,25	-34,24	60,01	7,35
Erneuerbare Energien Handelsvolumen	312,21	2,30	6.498,10	551,32
Konsumgüterrendite	0,04	-7,27	5,75	1,02
Konsumgüter Handelsvolumen	430,22	2,00	17.641,00	873,30
Dow Jones Rendite	0,04	-7,45	6,15	1,00
Zins (risikolos)	4,21	1,40	9,80	2,17
Inflation	2,09	0,20	6,32	1,38
Pr_t (*rechts*)	46,88	0,00	99,34	16,26
Pr_t (*links*)	53,11	0,65	100,00	16,26
Wahlunsicherheit	89,02	0,00	100,00	18,22
Bundesratsitze (CDU)	32,18	24,00	51,00	6,17
Bundesratsitze (SPD)	36,51	18,00	45,00	6,06

Mittelwert (Mittel), Minimum (Min), Maximum (Max) und Standardabweichung (Stabw) in Prozent außer Handelsvolumen (in 1.000). Anzahl der Renditebeobachtungen beträgt T=3615 für alle Sektoren außer der Alternative-Energien-Branche (T=1790).

In der Zeitreihenanalyse resultiert ein fundamentales Hindernis daraus, dass für eine Variable zu einem bestimmten Zeitpunkt nur eine einzige Realisation beobachtbar ist. Somit steht nur ein einziger Pfad der Zeitreihe für die Analyse zur Verfügung. Im Allgemeinen ist auf Basis dieser Menge von Einzelbeobachtungen nicht einmal eine konsistente Schätzung der Verteilungsfunktion einer Zufallsvariable möglich (siehe hierzu Brockwell/Davis 2006; Hamilton 1994). Ein kurzes Beispiel mag dies verdeutlichen. Sei x_t eine politische oder ökonomische Zeitreihe beobachtet zum Zeitpunkt t, deren Prozess durch $x_t = \beta t + \varepsilon_t$ beschrieben wird, wobei die Abweichungen vom Trend ε_t identisch und unabhängig verteilt sind mit $E[\varepsilon_t] = 0$ und $Var[\varepsilon_t] < \infty$. Eine konsistente Schätzung des Stichprobenmittels $\bar{x}$ ist für jede brauchbare quantitative Analyse erforderlich, etwa für eine OLS-Schätzung. Das Problem mit der beschriebenen Zeitreihe ist nun, dass ihr Stichprobenmittel nicht konvergiert und somit auch alle weiteren Schätzungen, die auf diesem Stichprobenmittel aufbauen, zum Scheitern verurteilt sind. Um dies zu vermeiden, wurden alle abhängigen Variablen wurden mit entsprechenden Augmented Dickey-Fuller (ADF)- und Phillips-Perron (PP)-Tests auf schwache Stationarität hin überprüft, da schwache Stationarität die Konvergenz des Stichprobenmittels impliziert.[52] Die Ergebnisse zeigen, dass die Renditen wie auch die Handelsvolumina stationär sind.

3.3.6 Die Modellierung des erwarteten parteipolitischen Regierungsprofils

Um den Einfluss zu erfassen, den das erwartete parteipolitische Profil einer Regierung auf die identifizierten Branchen besitzt, wird ein politisches Wahrscheinlichkeitsmaß benötigt. Dieses Maß soll reflektieren, mit welcher Wahrscheinlichkeit nach der anstehenden Wahl eine linke (SPD/Grüne) bzw. rechte (CDU/FDP) Regierung im Amt sein wird. Die Bipolarität des deutschen Parteienwettbewerbs (Nohlen 2000: 321) und glaubwürdige Koalitionsaussagen, die von den Parteien vor den jeweiligen Wahlen gemacht wurden, machen es möglich, hierfür das so genannte „electoral option model" (Alesina et al. 1997: 114-116) anzuwenden. Im Weiteren wird somit zwischen einer linken, aus SPD und Grünen bestehenden, und einer rechten, aus CDU und FDP gebildeten Regierung unterschieden. In der Tat war es vor Bundestagswahlen nie eine Frage, dass SPD und Grüne bzw. CDU und FDP miteinander koalieren, sofern sie gemeinsam über die nötige Anzahl der Sitze verfügen. Diese Koalitionspräferenzen sind seit Mitte der 1980er Jahre stabil geblieben. Mit dieser Herangehensweise wird natürlich nicht ausgeschlossen, dass eine große Koalition gebildet werden kann. Es wird lediglich angenommen, dass SPD und Grüne sowie CDU und FDP je eine Koalition bilden, wenn sie den erforderlichen Anteil der Sitze gewinnen. In der Terminologie der Parteienforschung entspricht dies der Annahme, dass Parteien so genannte „minimal winning connected"-Koalitionen (Laver/Schofield 1998) bilden wollen.

Zum Zwecke der Konstruktion von Wahrscheinlichkeiten einer rechten bzw. linken Regierung wurden zunächst die Umfrageergebnisse der CDU/CSU und der FDP aufsummiert. Diese Umfrageergebnisse sind aber aus zwei Gründen noch keine Siegeswahrscheinlichkeiten. Erstens lautet die zu Grunde liegende

---

[52] Auch ein weiteres Problem, die möglicherweise extreme Variabilität einer Zeitreihe, wird hierdurch gelöst.

Frage ja „wen *würden* Sie wählen, wenn *am nächsten Sonntag* Bundestagswahl wäre?" und nicht, „wen *werden* Sie bei der *nächsten* Bundestagswahl wählen?". Wochen oder gar Monate vor der Wahl fallen die Antworten auf diese Frage wohl sehr unterschiedlich aus.[53] Zweitens sind Umfragedaten umso zuverlässiger, je weniger die Popularität der Parteien variiert. Auch dies sollte in der Siegeswahrscheinlichkeit einer Partei bzw. Koalition Berücksichtigung finden. Beide Faktoren fließen in das „electoral option model" ein.

Die Wahrscheinlichkeit, dass eine Koalition bestehend aus CDU/CSU und FDP bei der nächsten Bundestagswahl eine Mehrheit der Sitze erringt und somit eine rechte Regierung stellt, lautet:

$$
\Pr_t(rechts) = \Phi \left[\frac{(\frac{Q_t^{CDU} + Q_t^{FDP}}{\sum_{j \in J} Q_t^j}) + \mu m - 50}{\sigma \sqrt{m}} \right], \tag{3.7}
$$

wobei Φ die kumulative Standardnormalverteilung und Q_t^{CDU} sowie Q_t^{FDP} jeweils der Anteil jener Wähler ist, die zum Zeitpunkt t angaben, der CDU bzw. FDP ihre Stimme zu geben, wenn am nächsten Sonntag Bundestagswahl wäre. Um die Summe der Stimmenanteile zu standardisieren wird durch die Summe der Stimmenanteile aller großen deutschen Parteien geteilt, die auf Bundesebene für eine Koalition in Frage kommen. Somit ist $J = \{CDU, SPD, Grüne, FDP\}$.[54] μ ist das Stichprobenmittel der wöchentlichen Änderung des standardisierten Umfrageanteils, σ ist die Stichprobenvarianz und m die Anzahl der Tage, die noch bis zur nächsten Bundestagswahl verbleiben. Die Zielmenge dieses Maßes ist das Einheitsintervall. Die Wahrscheinlichkeit einer linken Regierung ergibt sich als $\Pr_t(links) = 1 - \Pr_t(rechts)$.

Abbildung 8 vermittelt einen Eindruck von der Funktion, mit deren Hilfe die Siegeswahrscheinlichkeiten generiert werden. Die Abbildung zeigt das Wahrscheinlichkeitsmaß $\Pr_t(rechts)$ in Abhängigkeit vom ermittelten Stimmenanteil von CDU und FDP für drei verschiedene Werte der Stichprobenvarianz σ für den Zeitpunkt fünf Tage vor der Wahl ($m = 5$). Dabei wird deutlich, dass Änderungen des Umfrageanteils stärkere Änderungen in der Siegeswahrscheinlichkeit verursachen, je geringer σ ausfällt. Dies reflektiert, dass Umfrageände-

---

[53] Auch wenn die Antwort auf die erste Frage mit näher rückendem Wahltag gegen die Antwort auf die zweite Frage konvergieren mag.
[54] Der Anteil der CDU enthält bereits den der CSU.

rungen einen höheren Informationsgehalt besitzen, wenn die Popularität der Parteien sich im Durchschnitt nur gering verändert. Die Siegeswahrscheinlichkeiten werden auf Basis von wöchentlichen Umfragedaten des Forsa Instituts berechnet. Diese Zeitreihe liegt ab September 1991 vor und determiniert so die Basisperiode des Datensatzes.[55] Weil theoretisch die erwartete Parteizugehörigkeit der Regierung über eine Änderung der Nachfrage, gemessen als Handelsvolumen, eine Renditeänderung auslöst, wird eine weitere Variable konstruiert, indem die Siegeswahrscheinlichkeit mit dem Handelsvolumen interagiert wird. Dieser multiplikative Term wird in die zu schätzenden Modelle aufgenommen.

Abbildung 8: Wahrscheinlichkeitsmaß in Abhängigkeit von Stimmenanteil und Stichprobenvarianz (m=5)

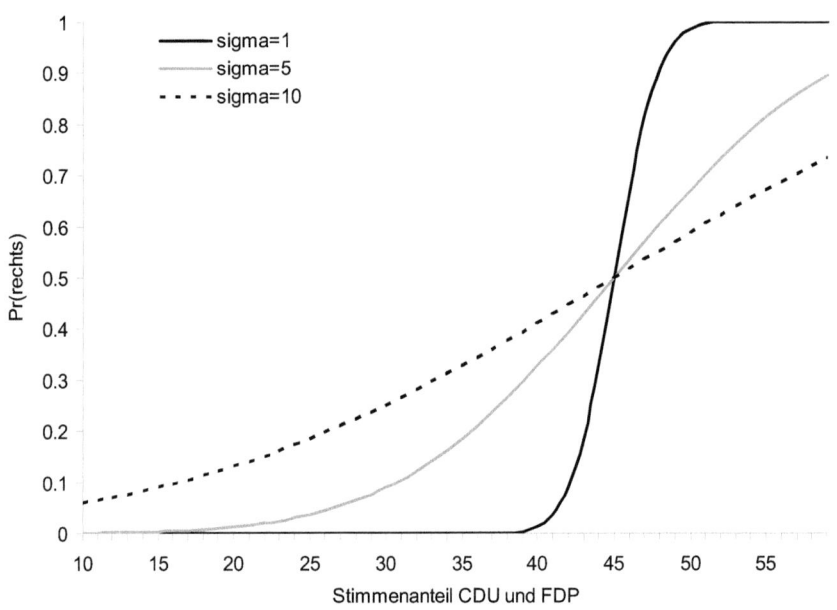

[55] Zwar reichen die Daten der Forschungsgruppe Wahlen mit ihrem „Politbarometer" bis 1977 zurück, jedoch nur mit monatlicher Frequenz. Monatsdaten sind aber für die beabsichtigte Untersuchung des schnelllebigen Aktienmarktes auf Tagesdatenniveau deutlich schlechter geeignet. Die Forsa-Daten sind beim Zentralarchiv für Empirische Sozialforschung an der Universität Köln verfügbar. Die Identifikationsnummern der einzelnen Datensätze lauten: ZA3380, ZA3300, ZA2982, ZA3063, ZA2983, ZA2984, ZA2985, ZA3162, ZA3289, ZA3486, ZA3675, ZA3909, ZA4070, ZA4192. Für das Jahr 2005 sind die Daten öffentlich unter http://www.wahlrecht.de/umfragen/forsa/2005.htm verfügbar.

Eine weitere Variable dient der Erfassung des Wahlknappheitseffektes. Die Hypothese postuliert einen positiven Zusammenhang zwischen der erwarteten Knappheit des Wahlausgangs und der Renditevolatilität. Dieses Unsicherheitsmaß basiert auf der Überlegung, dass ein Wahlausgang dann am unsichersten ist, wenn die Wahrscheinlichkeit einer rechten Regierung der einer linken Regierung entspricht. Wenn hingegen eine Regierung mit sehr großer Wahrscheinlichkeit ins Amt gewählt wird, dann ist die Unsicherheit des Wahlausgangs vergleichsweise gering. Die Variable *Knappheit* wird wie folgt gebildet:

$$e_t = \frac{1 - 4(\mathrm{Pr}_t(rechts) - 0{,}5)^2}{\sqrt{m}}. \qquad (3.8)$$

Der Zähler in Gleichung 3.8 definiert eine inverse U-Funktion, die ihr Maximum $e_t = 1$ dann erreicht, wenn $\mathrm{Pr}_t(rechts) = \mathrm{Pr}_t(links) = 0{,}5$ und dann minimal – nämlich Null – wird, wenn eine der beiden Koalitionen nach der Wahl mit größter Sicherheit im Amt sein wird ($\mathrm{Pr}_t(rechts) = 1$ oder $\mathrm{Pr}_t(links) = 1$). Es ist anzunehmen, dass die Knappheit der Wahl umso wichtiger für Investoren wird, je näher der Wahltag rückt. Nach dem Wahltag hingegen ist das Ergebnis bekannt und die Knappheit der nächsten Wahl ist zunächst nicht interessant. Aus diesem Grund gewichtet der Nenner in (5) das rohe Unsicherheitsmaß hyperbolisch in Abhängigkeit von der Anzahl der Tage bis zum Wahltermin herab. Abbildung 9 stellt das Unsicherheitsmaß für Wahlwahrscheinlichkeiten von 0 bis 1 und Entfernungen zum Wahltag von 1 bis 40 graphisch dar.

Deutlich erkennbar ist, dass sich Änderungen der Wahlwahrscheinlichkeit umso stärker auf die elektorale Unsicherheit auswirken, je näher der Wahltag rückt. Dies reflektiert die Annahme, dass Investoren der Knappheit des erwarteten Wahlausgangs zunehmend stärkere Beachtung schenken sollten, je kürzer der Wahltermin entfernt ist.

Abbildung 9: Elektorale Unsicherheitsfunktion in Abhängigkeit von der Wahlwahrscheinlichkeit und der Entfernung bis zum Wahltag

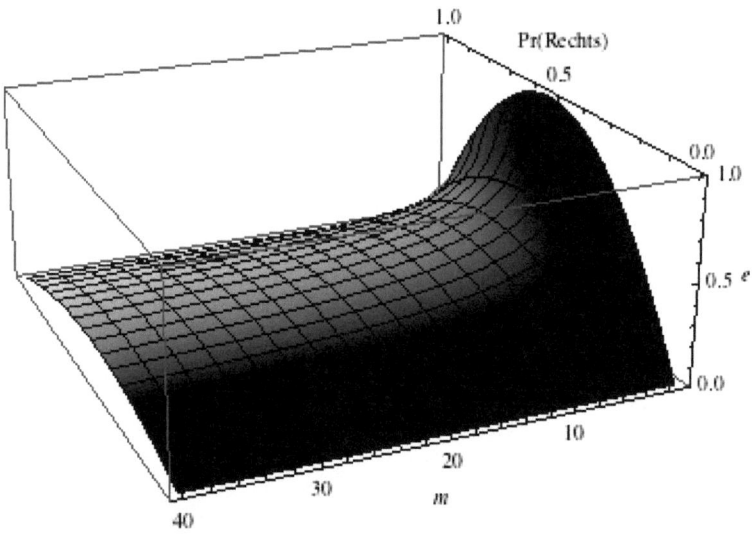

3.3.7 Kontrollvariablen

Der deutsche Aktienmarkt wird stark von der Entwicklung an der New Yorker Börse beeinflusst. Deshalb ist die um einen Tag verzögerte Rendite des *Dow Jones* Industrial Index Bestandteil der zu schätzenden Modelle. Dies trägt auch dazu bei, Einflüsse von internationalen Ereignissen, die weltweit auf Aktienmärkte wirken, zu erfassen. Der Kauf einer Aktie ist eine Kapitalinvestition, deren Attraktivität natürlich auch von der Geldentwertung abhängt. Deshalb misst die Variable *Inflation* (Δ) die Änderung der monatlichen Inflationsrate. Folgt man dem Kapitalwertmodell, so wird die Vorteilhaftigkeit einer Investition auch vom risikolosen Zinssatz beeinflusst. Die Variable *Zins* erfasst deshalb den täglichen Zinssatz auf dem Frankfurter Geldmarkt.[56] Alle Zeitreihen wurden mittels ADF- und PP-Tests auf Stationarität hin überprüft. Falls erforderlich wurden die Variablen logarithmiert und/oder differenziert, um die Stationarität sicherzustellen. Ein in der empirischen Finanzmarktliteratur bekanntes Phänomen ist der so genannte Montagseffekt. Um auszuschließen, dass die Ergebnisse von diesem Phänomen getrieben werden, wurde die Indikatorvariable *Montag* erstellt, die immer dann den Wert Eins annimmt, wenn es sich um einen Montag handelt und andernfalls Null ist.

Bundesrat CDU (SPD) erfasst die Anzahl der Stimmen CDU-geführter Landesregierungen im Bundesrat. Eine Indikatorvariable (*Landtagswahl*) nimmt die Varianz in den Sektorrenditen auf, die möglicherweise auf das Stattfinden von Wahlen in den Bundesländern zurückzuführen ist. In den Untersuchungszeitraum fällt mit der unerwarteten Anberaumung einer vorgezogenen Bundestagswahl 2005 ein bedeutendes politisches Einzelereignis. Das Ergebnis der Landtagswahl in Nordrhein-Westfalen am 22. Mai 2005 brachte nach 39 Jahren nicht nur zum ersten Mal wieder eine konservative, christdemokratische Landesregierung hervor, die erhebliche Medienaufmerksamkeit auf sich zog, sondern veranlasste Bundeskanzler Gerhard Schröder auch dazu, die Vertrauensfrage im Bundestag zu stellen, um nach deren Scheitern Neuwahlen durchführen zu lassen. Dieses Vorgehen brachte die Republik an den Rand einer kleinen Verfassungskrise (Nagel 2006) und endete mit der Abwahl der rot-grünen Koalition im September 2005. Die Absicht, Neuwahlen herbeizuführen, gab Gerhard Schröder am Wahlabend des 22. Mai 2005 bekannt. Die entscheidende Abstimmung über die Vertrauensfrage erfolgte am 01. Juli 2005. *Neuwahl 2005* ist eine Indikatorvariable, die den Wert Eins für die Zeit vom 22. Mai 2005 bis 1. Juli 2005 annimmt. *WTC-Anschläge* kontrolliert für den international wirksamen Schock, der von den Terroranschlägen am 11. September 2001 ausging.

3.3.8 Ökonometrische Modellierung

Im Unterschied zu anderen politikwissenschaftlichen Studien zum Einfluss von Politik auf die Wirtschaft, die meistens mit jährlichen Daten arbeiten, werden hier mit Tagesrenditen vergleichsweise hochfrequente Daten verwendet. Die hohe Beobachtungsfrequenz ist ein Vorteil, weil auch kurzfristige Reaktionen auf Politik, wie etwa die Änderung in der erwarteten Parteizugehörigkeit der Regierung, erfasst werden können. Denn auf Finanzmärkten werden Informatio-

---

[56] Diese Variable stammt von der Datenbank der Deutschen Bundesbank (Identifikationsnummer ST0101) und ist erhältlich unter http://www.bundesbank.de/ statistik/statistik_zeitreihen.en.php?func=list&tr=www_s11b_gmt&print=no&.

nen schnell verarbeitet, und auch Politik findet nicht nur einmal im Jahr statt. Aggregation der Daten auf ein höheres Niveau würde diese Effekte im Mittelwert untergehen lassen. Es ist daher unmittelbar einleuchtend, dass ein traditionelles Vorgehen etwa mit Jahresdaten allenfalls relativ langfristige Entwicklungen aufzudecken vermag. Ein weiteres Problem dieser Datenstruktur besteht zudem darin, dass die Variablen, auf die sich das Interesse der Forschung richtet, nur grob als Dummyvariablen messbar sind, beispielsweise eine bloße Links-/Rechts-Unterscheidung der Regierung oder aber nur einer sehr begrenzten zeitlichen Variation unterworfen sind.

Die Verwendung hochfrequenter Daten geht aber nicht ohne Kosten einher. Denn ein der Rückgriff auf kurze Messintervalle hat meist zur Folge, dass die Residuen einer Zeitreihenanalyse heteroskedastisch sind. In der Finanzmarktökonometrie wurden deshalb Verfahren entwickelt, die die zeitabhängige Varianz der Residuen (konditionale Heteroskedastizität oder auch *volatility clustering*) explizit zu modellieren vermögen. Konkret äußert sich dieses Charakteristikum hochfrequenter Daten unter anderem darin, dass bei der Analyse der Volatilität Klumpen festzustellen sind – Perioden hoher Volatilität folgen Phasen hoher Volatilität, während Perioden geringer Abweichungen auf Perioden geringer Abweichungen folgen. Dies stellt die Verletzung einer Annahme des Gauss-Markov-Theorems, nämlich der konstanten Varianz des Fehlerterms, dar. Um die Klumpenbildung der Volatilität bei der empirischen Schätzung angemessen zu berücksichtigen, setzt diese Studie GARCH (Generalized Autoregressive Conditional Heteroskedasticity)-Modelle (Engle 1982; Bollerslev 1986) ein. Allerdings ist die Verwendung von GARCH-Modellen nicht allein auf Grund dieser statistischen Spezialität attraktiv. In GARCH-Modellen kann nämlich nicht nur die Rendite selbst, sondern auch die Volatilität explizit modelliert werden. Die Renditevolatilität ist ebenso wie die Rendite selbst eine theoretisch interessante und praktisch bedeutsame abhängige Variable, denn Volatilität ist in der Finanzmarktforschung eines der wichtigsten Risikomaße.

Eine Reihe von statistischen Tests wurde eingesetzt, um das Vorhandensein von Volatilitätsklumpen zu prüfen. Die Ergebnisse von Jarque-Bera-, Ljung-Box- und ARCH-Lagrange-Multiplier-Tests legen die Existenz von ARCH-Effekten nahe. Eine GARCH-Modellierung ist also angebracht. Somit kann die Renditevarianz als Funktion vorangegangener Schocks und der vorangegangenen Renditevarianz modelliert und gleichzeitig der Einfluss politischer Variablen auf die Renditevolatilität ermittelt werden.

Ein GARCH-Modell besteht aus einer Mittelwert- und einer Varianzgleichung. Zunächst sei die Mittelwertgleichung betrachtet:

$$r_t = \mu + \sum_{j=1}^{m} \xi_j x_{jt} + \sqrt{h_t} \varepsilon_t. \qquad (3.9)$$

Hierbei ist μ eine Konstante, x_{jt} die exogene Variable j zum Zeitpunkt t, h_t die bedingte Varianz und ε_t ein Fehlerterm mit Erwartungswert Null und konstanter Varianz. Die Varianzgleichung eines GARCH(1,1)-Modells mit exogenen Variablen lautet:

$$h_t = \omega + \alpha \varepsilon_{t-1}^2 + \beta h_{t-1} + \sum_{k=1}^{l} \lambda_k z_{kt}. \qquad (3.10)$$

Die bedingte Varianz besteht aus vier Termen. Eine Konstante ω, der vorangegangenen, quadrierten Innovation ε_{t-1}^2 (ARCH-Term), der verzögerten Varianz h_{t-1} (GARCH-Term) und exogenen Variablen z_{kt}. Mit dem Koeffizienten des ARCH-Terms α wird erfasst, zu welchem Ausmaß die Volatilität der Rendite zur Klumpenbildung neigt. Ein hoher α-Koeffizient zeigt an, dass auf große (geringe) Renditeänderungen wiederum hohe (kleine) Abweichungen folgen. Die Persistenz der Schocks wird mit Hilfe des GARCH- Koeffizienten β erfasst. Je größer dieser Koeffizient, desto länger dauert es, bis ein Volatilitätszuwachs wieder abklingt und die Varianz zu ihrer unbedingten Varianz zurückkehrt. Zu bemerken sind die Parameterrestriktionen, die für GARCH-Schätzungen gelten. So muss die Konstante positiv und die Summe der ARCH- und GARCH-Terme kleiner oder gleich Eins sein. Werte größer als Eins würden auf einen nicht-stationären Prozess hindeuten. In den meisten empirischen Anwendungen sind die Residuen einer GARCH-Schätzung nicht normalverteilt. Bollerslev/Wooldridge (1992) zeigen jedoch, dass Maximum-Likelihood-Schätzungen auch dann konsistent sind, wenn die Innovationen nicht einer Gauß'schen Normalverteilung folgen. Allerdings müssen in diesem Fall die Standardfehler korrigiert werden. Deshalb werden in allen Schätzungen Bollerslev/Wooldridge-Standardfehler verwendet, die robust gegen nicht-normalverteilte Residuen sind.

Die experimentelle Forschung konnte nachweisen, dass Individuen sehr viel stärker auf negative Ereignisse reagieren als auf positive (Kahneman/Tversky 1979). Bezogen auf Renditeänderungen ist dies in der Finanzmarktforschung spätestens seit Black (1976) bekannt. Dieser überproportional starke Effekt negativer Wirtschaftsinformationen ist auch in der Politikwissenschaft inzwischen thematisiert worden (z.B. Soroka 2006). Eine Berücksichtigung der Befunde bei der statistischen Modellierung erscheint daher geboten. Auf Finanzmärkten sollte sich der identifizierte Zusammenhang dahingehend äußern, dass negative Innovationen (negative Schocks) einen stärkeren Volatilitätszuwachs induzieren als positive Innovationen desselben Absolutwerts. Das GARCH-Modell unterstellt allerdings, dass der Einfluss von Schocks symmetrisch ist und nicht von deren Vorzeichen abhängt. Inzwischen hat die Finanzökonometrie mehrere Modelle entwickelt, mit denen asymmetrische Reaktionen erfasst werden können (siehe z.B. Nelson 1991; Glosten et. al 1993).

In dieser Arbeit wird das *Threshold* GARCH (TARCH(1,1))-Modell (Glosten et al. 1993) eingesetzt, um asymmetrische Reaktionen der Volatilität zu modellieren und die Robustheit der theoretisch wichtigen Schätzungen auf eine Probe zu stellen. Die Varianzgleichung des TARCH-Modells lautet:

$$h_t = \omega + \alpha_1 \varepsilon_{t-1}^2 + \beta_1 h_{t-1} + \delta_{t-1} \gamma_1 \varepsilon_{t-1}^2 + \lambda Z_t, \qquad (3.11)$$

wobei ω eine Konstante, ε_{t-1}^2 den vergangenen Schock (ARCH-Term), h_{t-1} die vergangene Varianz (GARCH-Term) und Z_t ein Vektor mit exogenen Volatilitätsregressoren darstellt. δ_{t-1} ist eine Indikatorvariable, die immer dann den Wert Eins annimmt, wenn die Innovation der vergangenen Periode ($t-1$) negativ war und andernfalls Null ist. Das TARCH-Modell geht also davon aus, dass positive Innovationen ($\delta_{t-1} = 0$) die Volatilität mit α_1 beeinflussen, während negative Innovationen ($\delta_{t-1} = 1$) auf die Volatilität zusätzlich mit $\gamma_1 \varepsilon_{t-1}^2$ wirken. Der marginale Effekt gleicht als der Summe aus $\alpha_1 + \gamma_1$. Wenn ein so genannter „leverage effect" tatsächlich existiert, dann sollte der Koeffizient γ_1 positiv sein, denn dies würde ja bedeuten, dass negative Innovationen die Volatilität stärker beeinflussen als positive Innovationen desselben Absolutwerts.[57]

3.4 Empirische Ergebnisse

Zunächst sollen die Ergebnisse für die Rüstungsbranche vorgestellt werden (Tabelle 7). Dieser Sektor sollte unter einer CDU/FDP-Bundesregierung profitabler sein als unter einer Regierung, die aus einer SPD/Grünen-Koalition besteht. Da

---

[57] Eine andere Möglichkeit, asymmetrische Reaktionen der Renditevolatilität zu berücksichtigen, bietet das *Exponential* GARCH (EGARCH)-Modell. Dieses Modell unterliegt weniger Parameterrestriktionen als die TARCH-Variante. Da das TARCH-Modell in diesem Sinne konservativer ist, wird ihm in dieser Studie der Vorzug gegeben.

rationale Investoren Profiteffekte des parteipolitischen Regierungsprofils vorwegnehmen sollten, müsste die Wahrscheinlichkeit einer rechten (CDU/FDP)-Regierung über eine Erhöhung der Nachfrage (Handelsvolumen) zu höheren Aktienrenditen führen. Dieser Interaktionseffekt wird mit Hilfe eines multiplikativen Terms zwischen *Handelsvolumen* und $\text{Pr}_t(rechts)$ modelliert.

In der Mittelwertgleichung ist der Koeffizient der Variable $\text{Pr}_t(rechts)$ positiv, erreicht aber kein konventionelles Signifikanzniveau. Der Koeffizient des Interaktionsterms *Handelsvolumen* x $\text{Pr}_t(rechts)$ ist in dahingegen in Modell I bzw. II und III signifikant positiv. Modell I kontrolliert für den Einfluss der New Yorker Börsenentwicklung. In den Modellen II und III werden jeweils weitere Variablen hinzugefügt, um Verzerrungen durch Drittvariableneinflüsse zu minimieren. Die theoretisch interessanten Koeffizienten ändern sich jedoch auch dann nicht, wenn weitere Kontrollvariablen berücksichtigt werden

Wie bereits erwähnt impliziert die zu überprüfende Hypothese einen Interaktionsterm, wobei der Einfluss der CDU/FDP-Siegeswahrscheinlichkeit ökonometrisch sowohl direkt als auch indirekt über das Handelsvolumen auf die Rüstungsrenditen und deren Volatilität wirkt. Folglich sind für die Widerlegung der Nullhypothese nicht die einzelnen Koeffizienten der konstitutiven Terme, sondern der marginale Effekt der Wahlwahrscheinlichkeit von Bedeutung (siehe hierzu ausführlich Brambor et al. 2006 und Braumoeller 2004). Dieser marginale Effekt wurde auf Grundlage der voll spezifizierten GARCH-Schätzung (Modell III) und der zugehörigen semi-robusten Varianz-Kovarianzmatrix für den Renditeeffekt ($\frac{\partial \text{Pr}_t(rechts)}{\partial \rho_t}$) und den Volatilitätseffekt ($\frac{\partial \text{Pr}_t(rechts)}{\partial h_t}$) berechnet.

Wie aus Tabelle 7, Spalte III ersichtlich erhöht sich die Rendite der Rüstungsbranche um durchschnittlich knapp 0,15 Prozentpunkte (0,148), wenn die Wahrscheinlichkeit einer aus CDU und FDP bestehenden Bundesregierung um einen Prozent steigt. Der vermutete antizipierte Parteieffekt wird für die Rendite somit bestätigt. Der erwartete Wert der Rüstungsbranche unter einer CDU/FDP-Regierung ist somit in der Tat höher als unter einer SPD/Grünen-Regierung. Auch hinsichtlich der Renditevolatilität wird die Hypothese vom antizipierten Parteieffekt durch die Ergebnisse gestützt. Steigt die Wahrscheinlichkeit einer CDU/FDP-Regierung um einen Prozent, so nimmt die Volatilität der Rüstungsrenditen im Durchschnitt um 0,47 Prozentpunkte zu. Die Knappheit der Wahl reduziert die Volatilität der Rüstungsrenditen. Dieser Befund widerspricht der formulierten Hypothese.

Tabelle 7: Konditionale Volatilitätsmodelle Rüstungsbranche (N=3.615)

	GARCH(1,1)			TARCH(1,1)		
	I	II	III	IV	V	VI
Mittelwertgleichung						
$Pr_t (rechts)$	0,021 (0,025)	0,025 (0,024)	0,021 (0,025)	0,027 (0,025)	0,032 (0,024)	0,026 (0,023)
ΔHandelsvolumen	0,004*** (0,001)	0,005*** (0,001)	0,005*** (0,001)	0,004*** (0,001)	0,006*** (0,001)	0,005*** (0,001)
Handelsvolumen x $Pr_t (rechts)$	0,103** (0,044)	0,121** (0,042)	0,127** (0,036)	0,094*** (0,029)	0,106*** (0,028)	0,113*** (0,027)
$\frac{\partial Pr_t (rechts)}{\partial \rho_t}$			0,148** (0,043)			0,139*** (0,034)
ΔDow Jones$_{t-1}$	0,740*** (0,063)	0,742*** (0,060)	0,719*** (0,061)	0,730*** (0,060)	0,724*** (0,057)	0,680*** (0,055)
ΔInflation		-0,001 (0,026)	-0,007 (0,026)		-0,000 (0,026)	-0,012 (0,025)
Bundesrat (CDU)			-0,001 (0,310)			-0,072 (0,319)
Neuwahlen 2005			0,855** (0,447)			0,993** (0,472)
Landtagswahlen			0,182 (0,398)			0,151*** (0,352)
WTC 2001			-7,954***			-7,992***

	(1,796)			(1,719)		
Montag		0,593*** (0,116)	0,612*** (0,119)		0,598*** (0,112)	0,626*** (0,110)
Konstante	-0,609** (0,303)	-0,860*** (0,290)	-0,905*** (0,249)	-0,598*** (0,205)	-0,860*** (0,290)	-0,902*** (0,192)
Varianzgleichung						
$\hat{\alpha}$	0,202*** (0,045)	0,194*** (0,039)	0,186*** (0,041)	0,168*** (0,050)	0,150*** (0,042)	0,128*** (0,032)
$\hat{\beta}$	0,707*** (0,034)	0,737*** (0,033)	0,727*** (0,033)	0,703*** (0,032)	0,744*** (0,028)	0,780*** (0,020)
$\hat{\gamma}$				0,137*** (0,042)	0,144*** (0,037)	0,147*** (0,031)
$\text{Pr}_{t,(rechts)} \cdot 100$	0,279* (0,170)	0,294*** (0,133)	0,337** (0,149)	0,269* (0,160)	0,279*** (0,121)	0,268*** (0,090)
ΔHandelsvolumen	0,052*** (0,002)	0,049*** (0,003)	0,052*** (0,003)	0,052*** (0,002)	0,051*** (0,003)	0,051*** (0,002)
Handelsvolumen x $\text{Pr}_{t,(rechts)}$	0,241*** (0,044)	0,180*** (0,048)	0,135*** (0,041)	0,170*** (0,055)	0,104*** (0,047)	0,014 (0,034)
$\dfrac{\partial \text{Pr}_{t,(rechts)}}{\partial h_t}$			0,472*** (0,152)			0,283*** (0,089)
Log(Unsicherheit)	-0,017*** (0,004))	-0,016*** (0,004)	-0,015*** (0,004)	-0,016*** (0,004))	-0,015*** (0,003)	-1,063*** (0,217)
Zins	0,004	0,004	-0,012		0,008	-0,017

	(1)	(2)	(3)	(4)	(5)	(6)
		(0,032)	(0,033)		(0,029)	(0,020)
Bundesrat (CDU)			-2,115*** (0,723)			-1,696*** (0,482)
Neuwahlen 2005			-0,926 (0,582)			-0,354 (0,353)
Landtagswahlen			-2,378** (0,979)			2,225*** (0,499)
WTC 2001			2,296 (4,017)			2,527 (3,239)
Konstante	2,224*** (0,416)	1,687*** (0,494)	2,359*** (0,550)	2,521*** (0,477)	1,834*** (0,454)	1,587*** (0,285)
AIC	5,286	5,225	5,250	5,280	5,212	5,148
SIC	5,307	5,251	5,293	5,302	5,240	5,189
LogL	-9.540,01	-9.426,47	-9.462,92	-9.527,32	-9.402,71	-9.279,95
Jarque-Bera-Test	4.816,6***	3.622,5***	4.084,0***	4.190,9***	3.069,0***	2.212,6***
ARCH-LM(1) test	0,322	0,169	0,265	0,057	0,011	0,006
Q(5)	6,869	6,478	5,646	6,488	6,038	5,282
Q²(5)	12,070**	9,983	12,757**	8,717	5,931	4,366

Koeffizienten mit Bollerslev und Wooldridge semi-robusten Standardfehlern in Klammern. Der Standardfehler des marginalen antizipierten Parteieffekts wurde auf Basis der semi-robusten Varianz-Kovarianz-Matrix berechnet. ***, ** und * kennzeichnen statistische Signifikanz auf dem 1-, 5- und 10-Prozent-Niveau.

Um die Robustheit der Ergebnisse auf eine Probe zu stellen, wurden alle drei Modelle mit einem TARCH(1,1)-Modell erneut geschätzt (Tabelle 7, Spalten IV-VI). Hiermit wird dem asymmetrischen Einfluss vorangegangener Renditeinnovationen Rechnung getragen. Wie der signifikant positive $\hat{\gamma}$-Koeffizient zeigt, existiert in dem Renditeprozess in der Tat ein solcher „Leverage-Effekt". Die Volatilität steigt also stärker an, wenn die Innovation des vorherigen Handelstages negativ war als dies bei einer positiven Innovation desselben Absolutwerts der Fall ist. Die theoretisch bedeutsamen Koeffizienten ändern sich jedoch nicht nennenswert.

Auch für den Pharmasektor ist ein signifikant positiver marginaler Effekt der CDU/FDP-Siegeswahrscheinlichkeit festzustellen (Tabelle 8, I-III). Die Rendite wie auch die Renditevolatilität des Pharmasektors steigt dabei um durchschnittlich 0,04 bzw. 0,001 Prozentpunkte wenn sich die Wahrscheinlichkeit einer konservativen Bundesregierung um einen Prozent erhöht. Auch bei Verwendung eines TARCH(1,1)-Modells bleibt der antizipierte Parteieffekt auf die Rendite robust. Eine CDU/FDP-Regierung bietet dieser Branche somit in der Tat eine profitablere Politik als eine Bundesregierung bestehend aus SPD und den Grünen, was sich auf dem Aktienmarkt in Form eines Antizipationseffektes bemerkbar macht. Für die Renditevolatilität hingegen ergibt sich kein signifikanter Einfluss im TARCH-Modell. Die Knappheit der Wahl hat keinen systematischen Einfluss auf die Renditevolatilität dieser Branche.

Tabelle 9 zeigt die Ergebnisse für den erneuerbare Energien-Sektor. Die Schätzungen bestätigen, dass die Rendite des alternative Energien-Sektors zunimmt, wenn die Chancen einer SPD/Grünen-Regierung steigen. Die Renditevolatilität ist dahingegen nicht responsiv gegenüber Änderungen des erwarteten parteipolitischen Regierungsprofils. Entgegen der formulierten Hypothese verringert überdies eine Zunahme der erwarteten Knappheit des Wahlausgangs die Volatilität. In den TARCH-Modellen (Tabelle 9, IV-VI) bleiben die Koeffizienten dieser Variablen weitgehend unverändert.

Für die Konsumgüterbranche lässt sich die Hypothese eines Mittelwerteffekts nicht bestätigen (Tabelle 10). Der marginale Effekt der SPD/Grünen-Wahlwahrscheinlichkeit ist nicht signifikant von Null verschieden. Allerdings ist das erwartete parteipolitische Regierungsprofil für die Renditevolatilität von Bedeutung. Wie erwartete erhöht sich die Renditevolatilität, wenn eine SPD/Grünen-Regierung wahrscheinlicher wird. Diese Ergebnisse bleiben auch bei Schätzung eines TARCH(1,1)-Modells (Tabelle 10, IV-VI) unverändert.

Tabelle 8: Konditionale Volatilitätsmodelle Pharmabranche (N=3.615)

	GARCH(1,1)			TARCH(1,1)		
	I	II	III	IV	V	VI
Mittelwertgleichung						
$Pr_{t\,(rechts)}$	0,016* (0,008)	0,016** (0,008)	0,017** (0,008)	0,019** (0,009)	0,022* (0,013)	0,019** (0,008)
ΔHandelsvolumen	0,000 (0,001)	0,000 (0,001)	0,001 (0,001)	0,000 (0,001)	0,001*** (0,000)	0,001 (0,000)
Handelsvolumen x $Pr_{t\,(rechts)}$	0,020 (0,014)	0,021 (0,014)	0,021 (0,014)	0,020 (0,015)	0,013 (0,012)	0,019 (0,019)
$\frac{\partial Pr_{t\,(rechts)}}{\partial \rho_t}$			0,038** (0,017)			0,039 (0,024)
ΔDow Jones$_{t-1}$	0,251*** (0,025)	0,250*** (0,025)	0,239*** (0,025)	0,240*** (0,024)	0,222*** (0,023)	0,231*** (0,024)
ΔInflation		0,062 (0,0242)	-0,092 (0,293)		-0,118 (0,324)	0,002 (0,013)
Bundesrat (CDU)			-0,127 (0,127)			-0,122 (0,131)
Neuwahlen 2005			-0,073 (0,111)			-0,085 (0,115)
Landtagswahlen			0,247 (0,149)			0,202* (0,172)
WTC 2001			-0,736 (1,045)			-0,802 (1,035)
Montag		-0,006 (0,050)	0,004 (0,044)		0,026 (0,057)	-0,013 (0,059)
Konstante	-0,070	-0,073	-0,068	-0,085	-0,060	-0,079

Varianzgleichung

	(0,072)	(0,075)	(0,073)	(0,079)	(0,567)	(0,110)
$\hat{\alpha}$	0,139*** (0,019)	0,134*** (0,018)	0,141*** (0,019)	0,098*** (0,018)	0,093*** (0,015)	0,087*** (0,017)
$\hat{\beta}$	0,776*** (0,026)	0,786*** (0,025)	0,782*** (0,024)	0,802*** (0,022)	0,781*** (0,021)	0,807*** (0,020)
$\hat{\gamma}$				0,077** (0,031)	0,095*** (0,029)	0,085** (0,034)
$\mathrm{Pr}_t(rechts) \cdot 100$	0,017 (0,013)	0,016 (0,012)	0,018* (0,012)	0,021 (0,015)	0,018 (0,011)	0,021 (0,020)
ΔHandelsvolumen	0,009*** (0,001)	0,009*** (0,001)	0,008*** (0,001)	0,009*** (0,001)	0,007*** (0,000)	0,008 (0,000)
Handelsvolumen x $\mathrm{Pr}_t(rechts)$	-0,008 (0,006)	-0,012* (0,007)	-0,017** (0,007)	-0,009* (0,005)	-0,025*** (0,005)	-0,016 (0,006)
$\dfrac{\partial \mathrm{Pr}_t(rechts)}{\partial h_t}$			0,001** (0,015)			0,004 (0,017)
Log(Unsicherheit)	0,001 (0,001)	0,001 (0,001)	0,001 (0,001)	0,001 (0,001)	0,001 (0,001)	0,091 (0,109)
Zins		-0,007* (0,005	-0,008 (0,005)		-0,010*** (0,003)	-0,009* (0,005)
Bundesrat (CDU)			0,088 (0,134)			0,077 (0,135)
Neuwahlen 2005			-0,204*** (0,030)			-0,189*** (0,025)
Landtagswahlen			-0,276 (0,178)			-0,254 (0,190)
WTC 2001			0,567			-0,487

			(0,643)			(0,591)
Konstante	0,389***	0,400***	0,358***	0,289***	0,347***	0,325***
	(0,055)	(0,068)	(0,064)	(0,041)	(0,045)	(0,053)
AIC	3,280	3,258	3,282	3,224	3,125	3,205
SIC	3,301	3,284	3,223	3,247	3,152	3,246
LogL	-5.915,44	-5.872,82	-5.723,18	-5.813,57	-5.630,27	-5.566,70
Jarque-Bera-Test	468,85***	464,41***	404,55***	551,46***	344,42***	288,39***
ARCH-LM(1) test	12,835***	11,395***	4,952**	6,156**	2,337	0,036
Q(5)	5,188	5,808	4,429	4,788	3,306	3,129
$Q^2(5)$	41,419***	35,803***	15,636***	17,228***	7,225	0,433

Koeffizienten mit Bollerslev und Wooldridge semi-robusten Standardfehlern in Klammern. Der Standardfehler des marginalen antizipierten Parteieffekts wurde auf Basis der semi-robusten Varianz-Kovarianz-Matrix berechnet. ***, ** und * kennzeichnen statistische Signifikanz auf dem 1-, 5- und 10-Prozent-Niveau.

Tabelle 9: Konditionale Volatilitätsmodelle erneuerbare Energien-Sektor (N=1.788)

	GARCH(1,1)		TARCH(1,1)			
	I	II	III	IV	V	VI
Mittelwertgleichung						
Pr$_t$ *(rechts)*	0,005 (0,152)	-0,003 (0,149)	-0,021 (0,137)	0,010 (0,150)	-0,001 (0,148)	-0,014 (0,136)
ΔHandelsvolumen	0,003 (0,003)	0,004 (0,003)	0,003 (0,003)	0,004 (0,003)	0,003 (0,003)	0,003 (0,003)
Handelsvolumen x Pr$_t$ *(rechts)*	0,329*** (0,102)	0,323*** (0,102)	0,342*** (0,099)	0,315*** (0,102)	0,304*** (0,102)	0,336*** (0,101)
$\frac{\partial \text{Pr}_t \,(rechts)}{\partial \rho_t}$			0,320* (0,171)			0,322* (0,170)
ΔDow Jones$_{s-1}$	0,856*** (0,128)	0,858*** (0,129)	0,862*** (0,131)	0,854*** (0,129)	0,856*** (0,129)	0,863*** (0,131)
ΔInflation		0,098* (0,054)	0,100* (0,053)		0,095* (0,054)	0,098* (0,053)
Bundesrat (CDU)			-0,164 (0,101)			-0,163* (0,098)
Neuwahlen 2005			-0,653 (1,805)			-0,809 (1,777)
Landtagswahlen		0,704** (0,336)	0,754** (0,322)			3,053** (1,509)
WTC 2001			3,113** (1,489)			-1,686 (0,031)
Montag			-1,563 (3,017)		0,648** (0,335)	0,717** (0,324)

Konstante	-1,160*** (0,392)	-1,276*** (0,401)	-1,350*** (0,393)	-1,094*** (0,393)	-1,174*** (0,398)	-1,299** (0,396)
Varianzgleichung						
$\hat{\alpha}$	0,156*** (0,028)	0,150*** (0,028)	0,152*** (0,026)	0,166*** (0,045)	0,159*** (0,044)	0,161** (0,041)
$\hat{\beta}$	0,687*** (0,045)	0,692*** (0,046)	0,702*** (0,043)	0,689*** (0,045)	0,694*** (0,046)	0,706*** (0,043)
$\hat{\gamma}$				-0,019 (0,053)	-0,016 (0,051)	-0,021 (0,047)
$Pr_{t\,(rechts)} \times 100$	-1,384 (1,457)	-1,247 (1,354)	-0,808 (1,062)	-1,320 (1,385)	-1,220 (1,322)	-0,779 (1,032)
ΔHandelsvolumen	0,284*** (0,016)	0,278*** (0,015)	0,267*** (0,017)	0,282*** (0,016)	0,274*** (0,015)	0,269*** (0,017)
Handelsvolumen x $Pr_{t\,(rechts)}$	0,448 (0,380)	0,591 (0,378)	0,559* (0,316)	0,452 (0,379)	0,581 (0,374)	0,539* (0,316)
$\dfrac{\partial Pr_{t\,(rechts)}}{\partial h_t}$			-0,249 (1,096)			-0,239 (1,070)
Log(Unsicherheit)	-0,041** (0,020)	-0,045** (0,020)	-0,033** (0,015)	-0,040** (0,020)	-0,046** (0,019)	-0,030* (0,016)
Zins	0,546 (0,533)		0,772 (0,470)		0,467 (0,524)	0,728 (0,466)
Bundesrat (CDU)			1,227* (0,632)			1,197* (0,632)
Neuwahlen 2005			3,754 (6,365)			3,589 (5,996)
Landtagswahlen			28,104** (12,31)			29,03** (12,81)

WTC 2001

Konstante	16,309***	13,839***	-7,633	16,121***	13,727***	-6,852
	(2,826)	(3,126)	(11,472)	(2,826)	(3,100)	(11,73)
AIC	6,654	6,656	6,602	6,656	6,651	6,611
SIC	6,691	6,702	6,672	6,696	6,700	6,685
LogL	-5.936,90	-5.935,01	-5.878,91	-5.937,15	-5.929,68	-5.886,29
Jarque-Bera-Test	305,08***	299,10***	206,24***	299,93***	294,61***	305,33***
ARCH-LM(1) test	14,906***	14,513***	13,163***	14,719***	14,352***	9,614***
Q(5)	13,006**	11,930**	11,365**	12,772**	11,802**	11,109**
Q²(5)	24,354***	24,958***	20,938***	24,163***	23,783***	14,586**

Koeffizienten mit Bollerslev und Wooldridge semi-robusten Standardfehlern. Der Standardfehler des marginalen antizipierten Parteieffekts wurde auf Basis der semi-robusten Varianz-Kovarianz-Matrix berechnet. *** , ** und * kennzeichnen statistische Signifikanz auf dem 1-, 5- und 10-Prozent-Niveau.

Tabelle 10: Konditionale Volatilitätsmodelle Konsumgüterindustrie (N=3.615)

	GARCH(1,1)			TARCH(1,1)		
	I	II	III	IV	V	VI
Mittelwertgleichung						
$Pr_{t\,(rechts)}$	-0,007 (0,008)	-0,010 (0,008)	-0,011 (0,008)	-0,007 (0,008)	-0,008 (0,008)	-0,007 (0,007)
ΔHandelsvolumen	0,000 (0,000)	-0,000 (0,000)	0,000 (0,000)	0,000 (0,000)	0,000 (0,000)	0,000 (0,000)
Handelsvolumen x $Pr_{t\,(rechts)}$	-0,005 (0,010)	-0,000 (0,009)	0,001 (0,009)	-0,006 (0,009)	-0,009 (0,010)	-0,004 (0,009)
$\dfrac{\partial Pr_{t\,(rechts)}}{\partial \rho_t}$			-0,009 (0,012)			-0,012 (0,012)
ΔDow Jones$_{t-1}$	0,207*** (0,018)	0,217*** (0,018)	0,218*** (0,018)	0,20*** (0,018)	0,201*** (0,018)	0,188*** (0,017)
ΔInflation		0,005 (0,006)	0,005 (0,006)		0,007 (0,006)	0,009* (0,005)
Bundesrat (CDU)			0,004 (0,161)			-0,000 (0,113)
Neuwahlen 2005			0,097 (0,103)			0,125 (0,143)
Landtagswahlen		-0,041 (0,033)	-0,039 (0,032)			0,155* (0,091)
WTC 2001			0,294*** (0,110)			0,087 (0,757)
Montag			0,630 (0,882)		-0,006 (0,032)	-0,013 (0,032)
Konstante	0,059	0,057	0,046	0,062*	0,072*	0,042

	(0,036)	(0,037)	(0,035)	(0,036)	(0,038)	(0,036)
Varianzgleichung						
$\hat{\alpha}$	0,143*** (0,018)	0,150*** (0,019)	0,152*** (0,020)	0,150*** (0,023)	0,112*** (0,020)	0,104*** (0,020)
$\hat{\beta}$	0,801*** (0,024)	0,794*** (0,024)	0,781*** (0,024)	0,784*** (0,025)	0,825*** (0,023)	0,835*** (0,021)
$\hat{\gamma}$				0,005 (0,032)	0,016 (0,028)	0,019 (0,030)
$\text{Pr}_{t,(rechts)} \times 100$	-0,015** (0,007)	0,014** (0,006)	0,013*** (0,006)	0,015** (0,007)	0,015** (0,006)	0,011* (0,006)
ΔHandelsvolumen	0,002*** (0,000)	0,002*** (0,000)	0,002*** (0,000)	0,002*** (0,000)	0,002*** (0,000)	0,002*** (0,000)
Handelsvolumen × $\text{Pr}_{t,(rechts)}$	0,016*** (0,004)	0,019*** (0,004)	0,015*** (0,006)	0,019*** (0,004)	0,014*** (0,004)	0,011*** (0,003)
$\dfrac{\partial \text{Pr}_{t,(rechts)}}{\partial h_t}$			0,038*** (0,008)			0,023*** (0,007)
Log(Unsicherheit)	-0,000 (0,000)	-0,000 (0,000)	-0,000* (0,000)	-0,000 (0,000)	-0,000 (0,000)	-0,000 (0,000)
Zins	0,004** (0,002)	0,004** (0,002)	0,003* (0,002)		0,000 (0,001)	-0,003** (0,001)
Bundesrat (CDU)			-0,004 (0,114)			-0,001 (0,005)
Neuwahlen 2005			-0,042** (0,017)			-0,026 (0,019)
Landtagswahlen			-0,193*** (0,074)			-0,009 (0,039)
WTC 2001			0,630			0,616

	(1)	(2)	(3)	(4)	(5)	(6)
Konstante	0,014	0,007	0,016	0,017*	0,004	0,012*
	(0,009)	(0,010)	(0,011)	(0,010)	(0,008)	(0,007)
			(0,882)			(0,603)
AIC	2,519	2,559	2,574	2,534	2,507	2,491
SIC	2,539	2,585	2,617	2,546	2,535	2,533
LogL	-4.539,10	-4.609,24	-4.625,79	-4.547,56	-3.552,22	-4.478,92
Jarque-Bera-Test	1.091,6***	878,71***	1.078,9***	1.062,5***	1.207,9***	1.720,9***
ARCH-LM(1) test	2,298	6,034**	2,291	1,912	3,179*	0,675
Q(5)	2,908	3,772	3,739	2,920	2,605	2,170
Q²(5)	2,941	6,199	3,589	2,440	3,701	2,575

Koeffizienten mit Bollerslev und Wooldridge semi-robusten Standardfehlern in Klammern. Der Standardfehler des marginalen antizipierten Parteieffekts wurde auf Basis der semi-robusten Varianz-Kovarianz-Matrix berechnet. ***, ** und * kennzeichnen statistische Signifikanz auf dem 1-, 5- und 10-Prozent-Niveau.

Eine interessante Frage ist, ob sich die festgestellten sektorspezifischen Parteief-fekte in ihrer Stärke unterscheiden. Ist die positive Wirkung einer gestiegenen CDU/FDP-Siegeswahrscheinlichkeit auf die Rendite bzw. Renditevolatilität beispielsweise für den Rüstungssektor stärker als für die Pharmabranche? Eine Antwort ist mit Hilfe der in Abbildung 10 dargestellten, marginalen Effekte möglich. Vergleicht man den marginalen Parteieffekt auf die Rendite des Rüs-tungssektors ($\frac{\partial \Pr_t (rechts)}{\partial \rho_t}$=0,148) mit dem auf die Rendite der Pharmabranche (0,038), so fällt auf dass ersterer etwa drei Mal so groß ist. Ein t-Test zeigt, dass diese Differenz auf dem 1-Prozent-Niveau signifikant ist (t=6,47). Es ist also davon auszugehen, dass der Rüstungssektor in der Tat stärker von besseren Sie-geschancen einer CDU-FDP-Koalition profitiert als die Pharmabranche. Dieses Bild gilt auch für die Renditevolatilität des Rüstungssektors, denn diese steigt in Reaktion auf einen Zuwachs der CDU/FDP-Wahlwahrscheinlichkeit signifikant stärker als die Renditevolatilität der Pharmabranche (t=31,4).

Wenngleich der Pharmasektor parteipolitisiert ist, so kann der Eindruck von Praktikern, die ja eher von einer Immunität der Pharmabranche gegenüber der Politik ausgehen, insofern mit diesen Befunden in Einklang gebracht werden, als dieser Sektor deutlich schwächer von dem erwarteten parteipolitischen Profil der Regierung beeinflusst wird als etwa die Rüstungsbranche. Für den erneuerbare Energien-Sektor und die Konsumgüterbranche lassen sich jeweils entweder ein Rendite- bzw. ein Renditevolatilitätseffekt feststellen, wobei diese Differenzen signifikant sind (t=27,42 bzw. -35,86).

Abbildung 10: Marginale Effekte der erwarteten Regierung (in Prozentpunkten)

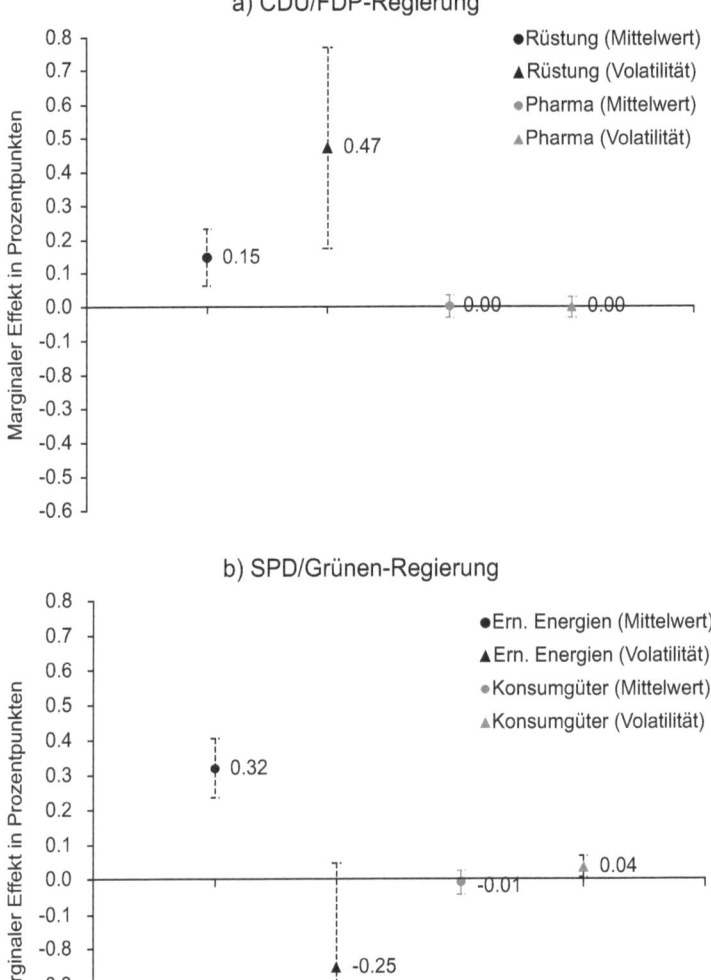

a) CDU/FDP-Regierung

- ●Rüstung (Mittelwert)
- ▲Rüstung (Volatilität)
- ●Pharma (Mittelwert)
- ▲Pharma (Volatilität)

b) SPD/Grünen-Regierung

- ●Ern. Energien (Mittelwert)
- ▲Ern. Energien (Volatilität)
- ●Konsumgüter (Mittelwert)
- ▲Konsumgüter (Volatilität)

Werte basieren auf Ergebnissen der voll spezifizierten GARCH-Modelle. Fehlerindikatoren kennzeichnen 95-Prozent-Konfidenzintervalle auf Basis semi-robuster Bollerslev/Wooldridge-Standardfehler.

3.5 Zusammenfassung

Das Parteiendifferenzmodell bringt die wirtschaftliche Entwicklung mit dem unterschiedlichen parteipolitischen Profil der Regierung in Verbindung. In diesem Kapitel wurde untersucht, ob diese unterschiedlichen Regierungsprofile nicht nur – wie von der Forschung bislang nachgewiesen – makroökonomische Kennzahlen wie Wirtschaftswachstum, Arbeitslosigkeit oder Staatsausgaben beeinflussen, sondern auch das Wohlergehen einzelner Wirtschaftssektoren verändern. Solche sektorspezifischen Umverteilungswirkungen von Parteipolitik wurden bislang für Deutschland überhaupt nicht untersucht. Mit Hilfe von Parteispendenmodellen wurden vier Branchen identifiziert, deren Gewinne von dem erwarteten parteipolitischen Regierungsprofil abhängen sollten. Die Rüstungs- und Pharmabranche sollte von einer CDU/FDP-Regierung profitieren, während es dem erneuerbare Energien-Sektor und der Konsumgüterindustrie unter einer SPD/Grünen-Regierung wirtschaftlich besser ergehen sollte. Da Investoren auf Aktienmärkten zukünftige Ereignisse, die ihre Dividenden beeinflussen, antizipieren, spiegeln Renditereaktionen auf politische Information erwartete Umverteilungswirkungen wieder. Diese Mikrofundierung erlaubt es, die Reaktion von Branchenrenditen als Indikator zu verwenden, mit dem die Wirkung des erwarteten parteipolitischen Regierungsprofils auf die Performance von Wirtschaftssektoren ermittelt werden kann.

Die empirische Überprüfung mittels GARCH(1,1)- und TARCH(1,1)-Volatilitätsmodellen bestätigen, dass antizipierte Parteieffekte existieren und über verschiedene Industrien hinweg sehr unterschiedlich ausfallen. Die Renditen der Rüstungs- wie auch der Pharmaindustrie steigen an, wenn die Wahrscheinlichkeit einer CDU/FDP-Regierung zunimmt. Zudem ist die Renditevolatilität gegenüber dem erwarteten parteipolitischen Profil der Bundesregierung responsiv und steigt an, wenn sich die Wahlchancen einer rechten CDU/FDP-Regierung verbessern. Die Ergebnisse legen auch nahe, dass die antizipierten Parteieffekte in der Rüstungsbranche sehr viel stärker ausfallen als im Pharmasektor. Der erneuerbare Energien-Sektor profitiert dahingegen von einer SPD/Grünen-Regierung, denn die Renditen dieser Branche steigen, wenn die Wahrscheinlichkeit einer SPD/Grünen-Regierung zunimmt. Die theoretisch bedeutsamen Schätzergebnisse ändern sich nicht, wenn zahlreiche Kontrollvariablen berücksichtigt oder TARCH-Modelle verwendet werden.

Eine die Relevanz der Untersuchung in Zweifel ziehende Frage lautete, ob solche (sektorspezifischen) Aktienmarktreaktionen denn überhaupt „reale" Auswirkungen auf die Wirtschaft oder gar die Bürger besitzen. Hierzu sei daran erinnert, dass es ein Anstieg der erwarteten Profitabilität einer Branche, etwa auf Grund gestiegener Chancen einer für ihre Performanz vorteilhafte(ren) Politik, den Unternehmen dieses Sektors leichter macht, neues Kapital an der Börse aufzunehmen, um damit Investitionen zu finanzieren. Investitionen schlagen sich positiv auf das wirtschaftliche Wachstum, auf die Beschäftigtenzahl und die Nachfrage der Beschäftigten in dem Sektor nieder. Der Kreis der Betroffenen ist somit durchaus beachtlich. Umgekehrt leiden bei einer unvorteilhaften politischen Entwicklung natürlich der Aktienkurs und damit allen Investoren, die ihr Geld unmittelbar in Branchentitel anlegen.[58] Ebenso schadet dies den Investitionsmöglichkeiten für Unternehmen der jeweiligen Branche mit allen negativen Konsequenzen für die Beschäftigungs- und Karriereperspektiven der Menschen, die in diesem Industriezweig arbeiten. Im schlimmsten Fall droht die Schließung von Produktionsstätten und die Abwanderung ins Ausland, womit am ehemaligen Standort Arbeitslosigkeit und Nachfragerückgang einhergehen.

Sektorspezifische Aktienmarktreaktionen auf die erwartete Parteizugehörigkeit der Regierung stehen somit nicht nur für Gewinne oder Verluste von ein paar wenigen Großinvestoren, die ihr Kapital über den Aktienmarkt in einen Industriezweig eingebracht haben, sondern haben handfeste und ganz erhebliche Auswirkungen für die in dieser Branche agierenden Unternehmen sowie die dort beschäftigten Menschen und ihre wirtschaftliche Situation. In Abhängigkeit von der Bedeutung, die ein Wirtschaftszweig für das staatliche Steueraufkommen hat, gehen die Effekte des Niedergangs einer Branche letztlich weit über den Kreis der Beschäftigten hinaus. Denn ein Absinken der Branchengewinne und der Abbau von Beschäftigung verringern die Steuereinnahmen des Staates und erhöhen gleichzeitig die Zahl derer, die auf Alimentation durch das soziale Sicherungssystem angewiesen sind. Die Untersuchung der sektorspezifischen Umverteilungswirkungen von (Partei-)Politik verdient folglich auch vor diesem Hintergrund politik- und wirtschaftswissenschaftliches Forschungsinteresse.

Vor dem Hintergrund der präsentierten Ergebnisse erscheint ein Vergleich der hier vorgestellten Befunde mit denen anderer Untersuchungen angebracht. Leider liegen bislang nur zwei Studien vor (Pierdzioch/Döpke 2006; Bohl/Gottschalk 2005), die sich mit dem Einfluss des *aktuellen* parteipolitischen Regierungsprofils auf die *allgemeine* Aktienmarktentwicklung in Deutschland beschäftigen. Deren Ergebnis lautet, dass der deutsche Aktienmarkt nicht von der aktuellen Parteizugehörigkeit der Regierung beeinflusst wird. Um die Diskrepanz zwischen den hier vorgestellten und den bisherigen Befunden zu erklären, ist natürlich vor allem das Argument rationaler Erwartungsbildung geeignet. Es könnte sein, dass auch die allgemeine Aktienmarktperformance in Deutschland unter parteipolitischem Einfluss steht, der jedoch vom Markt weitgehend

---

[58] Auch über Investmentfonds an Aktien beteiligte Bürger sind von dieser sektorspezifischen Umverteilung betroffen, insofern die Fonds branchenspezifisch ausgerichtet sind oder das Branchenrisiko nicht vollständig diversifiziert ist.

antizipiert wird. Eine Antwort auf diese Frage können jedoch letztlich nur weitere empirische Studien liefern, die der rationalen Erwartungsbildung Rechnung tragen.

Eine zentrale Botschaft dieses Kapitels lautet, dass zukünftige politökonomische Studien die rationale Erwartungsbildung ernster nehmen und antizipierte Parteieffekte explizit modellieren sollten. Zweitens weist der Befund sektorspezifischer Parteieffekte darauf hin, dass die Einflüsse der Politik auf die Volkswirtschaft sehr viel nuancierter sind als bislang angenommen. Forschung, die sich allein auf makröokonomische Kennzahlen beschränkt, wird deshalb vermutlich den größten Teil (partei-)politischer Einflüsse auf die Wirtschaft übersehen. Drittens ist der volatilitätsreduzierende Effekt der Wahlknappheit ein Ausgangspunkt für weitere Forschung, da dieser Befund der formulierten Hypothese widerspricht. Dieses Ergebnis, das auch im Widerspruch zu den Resultaten von Leblang/Mukherjee (2005) für die Vereinigten Staaten stehen, könnte auf unterschiedliche politisch-institutionellen Rahmenbedingungen zurückzuführen sein. Der bislang für die Vereinigten Staaten vertretenen Argumentation liegt nämlich zumindest implizit die Funktionslogik eines Zwei-Parteiensystems zu Grunde, die davon ausgeht, dass selbst ein knapper Wahlausgang eine Ein-Parteien-Regierung und somit eine „unverwässerte" Regierungspolitik hervorbringt.

Es erscheint fraglich, ob diese Überlegungen in eine Konsensdemokratie wie Deutschland mit seinem (wenn auch bipolaren) Mehrparteiensystem (Nohlen 2000: 312) übertragen werden können (Lijphart 1999). In einem Mehrparteiensystem, so könnte man argumentieren, bedeutet ein knapper Wahlausgang vielmehr eine hohe Wahrscheinlichkeit für eine Koalitionsregierung zwischen ideologisch heterogenen Parteien in Form einer großen Koalition, wie es zum Beispiel bei der Bundestagswahl 2005 der Fall war. In einer großen Koalition handeln Parteien die Regierungspolitik jedoch aus. Das Koalitionsabkommen wird unter Annahme eines Pareto-effizienten Ergebnisses zwischen den beiden Idealpunkten der beteiligten Parteien liegen und deshalb moderater sein als die Politiken einer ideologisch homogenen Regierung, die beispielsweise aus SPD und Grünen oder CDU und FDP besteht. Als Folge ist es unwahrscheinlicher, dass schwerwiegende Politik-Änderungen auftreten werden, da jedes Koalitionsmitglied eine Veto-Position besitzt. Die Wahrscheinlichkeit bedeutsamer Politik-Änderungen und somit auch der Spielraum für sektorspezifische Umverteilung nehmen damit ab. Diese Abhängigkeit des Einflusses der erwarteten Wahlknappheit vom institutionellen Kontext können weitere Forschungen mittels Zeitreihen-Querschnittsdaten überprüfen.

4 Regierung und Risiko: Die politischen Determinanten des Kapitalmarktrisikos in Deutschland

Die vergangenen 15 Jahre kennzeichnet ein beeindruckender Anstieg grenzüberschreitender Kapitalströme. Auch die Transaktionen auf den globalisierten Aktienmärkten haben dabei zugenommen. Im Jahr 1996 wurden an den Börsen an einem einzigen Tag Aktien im Wert von durchschnittlich etwa 56 Milliarden Dollar gehandelt. Zehn Jahre später, im Jahr 2006, lag dieser Wert bei nicht weniger als 279 Milliarden Dollar. Dies entspricht einem Zuwachs von fast 500 Prozent.[59] Dieser enorme Anstieg ging mit einem sich intensivierenden Wettbewerb der Nationalstaaten um Investitionen in ihre Kapitalmärkte einher (Beisheim/Walter 1999). Vor diesem Hintergrund erscheinen die politikwissenschaftlichen Anstrengungen zur Erforschung des Einflusses politischer Faktoren auf die Performanz von Aktienmärkten nachvollziehbar (Füss/Bechtel 2007; Bernard/Leblang 2006; Herron 2000; Roberts 1990).

Die ganz überwiegende Mehrheit dieser Studien untersucht den Einfluss, der von dem parteiideologischen Regierungsprofil auf die Entwicklung von Aktienrenditen ausgeht. Die Renditeentwicklung ist aber nur ein Faktor, der für die Investitionsattraktivität eines Kapitalmarktes relevant ist. Eine weitere, wichtige Größe ist das länderspezifische (oder systematische) Investitions- oder auch Kapitalmarktrisiko. Über den Einfluss von Politik auf das systematische Investitionsrisiko ist bislang kaum etwas bekannt. Der Mangel an Studien, die sich den politischen Determinanten des Investitionsrisikos widmen, ist besonders deshalb erstaunlich, weil das systematische Risiko auch eine wichtige Rolle für die wirtschaftliche Entwicklung eines Landes spielt. Es beeinflusst nicht nur Kapitalinvestitionsentscheidungen (Wadhwani 1986), sondern auch ökonomisches Wachstum (Kamara 1997), Wohlstand (Levine/Zervos 1998; Demirgüç-Kunt/Levine 1996) und sogar die Entwicklung von Wechselkursen (Bachman 1992).

Dieses Kapitel bietet die erste Studie zu den politischen Determinanten des systematischen Kapitalmarktrisikos, also der nicht-diversifizierbaren Unsicher-

---

[59] Siehe World Federation of Exchanges (http://www.world-exchanges.org/WFE/home.asp?menu =421&document=4445; 04.04.2008).

heit, mit der eine Investition in einen Kapitalmarkt verbunden ist.[60] Es verbindet Überlegungen zur Vorhersagbarkeit politischer Entwicklungen und politikinduzierter Unsicherheit mit dem länderspezifischen Kapitalmarktrisiko. Dabei macht sich die Studie die Möglichkeit zu nutze, das systematische Investitionsrisiko, also jenen Teil des Risikos, der auch bei breitester Anlagenstreuung (Hedging) nicht eliminiert werden kann, zu isolieren, um die Einflüsse einer ganzen Reihe prä-elektoraler, post-elektoraler und institutioneller Faktoren zu untersuchen.

Ausgangspunkt für die Analyse ist wiederum das rationalistische Parteiendifferenzmodell. Dieser Ansatz wird jedoch insofern erweitert, als angenommen wird, dass Parteien nicht nur unterschiedliche Wirtschaftspolitiken vertreten. Sie unterscheiden sich auch hinsichtlich der *Vorhersagbarkeit* dieser Politiken und somit in dem Maß der mit ihnen verbundenen, wirtschaftspolitischen Unsicherheit. So differieren Parteien etwa mit Blick auf die Fähigkeit, wirtschaftpolitische Maßnahmen zu entwerfen und effektiv umzusetzen, sowie die Zuverlässigkeit, mit der sie ökonomischen Schocks und Finanzkrisen, die investiertes Kapital gefährden, kompetent und unverzüglich entgegen treten. Da ideologisch rechts orientierte Parteien vorteilhaftere und zuverlässigere Investitionsbedingungen schaffen als linke Parteien, sollte das systematische Investitionsrisiko unter einer rechten Regierung geringer sein als unter einer linken. Eine bislang nicht ausreichend beachtete Implikation dieser Argumentation ist, dass Finanzmärkte, auf denen allem voran Erwartungen gehandelt werden, diesen Parteieffekt insbesondere vor Wahlen antizipieren sollten.

Ein weiterer zentraler Faktor, der für das Investitionsrisiko eine Rolle spielt, ist die Fähigkeit einer Regierung, ihre Politiken ungehindert und unverwässert umzusetzen. Hierfür ist das so genannte „unified government", also die Kontrolle der Exekutive *und* Legislative entscheidend. Gemünzt auf das bundesdeutsche Regierungssystem bedarf es des „parteipolitischen Gleichklangs" (Lehmbruch 2000: 158) von Bundestag und Bundesrat. In Phasen asymmetrischer Kammermehrheiten, also parteipolitischem Konflikt zwischen den beiden Kammern, ist Politik das Ergebnis eines Verhandlungsprozesses zwischen ideologisch unterschiedlichen Parteien. Dies macht es für Investoren schwierig, wirtschaftsrelevante Politik-Entscheidungen vorherzusagen. Auch das konstatierte Blockadepotential asymmetrischer Kammermehrheiten wirkt sich negativ auf die Investitionsattraktivität aus. Denn es verringert den Spielraum der Regierung, ihre Ideal-

---

[60] In der gängigen Terminologie umfasst Unsicherheit im weiteren Sinne Risiko und Ungewissheit. Ungewissheit besteht, wenn es Individuen nicht möglich ist, Ereignissen zumindest subjektive Eintrittswahrscheinlichkeiten zuzuordnen. Risiko (oder auch Unsicherheit im engeren Sinne) besteht, wenn dies möglich ist (Knight 1921). Diese Arbeit verwendet die Ausdrücke Risiko und Unsicherheit als Synonyme.

politik zu implementieren und Finanzmarktkrisen zeitgerecht und angemessen zu begegnen (Roubini/Sachs 1989; Krehbiel 1996). Wenn Parteieffekte auf das Investitionsrisiko existieren, sollten diese also auch von den parteipolitischen Mehrheitskonstellationen in Bundestag und Bundesrat abhängigen.

Die empirischen Befunde stützen diese Vermutungen. Das systematische Kapitalmarktrisiko ist durchschnittlich 1,5 bis 2 Prozentpunkte geringer, wenn eine konservative CDU/FDP-Regierung im Amt ist und die Mehrheit in Bundesrat und Bundesrat kontrolliert. Parteikonflikt zwischen Bundesrats- und Regierungsmehrheit erhöht dabei das systematische Risiko um etwa einen Prozentpunkt. Die Ergebnisse belegen auch die Bedeutung rationaler (politischer) Erwartungsbildung auf dem Aktienmarkt, denn das systematische Kapitalmarktrisiko sinkt, wenn vor Bundestagswahlen die Siegeschancen einer rechten CDU/FDP-Koalition steigen. Auch Koalitionsbildungsphasen und große Koalitionsregierungen induzieren einen Anstieg des systematischen Risikos.

Bislang hat sich die polit-ökonomische Forschung fast ausschließlich auf den Einfluss von Politik auf den Aktienmarkt in den Vereinigten Staaten konzentriert (Knight 2006; Leblang/Mukherjee 2005; Booth/Booth 2003; Santa-Clara/Valkanov 2003; Herron et al. 1999; Gärtner/Wellershoff 1995). Eine Studie zu den politischen Determinanten des Investitionsrisikos in Deutschland ist aus mehreren Gründen besonders attraktiv. Deutschland ist nicht nur eine bedeutsame Wirtschaftskraft der Europäischen Union und eines ihrer politisch gewichtigsten Mitgliedsstaaten. Um die zahlreichen politischen Determinanten systematischen Risikos zu untersuchen, ist Deutschland ein Idealfall, denn es offeriert all jene Variation, die zur Evaluierung der Hypothesen erforderlich ist. Erstens spiegelt es auf Grund seines konsensual orientierten politischen Systems (Lijphart 1999) den ganzen Reichtum politischer Faktoren einer Demokratie wieder. Es finden sich Phasen parteiideologisch unterschiedlicher, stabiler Regierungsphasen, die vor allem deshalb wichtig sind, damit sich Parteieffekte auf die Wirtschaft manifestieren können (Blais et al. 1993). Zweitens weist Deutschland während des untersuchten Zeitraums Perioden symmetrischer und asymmetrischer Kammermehrheiten bei vollständigem partei-ideologischen Wechsel der Bundesregierung auf. Da der Untersuchungszeitraum (1991-2005) gleichzeitig immer noch von recht moderater Länge ist, verringert dies die Gefahr von unbeobachteter Fallheterogenität und Strukturbrüchen, die die empirischen Schätzungen verunreinigen könnten. Vor diesem Hintergrund ist das deutsche politische System in dem betrachteten Zeitraum eine besonders gut geeignete Möglichkeit, eine große Zahl prä-elektoraler, post-elektoraler und institutioneller Einflüsse zu untersuchen.[61]

---

[61] Kedar (2006) und Lohmann et al. (1997) verwenden ein analoges Argument für ihre Untersuchungen im Bereich der Wahlforschung.

Das Kapitel ist wie folgt gegliedert. Der nächste Abschnitt präsentiert die finanzmarkttheoretische Fundierung der Untersuchung. Im Anschluss werden die Einflüsse politischer Faktoren theoretisch herausgearbeitet und empirisch beobachtbare Implikationen formuliert. Abschnitt vier präsentiert die verwendeten Daten und die Ergebnisse. Der Schluss fasst die wesentlichen Argumente und Ergebnisse zusammen.

4.1 Die Bedeutung des systematischen Investitionsrisikos für Investitions- und Desinvestitionsentscheidungen

Das Ziel von Finanzmarktakteuren besteht darin, den Wert ihrer Kapitalinvestitionen, also den Wert des Portfolios, zu maximieren. Da internationale Kapitalströme zunehmend geringeren Auflagen unterworfen sind, steht es den Akteuren frei, jederzeit Geld aus dem Kapitalmarkt des einen Landes abzuziehen, um es in einem anderen Land gewinnbringender oder risikoärmer anzulegen. Solche Allokationsentscheidungen sind für Staaten sehr bedeutsam. Unternehmen benötigen Kapital, um Wachstum zu finanzieren, das wiederum Arbeitsplätze, Konsum und Wohlstand beeinflusst. Um zu verstehen, welche Faktoren die Kapitalallokationsentscheidungen von Investoren treiben und um die folgende Untersuchung der politischen Determinanten des Investitionsrisikos zu motivieren, bietet die so genannte *Portfolio Selection*-Theorie (Markowitz 1959) einen hilfreichen theoretischen Zugang.

Die *Portfolio Selection*-Theorie betrachtet den Wert V_Q eines Portfolios Q als Funktion zweier Variablen, nämlich der erwarteten Rendite μ_Q und der Standardabweichung σ_Q des Portfolios. μ_Q ist somit der durchschnittliche Kapitalzuwachs, den das Portfolio hervorbringt. σ_Q misst, wie stark die Rendite im Durchschnitt um ihren Mittelwert schwankt. Deshalb wird die Standardabweichung der Rendite auch als Risiko des Portfolios betrachtet (Elliott/Kopp 2005). Ein Investor maximiert seinen Reichtum, indem er jenes Portfolio wählt, das $V_Q(\mu_Q, \sigma_Q)$ maximiert. Dies bedeutet, dass er aus einer (endlichen) Anzahl von Anlagegegenständen ein Portfolio zusammenstellt, das die höchste erwartete Rendite für ein gegebenes Maß an Risiko abwirft oder für eine gegebene Rendite das geringste Maß an Risiko aufweist. Ein Portfolio das eines der beiden Bedingungen erfüllt, nennt man effizient. Die gängige funktionale Form des Portfoliowertes lautet:

$$V_Q = \gamma\mu_Q - \sigma_Q \, . \tag{4.1}$$

Dabei ist $\gamma \in [0,1]$ ein Gewichtungsparameter, der angibt, wie viel Wert ein Investor bei der Konstruktion des effizienten Portfolios auf die erwartete Rendite legt. Innerhalb dieses theoretischen Rahmens stellt sich nun die Frage, wie sich die erwartete Rendite und die Standardabweichung einer Anlage im Gleichgewicht ermitteln lässt. Hierfür eignet sich das *Capital Asset Pricing Model* (CAPM) (Sharpe 1964; Lintner 1965).

Eine zentrale Rolle spielt im CAPM das Marktportfolio m. Das Marktportfolio ist die Summe aller wertgewichteten Anlagen, die auf den Märkten des Landes c gehandelt werden. Im Marktportfolio sind folglich alle idiosynkratischen Risiken, z.b. firmenspezifische Management-, Umsatz-, oder Streikrisiken, die die Wahrscheinlichkeit einer Abweichung der Rendite von der erwartete Rendite erhöht, vollständig diversifiziert (Elton et al. 2007). Man nehme nun an, ein Akteur zieht die Möglichkeit einer Investition in das Wertpapier i auf dem Markt von Land c in Betracht. Dem CAPM zufolge ist die Rendite, die der Investor von dieser Anlage erwarten kann, $E(r_i^c)$, durch die folgende lineare Funktion spezifiziert:

$$E(r_i^c) = r_f + (E(r_m^c) - r_f)\beta_i^c \, , \tag{4.2}$$

wobei r_f der risikolose Zinssatz ist, $E(r_i^c)$ ist die erwartete Marktrendite von c und β_i^c ist die Sensitivität von $E(r_i^c)$ gegenüber Änderungen der Marktrendite.[62] Die Marktsensitivität β_i^c ist das Marktrisiko der Anlage i in Land c und $(E(r_m^c) - r_f)\beta_i^c$ die Risikoprämie. Somit gleicht die erwartete Rendite der Summe aus risikolosem Zinssatz und Risikoprämie.

Das CAPM bietet eine stark vereinfachende, aber analytisch umso wertvollere Perspektive auf das Risiko einer Investition in den Kapitalmarkt. Das Modell identifiziert zwei Risikoarten, denen eine Kapitalmarktinvestition ausgesetzt ist. Die erste Risikoart ist das so genannte unsystematische (auch spezifische oder idiosynkratische) Risiko einer Anlage. Unsystematisches Risiko ist für Investoren, die Unsicherheit möglichst gering halten wollen, jedoch kein Problem. Denn diese Risikoart kann durch die entsprechende Zusammenstellung eines Portfolios diversifiziert werden, indem sich die idiosynkratischen Risiken

---

[62] Eine der zentralen, vereinfachenden Annahmen des CAPM ist dabei, dass die Zusammensetzung des i-Portfolios nicht von der Risiko-Aversion des Investors abhängt. Investoren sind somit rationale Mittelwert-Varianz-Optimierer, z.b. weil ihre Nutzenfunktionen quadratisch sind.

der gehaltenen Wertpapiere gegenseitig aufheben. In einem großen Markt, der eine große Anzahl unterschiedlicher Kapitalanlagen bietet, kann somit spezifisches Investitionsrisiko vollständig diversifiziert werden, d.h. kein Anleger muss unsystematisches Risiko eingehen.[63]

Ganz anders liegen die Dinge, wenn es um das systematische Risiko geht. Denn diese Risikoart können Anleger nicht diversifizieren, weil es *alle* risikobehafteten Anlagen betrifft, die in Land c möglich sind. Ein weiteres Ausweichen auf andere Anlagen führt somit nicht zu einer Verringerung des Risikos, weil auch diese Investitionen dem systematischen Kapitalmarktrisiko unterliegen. Für einen Investor ist also das systematische Risiko des Marktes jenes Minimum an Unsicherheit, das er aufnehmen muss, wenn er in den Aktienmarkt eines Landes investieren will. Auf diesem Resultat aufbauend ist es nun möglich, das Risikominimum aller wohldiversifizierten Portfolios zu untersuchen, die aus Wertpapieren der Märkte von c bestehen.

Per Definition ist jedes risikobehaftete Wertpapier im Marktportfolio gewichtet mit seinem Marktwert vertreten (Steiner/Bruns 2002: 24). Somit kann der Wert jedes beliebigen, risikominimalen Portfolios, bestehend aus Wertpapieren des Kapitalmarktes von Land c, in Beziehung zur Entwicklung des entsprechenden Marktportfolios gesetzt werden. Sei Q ein Portfolio das aus a Anteilen des Wertpapiers i und $1-a$ Anteilen des Marktportfolios besteht. Die Rendite dieses Portfolios ist dann

$$\mu_Q = aE(r_i^c) + (1-a)E(r_m^c) . \tag{4.3}$$

und die zugehörige Standardabweichung lautet

$$\sigma_Q = [(a^2\sigma^2(r_i^c) + (1-a)^2\sigma^2(r_m^c) + 2a(1-a)\text{cov}(r_i^c, r_m^c)]^{\frac{1}{2}} . \tag{4.4}$$

Natürlich ist per Definition das Wertpapier i mit einem Anteil, der seinem Marktwert entspricht, bereits im Marktportfolio enthalten. Dies bedeutet, dass im Gleichgewicht der Anteil $a = 0$ sein muss. Denn jeder Wert ungleich Null hieße ja, dass Nachfrage nach i bestünde, was mit einer Gleichgewichtssituation unvereinbar wäre. Im Gleichgewicht muss somit $a = 0$ gelten. Gleichungen 4.3 und 4.4 vereinfachen sich folglich zu:

---

[63] Empirisch ist zumeist ein Portfolio aus etwa 30 Wertpapieren ausreichend, um das unsystematische Risiko großer Kapitalmärkte wie denen der Vereinigten Staaten, Großbritannien oder Deutschland vollständig zu eliminieren.

$$\mu_Q = E(r_m^c) \qquad (4.5)$$

und

$$\sigma_Q = [\sigma^2(r_m^c)]^{\frac{1}{2}}. \qquad (4.6)$$

Dies zeigt, dass im Gleichgewicht die erwartete Rendite des Portfolios Q die durchschnittliche Marktrendite von c ist und das systematische Risiko entspricht der durchschnittlichen Abweichung der Marktrendite von ihrem Mittelwert entspricht (Sharpe 1964; Lintner 1965; Elton et al. 2007).[64]

Betrachtet man erneut den Wert des Portfolios $V_Q = \gamma\mu_Q - \sigma_Q$, so ist in unmittelbar einsichtig, dass dieser Wert steigt, wenn die Marktrendite r_m^c zunimmt ($\frac{\partial V_Q}{\partial \mu_Q} > 0$). Umgekehrtes gilt für eine Änderung der durchschnittlichen Abweichung der Marktrendite von ihrem Mittel, also dem systematischen Marktrisiko. In diesem Fall sinkt der Wert des Portfolios $\frac{\partial V_Q}{\partial \sigma_Q} < 0$, was wiederum eine Investition in den Kapitalmarkt des Landes c weniger attraktiv macht.

Die durchschnittliche Marktrendite und das systematische Risiko sind für den Wert einer Kapitalinvestition bedeutsame Faktoren. Investoren werden in Abhängigkeit von diesen Parametern ihre Portfolios zusammenstellen und gegebenenfalls umschichten. Nimmt beispielsweise die erwartete Marktrendite ab, werden Investoren ihr Kapital aus Land c abziehen und in einen anderen Markt investieren. Vor diesem Hintergrund überrascht es nicht, dass die politökonomische Forschung – bislang schwerpunktmäßig für die Vereinigten Staaten – jene politischen und institutionellen Faktoren untersucht hat, die die Marktrendite eines Landes beeinflussen (Bernard/Leblang 2006; Herron 2000; Roberts 1990). Bislang hat man jedoch den politischen Determinanten des systematischen Risikos keine Beachtung geschenkt. Gerade weil dem länderspezifische Kapitalmarktrisiko laut der Portfolio-Theorie eine zentrale Bedeutung für die Kapitalallokationsentscheidungen der Investoren zukommt, ist dieses Forschungsdesiderat besonders schwerwiegend. Denn mit einem Anstieg des systematischen, nicht diversifizierbaren Risikos sinkt die Attraktivität des Marktes für Investoren. Die Nachfrage nach Anlagen in dem jeweiligen Land sinkt und

---

[64] Analog kann man mit dieser Argumentation die Aussage für eine beliebige Anzahl von Wertpapieren verallgemeinern.

macht es nicht nur Unternehmen schwerer, sich über den Kapitalmarkt zu finanzieren. In der Tat sind die Folgen hohen systematischen Risikos noch weit reichender: Es schwächt den Konsum, reduziert Investitionen und verringert folglich das Wachstum (Levine/Zervos 1998; Kamara 1997; Demirgüç-Kunt/Levine 1996).

Die forschungsleitende Vermutung dieses Kapitels lautet, dass ein Teil der Varianz im systematischen Kapitalmarktrisiko unter Rückgriff auf politische Faktoren erklärt werden kann. Dies soll nicht heißen, dass ökonomische Faktoren keine Rolle spielen. Allerdings können ökonomische Variablen die Varianz des systematischen Risikos bei weitem nicht vollständig erklären. Diese unerklärte Varianz kann – so argumentiert der folgende theoretische Abschnitt – auf politische Faktoren zurückgeführt werden, die man bislang in der Forschung zu den Determinanten nicht-diversifizierbaren Kapitalmarktrisikos nicht beachtet hat.

4.2 Politik, politische Institutionen und das systematische Investitionsrisiko

4.2.1 Parteipolitisches Regierungsprofil

In der polit-ökonomischen Forschung spielt das parteipolitische Profil der Regierung seit jeher eine zentrale Rolle. Ausschlaggebend für diese Fokussierung ist die Arbeit von Douglas C. Hibbs (1977). Hibbs betont die Bedeutung der parteiideologischen Ausrichtung einer Regierung für die wirtschaftliche Entwicklung: „governments pursue macroeconomic policies broadly in accordance with the objective economic interests and subjective preferences of their class-defined core political constituencies" (1467). Im Parteiendifferenzmodell wird also angenommen, dass Parteien die (heterogenen) Interessen verschiedener Wählerklientel vertreten und somit unterschiedliche Wirtschaftspolitiken verfolgen. Eine wichtige implizite Annahme lautet überdies, dass Parteien ideologisch motiviert sind und ihre Politiken deshalb nicht konvergieren. Auch in Regierungsverantwortung bleibt eine Partei deshalb ihrer Wählerklientel treu und verfolgt eine Wirtschaftspolitik, die für die Parteianhänger vorteilhaft ist (Persson/Tabellini 2000).

Das Parteiendifferenzmodell hat umfangreiche Forschungsbemühungen ausgelöst. Insbesondere wurde versucht, Fluktuationen makroökonomischer Kennzahlen wie Inflation, Arbeitslosenrate und Wachstum durch das parteipolitische Regierungsprofil zu erklären (Alesina 1987; Alesina et al. 1997).[65] Auch im Zusammenhang mit den vermuteten Folgen der Globalisierung widmete man sich dem Einfluss von (Partei-)Politik auf die Staatsausgaben (Dreher et al. 2008; Kittel/Winner 2006; Primo 2006; Boix 2001; Garrett/Mitchell 2001; Garrett 1998; Rodrik 1998; Schmidt 1998). Erste Arbeiten untersuchen den Einfluss parteipolitischer Faktoren auf die Verteilung des Etats auf einzelne Haushaltspositionen (Bräuninger 2005; König/Tröger 2005; Allan/Scruggs 2004). Einige Arbeiten widmen sich auch der Frage, wie sich das parteipolitische Regierungsprofil auf die Entwicklung von Finanzmärkten auswirkt (Bernard/Leblang 2006; Herron 2000; Roberts 1990). Allerdings wurde dabei noch nicht untersucht, ob die Parteizugehörigkeit der Regierung eine Rolle für das systematische Kapitalrisiko spielt.

Eine nahe an der Forschungsfrage dieses Kapitels gelegene Studie bietet Fowler (2006). An das Parteiendifferenzmodell anknüpfend argumentiert er, dass das Inflationsrisiko von der Vorhersagbarkeit der Wirtschaftspolitik abhängt, die eine bestimmte Partei verfolgt. Dabei unterscheidet er zwei Formen von Unsicherheit, die Wirtschaftspolitik umgibt. Die erste, so genannte elektorale Unsicherheit ist auf das Stattfinden von Wahlen zurückzuführen. Im Vorfeld von Wahlen ist die Wahrscheinlichkeit einer wirtschaftspolitischen Änderung, die Finanzmärkte beeinflusst, unmittelbar mit den Wahlchancen der antretenden Parteien verknüpft. Investoren wissen nicht mit Sicherheit, welche Partei nach den Wahlen regiert und deshalb ist die Vorwahlphase mit erhöhtem Investitionsrisiko verknüpft. Die zweite Quelle von Unsicherheit ist unabhängig vom Stattfinden von Wahlen. Diese so genannte Policy-Unsicherheit hängt von den Parteien selbst ab. Fowler führt hierzu aus:

> „Alesina (1987) assumes future policies of election winners are fixed and known, but it is much more likely that there is some degree of uncertainty surrounding them. This uncertainty may result from not knowing exactly what economic policies a given party prefers and the inflation that would result if they were implemented. Even though it may be easy to rank-order the impact of Left and Right policies, it may be difficult to know if the victorious party will implement the moderate or extreme version of its proposals" (91).

In ihrer Studie zum Zusammenhang zwischen parteipolitischem Regierungsprofil und Aktienmarktentwicklung in den Vereinigten Staaten vermuten Santa-Clara/Valkanov (2003), dass die Wirtschaftspolitik der Demokraten stärker von der Politik abweicht, die der Markt erwartet. Die wirtschaftspolitischen Maß-

---

[65] In der deutschen Politikwissenschaft rubriziert die entsprechende Forschung als so genannte „Staatstätigkeitsforschung" und eine ihrer zentralen Hypothesen als „Parteiendifferenzhypothese".

nahmen der republikanischen Partei seien dahingegen weniger von Überraschungen und somit von geringerer Policy-Unsicherheit geprägt. Diese ersten Überlegungen zum Zusammenhang zwischen Parteizugehörigkeit der Regierung, Vorhersagbarkeit von Wirtschaftspolitik und Unsicherheit auf Kapitalmärkten werden durch die empirischen Ergebnissen von Fowler (2006) und Santa-Clara/Valkanov (2003) bestätigt.[66] Im Folgenden werden mehrere Gründe für die Unterschiede zwischen Parteien hinsichtlich der Vorhersagbarkeit ihrer Wirtschaftspolitiken aufgeführt und skizziert, wie diese das systematische Kapitalmarktrisiko beeinflussen.

(1) Die Präferenzen wirtschaftspolitisch links und wirtschaftspolitisch rechts zu verortender Wähler unterscheiden sich. Rechts positionierte Wähler sind eher Bezieher höherer Einkommen mit einer stärker ausgeprägten Sparneigung. Da diese Personen größere Summen in Kapitalanlagen investieren, profitieren sie in besonderem Maße von gut vorhersagbarer, kapitalmarktfreundlicher Wirtschaftspolitik.[67] Denn diese Politiken begünstigen höhere und sicherere Kapitalrückflüsse. Die Präferenzen dieser Wähler für marktfreundliche Politik und geringe Policy-Varianz wird von rechten Parteien bedient (Ezrow 2007; Budge et al 2001), die eher stabile und zuverlässige wirtschaftspolitische Rahmenbedingungen herstellen. Dies reduziert Unsicherheit hinsichtlich der zukünftigen Entwicklung von Kapitalinvestitionen und beruhigt so die Finanzmärkte. Deshalb sollte das systematische Investitionsrisiko in Phasen einer wirtschaftspolitisch rechts zu verortenden Regierung geringer sein als während der Amtsinhaberschaft linker Parteien.

(2) Wirtschaftspolitisch rechte Parteien sind durch besonders ausgeprägte und langfristige Bindungen zu industriellen Interessengruppen und Unternehmen gekennzeichnet. So argumentieren etwa McMenamin/Schoenman (2007), dass solch langfristige Verbindungen zwischen bestimmten Parteien und Lobbygruppen für Wirtschaftsinteressen besonders attraktiv sind. Unternehmen können in besonderem Maße von so genanntem „Rent-Seeking" (Tullock 1967) profitieren, indem eine Partei ihre Interessen im parlamentarischen Gesetzgebungsprozess vertritt (Grossman/Helpman 1994). Parteien können den Unternehmen mit dem Einbringen von eigenen Gesetzesentwürfen dienen, gegen gewinnschädliche regulative Entscheidungen eintreten oder in existierende Entwürfe profitzuträgliche Klauseln einfügen. Vor allem das Steuer- und Außenhandelsrecht, Gesetzge-

---

[66] Santa-Clara/Valkanov (2003) nennen die höhere Risikoprämie unter demokratischen Regierungen das „Democratic risk premium".
[67] Unter Bezug auf die von rechten Parteien vertretene Wirtschaftspolitik, die Zurückhaltung des Staates hinsichtlich Markteingriffen fordert, mag man ergänzend argumentieren, dass sich deren Wirtschaftspolitik deshalb besser vorhersagen lässt, weil es nur eine Art des Nichteingreifens, jedoch sehr viele Arten des Eingreifens gibt.

bung im Bereich des Arbeitsrechts und Umweltschutzregulierung sind für die Profitabilität von Unternehmen wichtig. Ein mit langfristigen Verbindungen zwischen unternehmensfreundlichen, rechten Parteien und Wirtschaftsinteressen ist der Aufbau von Vertrauen. Dies macht es Wirtschaftsinteressen leichter, strategische Informationen glaubwürdig zu kommunizieren und so das gesetzgeberische Handeln von Parteien zu beeinflussen (Austen-Smith 1993). Eine Folge ist, dass hierdurch die Erwartungen der Investoren bezüglich wirtschaftspolitischer Maßnahmen, die die Unternehmen betreffen – und somit die Märkte, an denen sie notiert sind – stabilisiert werden. Diese bessere Vorhersagbarkeit reduziert das systematische Risiko von Kapitalinvestitionen.

(3) Schließlich unterscheiden sich rechte und linke Parteien mit Blick auf die Fähigkeit, unerwartete ökonomische Folgen (Nebenwirkungen) von Politik zu vermeiden und hinsichtlich der Zuverlässigkeit und Kompetenz, mit der sie auf ökonomische Schocks, die dem Wert von Kapitalinvestitionen schaden, reagieren. Politiken zu entwerfen, die möglichst genau und ausschließlich die intendierten Wirkungen herbeiführen ist eine komplexe Aufgabe.[68] Die Gefahr, dass wirtschaftspolitische Maßnahmen einer Partei unerwartete Nebenwirkungen haben, kann deutlich reduziert werden, wenn sie vor oder während der Gesetzesformulierung Informationen über deren Folgen erhält. Hierfür ist Expertenwissen erforderlich, über das besonders die betroffenen Unternehmen und Verbände verfügen. Es handelt sich also um private Information (Bräuninger/Bernhagen 2005: 4). Die langfristigen Bindungen zwischen wirtschaftspolitisch rechten Parteien und Wirtschaftsinteressen erleichtert die Weitergabe solchen Wissens (Informationstransfer, siehe Austen-Smith (1994)). Deshalb sind diese Parteien besser über die Folgen von wirtschaftspolitischer Gesetzgebung, beispielsweise im Steuer-, Handels-, Arbeits- oder Sozialrecht, informiert.[69] Auf dieser Grundlage können rechte Parteien die Folgen von Wirtschaftspolitik von vorneherein besser abschätzen, gezielter formulieren und so das Risiko unerwarteter Nebeneffekte stärker verringern. Hinzutritt, dass sie auf Grund ihrer Präferenz für marktfreundliche Politiken und dem überlegenen Wissen um die Folgen von wirtschaftspolitischen Maßnahmen schneller und wirksamer auf ökonomische Schocks reagieren, die Kapitalinvestitionen schaden. Dies stabilisiert die Erwar-

---

[68] Die Blüte eines neuen, transdisziplinären Forschungsfelds, der Gesetzesfolgenabschätzung, mag hierfür als Beleg dienen (Bräunlein 2004; Böhret 1997).

[69] An dieser Stelle könnte man kritisch fragen, warum Wirtschaftsinteressen diese Informationen nicht auch linken Parteien bereitstellen. Eine Ursache könnte sein, dass diese Handlung nicht sequentiell rational wäre. Denn Personal, dass die entsprechenden Informationen sammelt, zusammenstellt und in geeigneter Weise kommuniziert, verursacht Kosten. Da linke Parteien die Informationen jedoch ignorieren oder zumindest nicht gleichermaßen stark berücksichtigen werden, antizipieren Wirtschaftsinteressen dieses Verhalten und stellen die Informationen erst gar nicht zur Verfügung.

tungen von Investoren hinsichtlich der zu erwartenden Rendite ihrer Kapitalanlagen und reduziert so das systematische Kapitalmarktrisiko.

Hypothese 4.1 [*Parteieeffekt*] Das systematische Risiko ist unter rechten Regierungen geringer als unter linken Regierungen.

In der polit-ökonomischen Forschung nimmt der Einfluss der Parteicouleur auf die Inflationsrate eine wichtige Stellung ein. So besagt das klassische Parteiendifferenzmodell, dass rechte Parteien an einer geringeren Inflation interessiert sind als linke Parteien, um die Geldentwertung für ihre kapitalkräftigeren Wähler möglichst gering zu halten. Die empirische Untersuchung von Alesina et al. (1997) kommt in der Tat zu dem Ergebnis, dass Phasen linker Regierungen mit höheren Inflationsraten verbunden sind als Phasen rechter Regierungen. In einer Konsensdemokratie wie Deutschland ist bzw. war die Zentralbank jedoch unabhängig von der Regierung und die hohe Anzahl an Vetospielern reduziert deren wirtschaftspolitischen Handlungsspielraum.[70] Für konsensual ausgerichtete Systeme erscheint deshalb eine Kausalkette, die Regierungen unmittelbar strategische, geldpolitische Manipulation unterstellt, theoretisch eher unplausibel.[71] Zwar könnten grundsätzlich auch fiskalpolitische Maßnahmen zyklische makroökonomische Fluktuationen auslösen (Rogoff 1990). Hayes et al. (2001) können jedoch empirisch die Abhängigkeit des Zusammenhangs zwischen dem parteipolitischen Regierungsprofil und der Inflation vom institutionellen Kontext nachweisen.

Auf den ersten Blick scheint diese institutionelle Restriktion die beabsichtigte Analyse zu vereinfachen. Denn die Inflation ist demzufolge keine Variable, die von der Bundesregierung strategisch gezielt beeinflusst werden kann. Jedoch ist theoretisch nicht auszuschließen, dass der Einfluss des parteipolitischen Regierungsprofils auf das systematische Investitionsrisiko von der Inflation abhängt. Der Grund liegt in der Bedeutung, die die Inflation für die Attraktivität von Kapitalanlagen hat: Ein Anstieg der Inflation verringert den Kapitalwert einer Investition (Elton et al. 2007). Da Politiker sich der negativen Folgen eines Inflationsanstiegs bewusst sind, sollte man erwarten, dass Parteien hierauf reagieren werden, wobei sich die Reaktion nach Parteicouleur unterscheidet. Je stärker der Inflationsanstieg, desto stärker wird die politische Reaktion der Re-

---

[70] Folgt man den Indikatoren von Lijphart (1999: 232-242, 246) und Alesina/Summers (1993), so sind bzw. waren insbesondere die folgenden Länder weitere Beispiele für Konsensdemokratien mit relativ unabhängigen Zentralbanken: Österreich, Kanada, Niederlande, Belgien und Japan.
[71] Spätestens seit der Einführung einer gemeinsamen Währung und der damit einhergehenden Übertragung der geldpolitischen Verantwortung an die Europäische Zentralbank ist eine solche Argumentation noch unplausibler.

gierung ausfallen. Dieser mögliche Zusammenhang – die potentielle Abhängigkeit des Parteieffekts von Inflationssprüngen – wird bei der empirischen Analyse explizit Berücksichtigung finden.

4.2.2 Rationale Erwartungen und das parteipolitische Profil der Regierung

In wohl keiner Handlungsarena sind die Anreize zur Sammlung und Auswertung von Informationen so hoch wie auf Finanzmärkten. Schließlich sind die Entscheidungen unmittelbar mit dem eigenen Wohlstand verknüpft: Wer Investitionen tätigt, die in Zukunft hohe Renditen abwerfen, der vermehrt seinen Reichtum. Wer jedoch auf die falschen Anlagen setzt, der kann schnell sein gesamtes Kapital verlieren. Diese unmittelbare Verknüpfung zwischen der zukünftigen Entwicklung einer Kapitalanlage und der eigenen Investitionsentscheidung induziert bei den Akteuren ein zutiefst zukunftsgerichtetes und stark informationsbasiertes Handeln. Wie wird sich der Markt in Zukunft entwickeln? Welche Werte werden besonders gut abschneiden? Um diese Fragen zu beantworten, blicken Investoren auf all jene unternehmensspezifischen, ökonomischen, aber auch politischen Faktoren, die die Performance von Kapitalanlagen beeinflussen. Sie versuchen, deren Entwicklung möglichst genau vorherzusagen, um darauf basierend die zukünftige Rentabilität möglicher Investitionsalternativen einschätzen zu können. Die immense Bedeutung der rationalen Erwartungsbildung für das Verhalten der Individuen und die sich hieraus einstellenden Preise legt die Vermutung nahe, dass auf den Finanzmärkten letztlich Erwartungen gehandelt werden. Um den Einfluss zu untersuchen, der von dem parteipolitischen Regierungsprofil auf das systematische Investitionsrisiko ausgeht, ist dieser rationalen Erwartungsbildung Rechnung zu tragen.

Das um die rationale Erwartungsbildung erweiterte Parteiendifferenzmodell („rational partisan model" Alesina 1987; Alesina et al. 1997) führt zu der Vermutung, dass Individuen im Vorfeld einer Wahl die Wirkung von Regierungen unterschiedlicher ideologischer Ausrichtung antizipieren. Rationale Investoren sollten also auch hinsichtlich des systematischen Investitionsrisikos parteipolitische Erwartungen bilden. Um diese Antizipation und ihren Effekt auf das systematische Risiko zu verdeutlichen, sei $\Pr_{t,e}(R)$ die Wahrscheinlichkeit am Tag t, dass die am Tag e stattfindende Wahl von einer rechten Partei bzw. Koalition gewonnen wird. In einem bipolaren Parteiensystem ist die entsprechende Wahrscheinlichkeit für eine linke Regierung $\Pr_{t,e}(L) = 1 - \Pr_{t,e}(R)$. Das erwartete, systematische Kapitalmarktrisiko ergibt sich als Summe der mit ihren jeweiligen Eintrittswahrscheinlichkeiten gewichteten systematischen Risikoniveaus. Lässt man für einen Moment alle weiteren Einflussfaktoren außer Acht, ist das systematische Risiko für einen fixierten Wahltag e:

$$\sigma_t(r_m^c) = \Pr_t(R)(\sigma_t(r_m^c)|R) + (1 - \Pr_t(R))(\sigma_t(r_m^c)|L), \qquad (4.7)$$

mit $\sigma_t(r_m^c)|R$ als Risikoniveau unter einer rechten Regierung und $\sigma_t(r_m^c)|L$ als Risikoniveau unter einer linken Regierung. Formt man Gleichung 4.7 um, so erhält man

$$\sigma_t(r_m^c) = (\sigma_t(r_m^c)|L) - \Pr_t(R)[(\sigma_t(r_m^c)|L) - (\sigma_t(r_m^c)|L)]. \qquad (4.8)$$

Wenn nun – wie vermutet – die Politik einer rechten Regierungen das systematische Risiko verringert und die einer linken Regierung es erhöht, ist die Risikodifferenz zwischen den beiden Regierungen, $(\sigma_t(r_m^c)|L) - (\sigma_t(r_m^c)|L)$, positiv. Gleichung 4.8 besagt also, dass ein Anstieg der Wahrscheinlichkeit einer rechten Regierung, $\Pr_t(R)$, das systematische Kapitalmarktrisiko verringert. Das rationalistische Parteiendifferenzmodell führt somit zu der Hypothese, dass Investoren gegenüber dem *erwarteten* parteipolitischen Regierungsprofil responsiv sind. Die zugehörige Hypothese lautet:

Hypothese 4.2 [*Antizipierter Parteieffekt*] Das systematische Risiko sinkt, wenn die Wahl einer rechten Regierung wahrscheinlicher wird.

Sobald die Perspektive rationaler Erwartungen auch in Bezug auf politische Faktoren angewandt wird, spielt somit elektorale Unsicherheit eine Rolle. Die von Wahlen induzierte Unsicherheit impliziert auch, dass die Knappheit der Wahl für das systematische Risiko auf Finanzmärkten relevant ist (Pantzalis et al. 2000; Herron 2000; Bernard/Leblang 2006). Denn je knapper der erwartete Wahlausgang, desto schwieriger ist es für Investoren, sich ein genaues Bild über die Richtung des wirtschaftspolitischen Wandels zu machen, der mit dem Wahlergebnis verbunden ist. Somit steigt mit der Unsicherheit des Wahlausgangs auch die Unsicherheit über die Entwicklung einer Kapitalmarktinvestition. Hierauf basiert die folgende Hypothese:

Hypothese 4.3 [*Unsicherheit des Wahlausgangs*] Das systematische Investitionsrisiko steigt, wenn der Wahlausgang unsicherer wird.

4.2.3 Koalitionsverhandlungen und systematisches Risiko

In Konsensdemokratien ist die Unsicherheit über den wirtschaftspolitischen Kurs der Regierung mit Bekanntgabe des Wahlergebnisses noch nicht völlig beseitigt. Während in Mehrheitsdemokratien eine einzelne Partei das Regierungsamt übernimmt, müssen sich die Koalitionsparteien in konsensualen Systemen auf eine gemeinsame Politik, festgehalten in Form eines Koalitionsvertrages, wie auch eine Aufteilung der Ministerien einigen (Lijphart 1999; Laver/Shepsle 1997), um eine Regierung zu bilden. Die Politiken einer Koalition repräsentieren somit das Ergebnis eines Verhandlungsprozesses (Martin/Stevenson 2001; Bandyopadhyay/Chatterjee 2006). Koalitionsverhandlungen können sich über mehrere Wochen oder gar Monate hinziehen. Wie Tabelle 11 zu entnehmen ist, dauerte es zum Beispiel nach der Bundestagswahl 2002 drei Wochen, bis sich SPD und Grüne auf einen Koalitionsvertrag geeinigt hatten. Dies sind für die schnelllebigen Finanzmärkte beachtliche Zeiträume.

Tabelle 11: Koalitionsverhandlungen nach den Bundestagswahlen 1994, 1998, 2002 und 2005

Wahl	Koalitions-parteien	Bundeskanzler	Verhandlungszeit-raum	Dauer in Tagen
1994	CDU, FDP	Helmut Kohl	27.10.-11.11.1994	16
1998	SPD, Grüne	Gerhard Schröder	01.10.-20.10.1998	20
2002	SPD, Grüne	Gerhard Schröder	25.09. -15.10.2002	21
2005	CDU, SPD	Angela Merkel	18.09.-11.11.2005	24

Datenquelle: Datenhandbücher zur Geschichte des deutschen Bundestages (Schindler 1999; Feldkamp/Ströbel 2005).

Während der Verhandlungsphase ist das finale Politik-Ergebnis jedoch unsicher. Vor diesem Hintergrund argumentieren beispielsweise Bernhard/Leblang (2006), dass Koalitionsphasen mit erhöhter Unsicherheit über den wirtschaftspolitischen Kurs der Regierung verbunden sind. Auch ist nicht mit vollständiger Sicherheit vorhersagbar, welche Politiker für die Unternehmen – und damit auch für die Kapitalmärkte, an denen sie notiert sind – bedeutsame – Ministerien übernehmen werden. Dies macht es Investoren schwerer, die wirtschaftspolitischen Rahmenbedingungen abzuschätzen und verringert somit die Vorhersagbarkeit der Marktperformance. Es ergibt sich hieraus die folgende empirisch beobachtbare Implikation:

Hypothese 4.4 [*Koalitionsverhandlungseffekt*] Das systematische Risiko ist während Koalitionsverhandlungen höher als in Phasen, in denen keine Koalitionsverhandlungen stattfinden.

4.2.4 Parteikonflikt zwischen Bundestag und Bundesrat – Asymmetrische Kammermehrheiten und Politische Unsicherheit

In der Politikwissenschaft hat sich die Auffassung durchgesetzt, dass Institutionen einen wichtigen Einfluss auf Entscheidungsprozesse und Politik-Ergebnisse ausüben. Ein institutionelles Charakteristikum, das viele demokratische Systeme kennzeichnet ist die Möglichkeit von Parteikonflikt zwischen Exekutive und Legislative (*divided government*). Ursachen und Folgen dieser parteipolitischen Asymmetrie haben bereits beachtliche wissenschaftliche Aufmerksamkeit auf sich gezogen.

Das Phänomen des „divided government" ist insbesondere in der Wahlforschung eine verbreitete Erklärung für so genanntes kompensatorisches Wählen (Kedar 2007, 2005) und den „Midterm-Loss" (Kern/Hainmueller 2006; Garand/Lichtl 2000; Lohmann et al. 1997). Hierbei wird angenommen, dass Wähler in der Mitte des politischen Spektrums bewusst der Oppositionspartei ihre Stimme geben, in der Annahme, dass dies die Regierungs- und Oppositionsparteien zum Aushandeln vergleichsweise moderater (Wirtschafts-)Politiken zwingt (Fiorina 1981; Alesina/Rosenthal 1995). Allerdings zeichnen die empirischen Studien, die sich mit dem tatsächlichen Einfluss von Parteikonflikt zwischen Exekutive und Legislative beschäftigen, ein anderes Bild.

Mayhew (1991) untersucht etwa 270 Gesetze die zwischen 1947 und 1990 vom amerikanischen Kongress beschlossen wurden. Er fasst sein Ergebnis wie folgt zusammen: „On average, about as many major laws passed per Congress under divided control as under unified control" (S. 639). Allerdings könnte dieser Befund das Resultat von selektionsbedingter Verzerrung sein. Aus diesem Grund erklären Edwards et al. (1997) die Varianz in der Anzahl potentiell bedeutsamer, jedoch gescheiterter Gesetzesentwürfe mit einer Indikatorvariable, die zwischen Phasen parteipolitischen Konflikts zwischen dem US-Präsident und dem Kongress und Phasen parteipolitischen Gleichklangs differenziert. Die Ergebnisse belegen, dass die Wahrscheinlichkeit, dass ein potentiell bedeutsamer Gesetzesentwurf im Gesetzgebungsverfahren scheitert, um durchschnittlich etwa 45 Prozent steigt, wenn Präsident und Kongressmehrheit nicht derselben Partei angehören. Coleman (1999) stellt fest, dass Phasen parteipolitischen Gleichklangs in den Vereinigten Staaten mit einer wesentlich höheren Gesetzesproduktivität verbunden sind. Die Ergebnisse von Howell et al. (2000) belegen: „Periods of divided government depress the production of landmark legislation by about 30%, at least when productivity is measured on the basis of contemporaneous perceptions of important legislation" (S. 302).

Auch die polit-ökonomische Forschung hat sich den Folgen von parteipolitischem Konflikt zwischen Exekutive und Legislative gewidmet. Die Studien zeigen, dass diese Phasen eine Rolle für Handelspolitiken (Karol 2000; Lohmann/O'Halloran 1994) wie auch haushaltspolitische Entwicklungen (Alt/Lowry 1994; Poterba 1994; McCubbins 1991) spielen. Milner/Rosendorff (1997) vermuten, dass internationale Handelsabkommen eher ratifiziert werden, wenn Präsident und Parlamentsmehrheit derselben Partei angehören. Empirisch können sie nachweisen, dass die Zahl nicht-tarifärer Handelshemmnisse signifikant ansteigt, wenn zwischen Präsident und Kongressmehrheit parteipolitischer Konflikt besteht. Poterba (1994) stellt fest, dass der Abbau von Haushaltsdefiziten in den amerikanischen Bundesstaaten während Phasen von „divided government" deutlich langsamer von statten geht. Roubini/Sachs (1989) kommen zu dem Ergebnis, dass Regierungen in Phasen parteipolitischen Gleichklangs stärker und schneller auf Einkommensschocks reagieren (vgl. S. 823). In jüngeren Studie zeigt Fowler (2006), dass das Inflationsrisiko in den Vereinigten Staaten geringer ist, wenn die Partei des Präsidenten die Parlamentsmehrheit nicht kontrolliert.

Bevor der mögliche Einfluss von „divided government" auf das systematische Investitionsrisiko theoretisch diskutiert werden kann, ist zu klären, welche Bedeutung dieser Ausdruck in Bezug auf das deutsche politische System haben soll. Während im parlamentarischen Regierungssystem (Steffani 1983) Regierung und Parlamentsmehrheit eine Art Funktionseinheit bilden, also ein „divided government" im klassischen Sinne kaum auftritt, kann es in bikameralistischen Systemen zu einem Parteikonflikt in der aus zwei Kammern (Bundestag und Bundesrat) bestehenden Legislative kommen.

Im deutschen Föderalismus sind die Länderinteressen im Bundesrat repräsentiert und über diesen am Gesetzgebungsprozess des Bundes beteiligt. Die starke Position des Bundesrates bei der Gesetzgebung des Bundes ist bereits im Grundgesetz verankert und wurde vom Gesetzgeber im Laufe der Zeit weiter verstärkt.[72] Diese Politikverflechtung (Scharpf 1988) zwischen Bund und Ländern hat in Verbindung mit der Dominanz von Parteiinteressen zu einer faktischen Veto-Position des Bundesrates bei der Gesetzgebung geführt (Tsebelis 1995, 2002). Somit liegt „divided government" in der Bundesrepublik Deutschland dann vor, wenn Bundesratsmehrheit und Bundestagsmehrheit nicht von derselben Partei kontrolliert werden.[73]

---

[72] Siehe Lehmbruch (2000) für einen historischen Überblick.
[73] Das hieraus entstehende, beachtliche Blockadepotential untersuchen etwa Bräuninger/König (1999).

Ein möglicher Einwand gegen die Vorstellung, asymmetrische Kammer-mehrheiten seien wirtschaftspolitisch und deshalb auch für Aktienmärkte von Bedeutung, könnte lauten, dass der Bundesrat bei der Gesetzgebung im Bereich der Wirtschaftspolitik keine gewichtige Rolle spiele. Dabei wird insbesondere auf die Unterscheidung zwischen Einspruchs- und Zustimmungsgesetzen abge-stellt. Diese Auffassung geht jedoch an der politischen Realität vorbei. Empi-risch ist ein Großteil der wirtschaftspolitischen Gesetzgebung in Deutschland zustimmungspflichtig. In einer detaillierten Studie zeigt etwa König (2001), dass Gesetze zu wirtschaftspolitisch bedeutsamen Themenfeldern wie Arbeitslosen-unterstützung, Sozialversicherung, Industriepolitik, Arbeitnehmerrechten, Ar-beitsschutz, Arbeitszeitregelungen, Ruhestandsregelungen und Berufsausbildung die Zustimmung des Bundesrates bedurften. Somit ist davon auszugehen, dass der Bundesrat durchaus eine Veto-Position im Bereich der Wirtschaftspolitik innehat und seinen Einfluss geltend machen kann.

Welche Auswirkung hat nun parteipolitischer Konflikt zwischen Bundestag und Bundesrat auf die Vorhersagbarkeit der Wirtschaftspolitik und somit auf das systematische Kapitalmarktrisiko? Die theoretische Literatur lässt vermuten, dass asymmetrische Kammermehrheiten den Spielraum für gesetzgeberisches Handeln stark reduzieren, wenn nicht sogar vollständig eliminieren. Kontrolliert eine Partei bzw. ideologisch relativ homogene Koalitionsmehrheit beide Kam-mern, kann sie ihre Idealpolitik implementieren und auch kurzfristig auf ökono-mische Schocks reagieren, die Kapitalinvestitionen schaden. Herrscht jedoch parteipolitischer Konflikt in der Legislative (asymmetrische Kammermehrhei-ten), müssen beide Parteien sich auf eine Politik einigen. Da die Parteien unter-schiedliche Interessen vertreten, erhöhen asymmetrische Kammermehrheiten die Wahrscheinlichkeit gesetzgeberischen Stillstands („gridlock", siehe Krehbiel 1998, 1996). Ein solcher Blockadezustand verhindert erstens, dass die Regierung ihre präferierte Politik "unverwässert" durchsetzen kann. Zweitens erschweren asymmetrische Kammermehrheiten eine schnelle Reaktion der Politik, die erfor-derlich sind, um das in den Markt eines Landes investierte Kapital vor eventuell auftretenden, negativen (externen) ökonomischen Schocks zu schützen.[74] Dies führt zu der Vermutung, dass die Kontrolle beider Kammermehrheiten, also die parteipolitische Kongruenz der Mehrheiten in Bundestag und Bundesrat, den Einfluss konditioniert, den eine Regierung auf das systematische Kapitalmarktri-siko haben kann. Wenn eine rechte Partei die Regierung stellt und beide Kam-mermehrheiten kontrolliert, kann sie ihre Politiken vergleichsweise leicht umset-zen und dies stabilisiert die Erwartungen der Investoren hinsichtlich der vorteil-

---

[74] So argumentieren ebenfalls Alt/Lowry (1994), die empirisch nachweisen, dass Regierungen, deren Partei auch die Parlamentsmehrheit kontrolliert, stärker und schneller auf starke Einkommens-schwankungen reagieren (S. 823).

hafteren wirtschaftspolitischen Rahmenbedingungen für eine Kapitalinvestition. Die entsprechende Hypothese lautet:

Hypothese 4.5 [*Moderierende Kammermehrheiten*] Der Effekt einer rechten Regierung ist stärker, wenn die Regierungsmehrheit beide Kammermehrheiten kontrolliert.

4.2.5 Große Koalitionsregierungen

In konsensdemokratischen Systemen, in denen die Verhältniswahl verwendet wird, um Präferenzen der Wähler in eine parlamentarische Sitzverteilung zu transformieren, verfügt zumeist keine Partei alleine über eine Regierungsmehrheit. Dies zwingt die Parteien zur Bildung von Mehrparteienregierungen. Im Fall von parteipolitisch relativ homogenen Koalitionsregierungen können diese plausiblerweise als wirtschaftspolitisch (relativ) links oder rechts bezeichnet werden. Dies gilt ganz besonders für das bundesdeutsche, bipolare Mehrparteiensystem (Nohlen 2000: 312), das meistens ideologisch homogene Koalitionsregierungen hervorbringt.

Das Wahlergebnis führt jedoch manchmal zu einer Sitzverteilung, die Parteien zur Bildung einer großen Koalition veranlasst. Große Koalitionen kennzeichnet eine besonders ausgeprägte Interessenheterogenität, was sich unter anderem in Form von immer wieder neu zu verhandelnden Politiken äußert. Auch schüren neu aufkommende Sachthemen den Konflikt zwischen den Koalitionsparteien, die sehr unterschiedliche Auffassungen darüber haben, wie gesetzgeberisch zu reagieren ist. Selbst wenn scheinbar eine Einigung erzielt wurde, ist das Ergebnis nicht sicher vor Neuverhandlungsforderungen. Ein erklärender Faktor für dieses Phänomen ist der starke Anreiz, sich regelmäßig zu profilieren und nach der Umsetzung der eigenen Politiken zu rufen, um für die eigenen Wähler sichtbar zu bleiben. Die Folge ist eine erhöhte Instabilität von großen Koalitionsregierungen, die Martin/Stevenson (2001) auch empirisch belegen können. Für Akteure auf den Kapitalmärkten ist die Erwartungsbildung unter einer großen Koalition schwieriger, denn es ist unklarer, welche Wirtschaftspolitiken beschlossen und implementiert werden, wann dies geschieht und wie auf neue Sachthemen politisch reagiert wird. Dies erhöht die Varianz der Erwartungen, die Investoren bilden, um die Profitabilität einer Kapitalanlage beurteilen zu können. Die entsprechende Hypothese lautet:

Hypothese 4.6 [*Große Koalition*] Das systematische Kapitalmarktrisiko ist in Phasen großer Koalitionsregierungen höher als in Phasen einer ideologisch homogenen Regierung.

4.2.6 Die Rolle von politischen Einzelereignissen

Die Unsicherheit, mit der wirtschaftspolitische Maßnahmen vorhergesagt werden können, die Aktienmärkte beeinflussen, wird auch von einer ganzen Reihe von politischen Einzelereignissen beeinflusst. Solche Einzelereignisse sind zumeist Realisationen von Prozessen, deren schlussendliches Ergebnis unsicher ist. Beispielsweise kann das politische Scheitern eines Ministers zu seiner Ablösung führen. Es herrscht jedoch zunächst Unsicherheit, ob das politische Scheitern eines Ministers oder ein Skandal, in den er involviert ist, tatsächlich zu seiner Ablösung führt oder der Regierungschef es vorzieht, sich schützend vor sein Kabinettsmitglied zu stellen (Dewan/Maytt 2007). In Konsensdemokratien, die durch eine starke Verfassungsgerichtsbarkeit geprägt sind, stellt die Unsicherheit bis zur verfassungsrichterlichen Entscheidung über ein (wirtschafts-)politisch bedeutsames Gesetz eine weitere Quelle systematischen Risikos dar.

Folgt man Fama (1970), sind es unerwartete Ereignisse, die auf dem Finanzmarkt Reaktionen auslöst. Politische Ereignisse, mit denen nicht zu rechnen war, treten häufig auf. Ein exzellentes Beispiel ist die unmittelbar nach einer verlorenen Landtagswahl bekannt gegebene Entscheidung von Bundeskanzler Gerhard Schröder, im Herbst 2005 Neuwahlen auf Bundesebene anzustreben. In der empirischen Analyse wird deshalb für eine Reihe von innenpolitischen Einzelereignissen, darunter auch Entwicklungen im Zusammenhang mit der vorgezogenen Bundestagswahl 2005, zu kontrollieren sein.

4.3 Empirische Schätzung

Die abgeleiteten Hypothesen sollen im Folgenden einer empirischen Überprüfung unterzogen werden. Die Verwendung von Daten des deutschen politischen Systems und des deutschen Aktienmarktes bietet sich hierfür besonders an. Der deutsche Aktienmarkt gehört nicht nur zu den am weitesten entwickelten Kapitalmärkten der Welt. Auch was die Variation politischer Faktoren betrifft, die die empirische Überprüfung der Hypothesen erfordert, ist das deutsche politische System im Zeitraum von 1991 bis 2005 in besonderem Maße geeignet. Auf Grund seiner konsensdemokratischen, institutionellen Ausgestaltung bietet es eine breite Palette an theoretisch relevanten prä- und post-elektoralen politischen Faktoren, die potentielle Determinanten des systematischen Investitionsrisikos sind. Im untersuchten Zeitraum finden sich außerdem stabile, ideologisch klar voneinander zu unterscheidende Koalitionsregierungen sowie Phasen asymmetrischer wie auch symmetrischer Kammermehrheiten. Diese Varianz macht es möglich, die volle Bandbreite politischer Faktoren zu untersuchen.

4.3.1 Das systematische Investitionsrisiko als abhängige Variable

Wie im theoretischen Teil dieses Kapitels entwickelt, ist das systematische Risiko einer Kapitalinvestition im Land c die Standardabweichung der Rendite auf das Marktportfolio $\sigma(r_m^c)$. Sei $P_{m,t}^c$ der Kurs des Marktindex des Landes c zum Zeitpunkt t, dann ist die zugehörige stetige Marktrendite definiert als

$$r_{m,t}^c \equiv \ln P_{m,t}^c - \ln P_{m,t-1}^c, \qquad (4.9)$$

mit der Standardabweichung

$$\sigma(r_{m,t}^c) = \left[\frac{1}{T-1}\sum_{\tau=t-T}^{T}\left(r_{m,\tau}^c - r_{m,(t-T,t)}^c\right)\right]^{\frac{1}{2}}, \qquad (4.10)$$

wobei $r_{m,(t-T,t)}^c$ die durchschnittliche Marktrendite von $t-T$ bis t ist und die Länge des rollierenden Schätzfensters T üblicherweise 20 Tage umfasst. Das deutschlandspezifische Kapitalmarktrisiko ist somit die gleitende 20-Tages-Standardabweichung der Marktrendite berechnet entsprechend Gleichung 4.10. Ein möglicher Kritikpunkt ist, dass diese gleitende Volatilitätsschätzfunktion nicht immer die „wahre" Variabilität der Renditen reflektiert. Um diesen Einwand zu plausibilisieren mag man eine ansteigende (abfallende) Zeitreihe, z.B. $Z_1 = \{1,2,3,4,5\}$, konstruieren und deren Standardabweichung mit der einer anderen Zeitreihe, beispielsweise $Z_2 = \{3,2,5,1,4\}$, vergleichen. Für beide Zeitreihen ist der Mittelwert 3. Obwohl Z_2 sehr viel stärker um ihren Mittelwert fluktuiert als Z_1, sind deren Standardabweichungen identisch. Die Ursache dafür, dass die Standardabweichung die „wahre" Variabilität der Zeitreihe Z_1 nicht reflektiert, liegt an der mangelnden Konvergenz ihres Stichprobenmittels (siehe hierzu Kapitel 3 und Anhang). Diese Konvergenz ist jedoch Voraussetzung für eine konsistente Schätzung. Sowohl die Ergebnisse von Augmented Dickey-Fuller (ADF)- als auch Philips-Perron (PP)-Tests legen nahe, dass die DAX-Rendite wie auch deren Standardabweichung stationär sind und somit insbesondere das Stichprobenmittel der Rendite konvergiert. Die Ergebnisse der genannten Einheitswurzel-Tests stellt Tabelle 12 dar.

Tabelle 12: Ergebnisse der Einheitswurzeltests

Variable	ADF	PP
DAX Rendite	-18.053***	-60.646***
Inflation	-18.168***	-60.087***
Geldmarktzins	-27.399***	-124.523***
BIP pro Kopf	-18.105***	-60.090***

ADF=Augmented Dickey Fuller, PP=Philips-Perron. Hilfsregressionen für den ADF-Test enthalten Konstante und 10 Lags. Gezeigt werden t-Werte. ***, ** und * kennzeichnen statistische Signifikanz auf dem 1-, 5- und 10-Prozent-Niveau.

Die DAX-Rendite und das entsprechend Gleichung 9 geschätzte systematische Marktrisiko gibt Abbildung 11 wieder. Dabei wird deutlich, dass die gleitende Volatilitätsschätzfunktion immer dann hohe Werte annimmt, wenn der deutsche Aktienmarkt eine Phase großer Renditeschwankungen durchlebt. Sind die Renditeabweichungen hingegen im Durchschnitt gering, ist auch die geschätzte Volatilität niedrig.

4.3.2 Politische Variablen

Dieser Abschnitt stellt die politischen Variablen vor, mit deren Hilfe die Varianz des systematischen Investitionsrisikos erklärt werden soll. Die erste Variable ist die Indikatorfunktion *Rechte Regierung*. Diese nimmt den Wert eins an, wenn eine ideologisch rechte Regierung im Amt ist und wird Null, wenn eine linke Regierung amtiert (Referenzkategorie). Die Einordnung der Regierungen entsprechend dieser Kategorien bereitet keine Schwierigkeiten. Links orientierte Regierungen bestanden aus SPD und Grünen, die beide eine bezogen auf FDP und CDU linke Wirtschaftspolitik vertraten. FDP und CDU bilden somit wirtschaftspolitisch rechte Regierungen (Debus 2007; Budge et al. 2001). Eine weitere Indikatorvariable (*Große Koalition*) erfasst Phasen großer Koalitionsregierungen, in denen eine Koalition aus CDU und SPD die Regierung stellte. Um den moderierenden Einfluss asymmetrischer Kammermehrheiten theoriegetreu zu modellieren, erfasst die Indikatorvariable *Bundesrat(rechts)*, ob eine rechte, CDU-geführte oder eine linke, SPD-geführte Mehrheit den Bundesrat kontrolliert. Der Interaktionsterm zwischen *Rechte Regierung* und *Bundesrat(rechts)* modelliert somit Phasen unterschiedlicher ideologischer Regierungen und ob diese auch eine Bundesratsmehrheit kontrolliert. Sind beide Variablen 0 (1), dann handelt es sich um eine linke (rechte) Regierung, die auch in der zweiten Kammer über eine Mehrheit verfügt (symmetrische Kammermehrheiten). Nehmen die Variablen jedoch unterschiedliche Werte an, so handelt es sich um eine Periode parteipolitischen Konflikts zwischen Regierung und Bundesratsmehrheit.

Abbildung 11: DAX-Rendite und systematisches Risiko (Renditevolatilität) 1991-2005

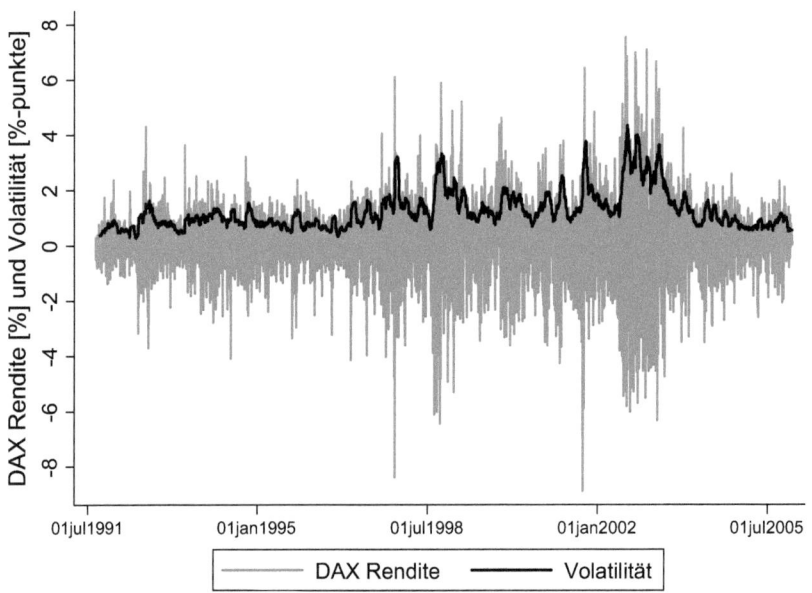

Die Hypothese zum antizipierten Parteieffekt besagt, dass auch das erwartete parteipolitische Regierungsprofil eine Rolle für das systematische Risiko spielt, weil der Aktienmarkt zukünftige Entwicklungen vorwegnimmt. Die explizite Modellierung dieser rationalen Erwartungsbildung ist eine besondere Herausforderung. In der Literatur finden sich drei unterschiedlich anspruchsvolle Herangehensweisen, um die politischen Erwartungen des Marktes zu modellieren. Brander (1991) und Jensen/Schmith (2005) verwenden schlicht die Zustimmung der Bürger zu der aktuellen Regierung, wie sie in Form von Umfragen erhoben wird. Da diese Umfragedaten nicht täglich erhoben werden, sind nur für einen Bruchteil der täglichen Renditen Beobachtungen vorhanden. Deshalb ersetzen beide

Studien die fehlenden Werte mit den Ergebnissen der zuletzt durchgeführten Umfrage. Ein solches Vorgehen ist jedoch kritikwürdig. Denn der Theorie zufolge interessieren sich Investoren nicht für die *aktuelle* Popularität der Regierung, sondern die Wahrscheinlichkeit, mit der sie die nächste – möglicherweise Monate entfernte – Wahl gewinnen wird.

Eine zweite Möglichkeit zur Modellierung rationaler Erwartungen bezüglich des parteipolitischen Regierungsprofils ist das so genannte Marktmodell (Herron 2000; Roberts 1990). Dabei werden entweder Daten von politischen Aktienmärkten, beispielsweise vom Iowa Electronic Market (Fowler 2006) oder Buchmacherwetten (Herron 2000) verwendet. Im Falle des Iowa Electronic Market können Aktien der Parteien bzw. Kandidaten gehandelt werden, wobei der zu erzielende Gewinn von der richtigen Vorhersage des Wahlsiegers abhängt. Der mit finanziellem Einsatz verbundene Handel stiftet – wie im Fall von Wetten – einen starken Anreiz, alle verfügbaren Informationen bei der Erwartungsbildung zu berücksichtigen, um den Wahlausgang so gut wie möglich vorherzusagen. Es überrascht vor diesem Hintergrund nicht, dass diese Wahlbörsen die Wahlergebnisse meist besser vorherzusagen vermögen als die Umfrageinstitute (Schaffer/Schneider 2005; Wolfers/Zitzewitz 2004; Bohm 1999). Berg et al. (2008) zeigen, dass diese „Prediction Markets" die zwischen 1988 und 2004 stattgefundenen US-Wahlen in 74 Prozent aller Fälle das Wahlergebnis besser vorhersagen als die Umfragen. Allerdings existieren solche Daten für Deutschland in dem hier untersuchten Zeitraum nicht.

Eine dritte Möglichkeit besteht in der Schätzung von Wahlwahrscheinlichkeiten auf Basis von Umfragewerten in Form des „Electoral Option Model" (Alesina et al. 1997). Diese Herangehensweise trägt der Einsicht Rechnung, dass die Antwort auf die Frage, welche Partei man am nächsten Sonntag wählen *würde*, wenn Wahlen *stattfänden*, nicht dem erwarteten Stimmenanteil dieser Partei bei der tatsächlich anstehenden nächsten Wahl entspricht. Dennoch stehen die beiden Größen plausiblerweise miteinander in Beziehung. Insbesondere ist vor dem Hintergrund der Hypothese informationseffizienter Märkte anzunehmen, dass Investoren auf Basis von Umfrageergebnissen, die ja öffentlich verfügbaren Information sind, Erwartungen bilden. Diese Erwartungen sind jedoch auch von der Entfernung bis zum Wahltag und der Varianz der Umfrageergebnissen abhängig, wie in Kapitel 3 bereits erläutert wurde. Deshalb kann auch hier die Wahlwahrscheinlichkeit einer rechten Regierung, $\Pr_t(rechts)$, erneut entsprechend Gleichung 3.8 modelliert werden. Zur Evaluierung der Hypothese zum Einfluss der Unsicherheit über den Wahlausgang (*Wahlunsicherheit*) wird Gleichung 3.9 verwendet. Diese Gleichung definiert auf dem Einheitsintervall eine inverse U-Funktion, die ihr Maximum 1 dann annimmt, wenn der Wahlausgang am unsichersten ist (d.h., mit einer Wahrscheinlichkeit von 0,5 verfügt eine rechte bzw. linke Koalition über die eine Parlamentsmehrheit).

Zur Überprüfung der Vermutung, dass Koalitionsverhandlungsphasen einen Anstieg des systematischen Kapitalmarktrisikos auslösen, nimmt die Indikatorvariable *Koalitionsverhandlung* den Wert 1 an, wenn Parteien Verhandlungen zum Zwecke der Regierungsbildung geführt haben. Tabelle 13 präsentiert beschreibende Statistiken für die wesentlichen unabhängigen Variablen.

Tabelle 13: Deskriptive Statistik

	Mittel	Stabw	Min	Max
Systematisches Risiko	1,26	0,69	0,29	4,34
Pr_t *(rechts)*	0,47	0,16	7,68e-14	0,99
Wahlunsicherheit	0,89	0,18	3,07e-13	0,99
Party (1=right-leaning)	0,51	0,50	0	1
Große Koalition	0,01	0,09	0	1
Zweite Kammer(rechts)	0,26	0,44	0	1
Koalitionsverhandlung	0,02	0,15	0	1
Inflationsrate (Δlog)	0,00	0,02	-0,29	0,25
Geldmarktzins (Δlog)	0,00	0,00	-0,04	0,05
BIP pro Kopf (Δlog)	0,00	0,01	-0,09	0,06

Eine Reihe von Ereignisindikatorvariablen ermöglicht es, die Einflüsse von innenpolitischen Ereignissen und Entwicklungen auf das systematische Investitionsrisiko bei der Schätzung zu berücksichtigen. Hierzu wurde das Auftreten von Unruhen, Streiks und rechtsradikalen Anschlägen kodiert. Auch finden mehrere unerwartete politische Ereignisse Berücksichtigung, die im Zusammenhang mit der vorgezogenen Bundestagswahl stehen. *Ankündigung Neuwahlen* zeigt an, wann Bundeskanzler Gerhard Schröder der Öffentlichkeit seine Absicht mitteilte, vorgezogene Bundestagswahlen herbeizuführen. *Ankündigung/Vertrauensfrage 2005* nimmt den Wert 1 in dem Zeitraum beginnend mit der Ankündigung bis zum beabsichtigten Scheitern der Vertrauensfrage im Bundestag am 1. Juli 2005 an. *Bundespräsident Entscheidung* erfasst den Zeitraum, in dem Bundespräsident Horst Köhler über die Auflösung des Bundestages und das Anberaumen von Neuwahlen zu entscheiden hatte. Im Zusammenhang mit dem beabsichtigten Scheitern kam es zudem zu einem Organstreitverfahren, in dem zwei Bundestagsabgeordnete sich gegen das beabsichtigte Scheitern der Vertrauensfrage wendeten. Die Variable *Organstreit* erfasst dieses Ereignis.

Eine Reihe ökonomischer und anderer Kontrollvariablen werden in die zu schätzenden Modelle aufgenommen. *Inflationsrate* und *Geldmarktzins* sowie *BIP pro Kopf* sind klassische ökonomische Kontrollvariablen (Wadhwani 1986; Schwert 1989]. Das Kapitalwertmodell legt nahe, dass ein Anstieg der Geldentwertung den Wert einer Kapitalinvestition verringert. Ein Anstieg des Geldmarktzinses erhöht die Kosten für Kredite, verteuert so die Unternehmensinvestitionen und verringert gleichzeitig die Rendite der Unternehmensaktien. Das Bruttoinlandsprodukt hilft dabei, den Einfluss von Wohlstandsänderungen zu erfassen. In den Schätzungen werden diese Variablen logarithmiert und differenziert aufgenommen, um Stationarität sicherzustellen. Alle Variablen wurden mit Augmented Dickey-Fuller und Phillips-Perron-Tests auf Stationarität hin überprüft. Diese Variablen können im übrigen auch nicht mit dem systematischen Risiko kointegriert sein. Denn eine Kointegrationsbeziehung erfordert, dass die kointegrierten Variablen integriert vom Grad 1 sind. Da die abhängige Variable jedoch $I(0)$ ist und die eben genannten unabhängigen Variablen $I(1)$, ist die Schätzung einer Kointegrationsgleichung hier nicht angebracht.

Einen Einfluss auf das systematische Investitionsrisiko besitzen vermutlich auch Naturkatastrophen (Hochwasser, Missernten, Stürme), Wechselkursschocks sowie politische Konfliktereignisse wie zum Beispiel der Ausbruch eines Krieges oder terroristische Anschläge. Die Variablen *Naturkatastrophe, Anschlag WTC93, Anschlag WTC01, Kosovo 99, Afghanistan 99, Irak 03* erfassen das Auftreten der jeweiligen Ereignisse. Man mag kritisieren, dass Kriegsausbrüche hier lediglich zu Kontrollvariablen degradiert werden, obgleich es sich bei bewaffneten Konflikten sicherlich um die extremste Manifestation von Politik handelt (Schmitt 1987 [1932]). Der Schwerpunkt dieser Untersuchung sind jedoch die – bereits recht zahlreichen – innenpolitischen Determinanten des systematischen Risikos. Darüber hinaus liegt mit der Arbeit von Schneider/Troeger (2006) bereits eine detaillierte Studie vor, die sich mit den Auswirkungen von bewaffneten Konfliktereignissen auf die Aktienmarktentwicklung befasst.

Die Ergebnisse von Autokorrelations-Tests belegen, dass die Residuen der Regressionsgleichungen nicht unabhängig voneinander sind. Zwar stellt Residuen-Autokorrelation für die Schätzung der Koeffizienten – unter der Annahme dass die gewählte Spezifikation den Datengenerierungsprozesses „richtig" modelliert – kein Problem dar. Die Standardfehler werden jedoch in jedem Fall unterschätzt. Hier bieten sich zwei Lösungsmöglichkeiten an. Die erste und weit verbreitete Alternative ist ein Feasible Generalized Least Squares-Verfahren, etwa der so genannte Prais-Winsten- oder auch der Cochrane-Orcutt-Schätzer. Die Annahme lautet dabei, dass die Abhängigkeitsstruktur in den Residuen einem autoregressiven Prozess ersten Grades folgt. Vergegenwärtigt man sich jedoch die Konstruktion der abhängigen Variable, erscheint diese Annahme sehr unplausibel. Eine zweite Möglichkeit sind Standardfehler, die widerstandsfähig gegenüber Autokorrelation und Heteroskedastizität sind (so genannte Newey-West-Standardfehler), wobei der Grad der Autokorrelation jener natürlichen Zahl gleicht, die größer gleich $N^{\frac{1}{4}}$ ist (Greene 2003: 237). Bei knapp 3.600 Beobachtungen wäre dies 8. Betrachtet man jedoch erneut, wie das systematische Risiko des deutschen Kapitalmarktes berechnet wird, nämlich als rollierende Standardabweichung der Marktrendite mit einem Fenster von 20 Tagen, ist unmittelbar einsichtig, dass hierdurch „künstlich" Autokorrelation 20ten Grades konstruiert wird. Deshalb liegt es nahe, Newey-West-Standardfehler zu verwenden, die Autokorrelation vom Grad 20 berücksichtigen.

4.4 Ergebnisse

Tabelle 14 stellt die Schätzergebnisse dar. Zunächst ein sparsames Modell (I) geschätzt, in dem die politischen und weitere Einzelereignisse nicht berücksichtigt sind. Modell II beinhaltet alle theoretisch zentralen Faktoren und Kontrollvariablen. Betrachtet man zunächst die Resultate für die prä-elektoralen Faktoren, so fällt auf, dass ein Anstieg der Wahrscheinlichkeit, dass eine wirtschaftspolitisch rechts positionierte Regierung die anstehenden Bundestagswahlen gewinnt, das systematische Kapitalmarktrisiko verringert, da der entsprechende Koeffizient signifikant negativ ist (Modelle I und II). Die Schätzung bestätigt also die Hypothese vom antizipierten Parteieffekt, derzufolge der Markt die Wirkung des parteipolitischen Regierungsprofils im Vorfeld von Wahlen antizipiert. Allerdings beeinflusst die Wahlunsicherheit das systematische Risiko nicht signifikanter Weise.

Welche Rolle spielen post-elektorale politische Faktoren für die Entwicklung des Kapitalmarktrisikos? Während Koalitionsverhandlungen herrscht – trotz Bekanntgabe des Wahlergebnisses – immer noch eine gewisse Unsicherheit über die wirtschaftspolitischen Absichten der zu bildenden Regierung und die personelle Besetzung der relevanten Ressorts. Die Ergebnisse stützen die Hypothese vom Unsicherheit induzierenden Einfluss der Koalitionsverhandlungen. Der Koeffizient der Variable Koalitionsverhandlung ist positiv und signifikant. Dies bestätigt die Vermutung, dass die sich an Bundestagswahlen anschließenden Koalitionsverhandlungen das systematische Kapitalmarktrisiko erhöhen. Die Punktschätzung legt nahe, dass das Risiko während Koalitionsverhandlungen –

ceteris paribus – um durchschnittlich 1,2 Prozentpunkte höher ist als in Phasen, in denen keine Koalitionsverhandlungen stattfinden.

Tabelle 14: Die politischen Determinanten des systematischen Investitionsrisikos

Prä-elektorale Faktoren	I	II
Pr_t(rechts)	-1,799*** (0,307)	-1,444*** (0,373)
Unsicherheit des Wahlausgangs	0,093 (0,237)	-0,125 (0,286)
Post-elektorale Faktoren		
Koalitionsverhandlung	1,201*** (0,167)	1,238*** (0,176)
Rechte Regierung	-0,753*** (0,081)	-0,746*** (0,081)
Bundesrat(rechts)	0,257 (0,175)	0,199 (0,168)
Rechte Regierung*Bundesrat(rechts)	-1,075*** (0,193)	-1,075*** (0,202)
Rechte Regierung*Inflation	-0.015 (0,651)	-2,748 (5,268)
Bundesrat(rechts)*Inflation	-0,824 (1,418)	-0,824 (1,364)
Rechte Regierung*Bundesrat(rechts)*Inflation	-0,011 (0,651)	0,099 (0,178)
Große Koalition	0,830*** (0,180)	0,868*** (0,190)
Politische Einzelereignisse		
Ankündigung Neuwahl 05		-0,039* (0,019)
Ankündigung/Vetrauensfrage 05		-0,723*** (0,135)
Vertrauensfrage 05		0,626*** (0,140)
Entscheidung Neuwahl 05		-0,623*** (0,144)
Organstreit		-0,444 (0,286)
Unruhen 92		0,004 (0,041)
Unruhen 95		0,056 (0,051)
Streik 1995		-0,016 (0,039)
Rechtsradikaler Anschlag		-0,255 (0,165)
Ökonomische Faktoren		
Inflation (Δlog)	-0,446	-0,386

137

	(0,464)	(0,416)
Geldmarktzins (Δlog)	0,428	1,082
	(1,325)	(1,338)
BIP pro Kopf (Δlog)	-4,509*	-4,505*
	(2,127)	(2,149)
Weitere Risikofaktoren		
Naturkatastrophe		0,316
		(0,333)
Anschlag WTC 93		-0,245***
		(0,058)
Anschlag WTC 01		1,056***
		(0,109)
Kosovo 99		-0,059
		(0,175)
Afghanistan 99		0,203**
		(0,069)
Irak 03		1,842***
		(0,146)
EWS 92		0,531***
		(0,044)
Konstante	2,327***	2,356***
	(0,213)	(0,220)
N	3593	3593
Korrigiertes R^2	0,31	0,36

Gezeigt werden OLS-Schätzungen mit Newey-West-Standardfehlern (robust gegen Autokorrelation vom Grad G und Heteroskedastizität) in Klammern. ***, ** und * kennzeichnen statistische Signifikanz auf dem 1-, 5- und 10-Prozent-Niveau.

Wie beeinflusst das parteipolitische Regierungsprofil die Entwicklung des systematischen Investitionsrisikos? Die Antwort auf diese Frage ist den Regressionsergebnissen nicht so ohne weiteres zu entnehmen. Der Grund sind die multiplikativen Terme in der geschätzten Gleichung, insgesamt vier an der Zahl. Der erste multiplikative Term besteht aus den Variablen Rechte Regierung und Bundesrat(rechts). Diese Interaktion ist erforderlich, um die Bedeutung symmetrischer bzw. asymmetrischer Mehrheitsverhältnisse in Bundestag und Bundesrat zu modellieren. Denn wenn die Regierungsmehrheit im Bundestag auch die Bundesratsmehrheit kontrolliert, dann steht es ihr frei, ihre Wirtschaftspolitik unverwässert zu implementieren und schnell auf mögliche ökonomische Schocks, die Kapitalinvestitionen schaden können, zu reagieren. Der zweite multiplikative Term besteht aus den Variablen Rechte Regierung und Inflation. Dieser Interaktionsterm ist erforderlich, um die theoretisch zu erwartende Abhängigkeit der (partei-)politischen Reaktion der Regierung auf Inflationsänderungen und deren Einfluss auf das systematische Risiko zu berücksichtigen. Diese beiden Interaktionsterme kreieren „stillschweigend" zwei weitere multiplikative Verknüpfungen, zwischen den involvierten Variablen: einen zweifachen Interaktionsterm zwischen Bundesrat(rechts) und Inflation sowie einen dreifachen Term bestehend aus allen drei Variablen, also Rechte Regierung, Bundesrat(rechts) und Änderung der Inflationsrate. Diese Terme sind erforderlich, um die Annahmen konstanter Effekte der beteiligten Variablen abzuschwächen (siehe hierzu Braumoeller 2004: 811), erschweren jedoch gleichzeitig die Interpretation und machen die Berechnung marginaler Effekte und zugehöriger Standardfehler komplizierter.

Um den Einfluss des parteipolitischen Regierungsprofils auf das systematische Investitionsrisiko zu ermitteln, sei die zu schätzende Gleichung unter Außerachtlassung der Konstante und anderer Einflussfaktoren betrachtet:

$$\sigma_t(r_m^c) = \beta_1 RR + \beta_2 BR + \beta_3 I + \beta_4 RR \cdot BR + \beta_5 RR \cdot I + \beta_6 BR \cdot I + \beta_7 RR \cdot BR \cdot I \, ,$$
(4.11)

wobei RR für die Variable Rechte Regierung steht, BR bedeutet Bundesrat(rechts) und I ist die Änderung der Inflationsrate. Der marginale Effekt eines wirtschaftspolitisch rechten Regierungsprofils ist folglich

$$\frac{\partial \sigma_t(r_m^c)}{\partial RR} = \beta_1 + \beta_4 BR + \beta_5 I + \beta_7 BR \cdot I \, .$$
(4.12)

Aus Gleichung 4.12 wird sofort ersichtlich, dass β_1 im Allgemeinen nicht den marginalen Effekt einer rechten Regierung wiedergibt. Vielmehr hängt dieser von zwei weiteren Variablen ab, nämlich der Kontrolle des Bundesrats und der Inflationsänderung. Da BR eine Indikatorvariable ist, die den Wert Eins annimmt, wenn die Regierungsmehrheit auch die Mehrheit der Stimmen im Bundesrat kontrolliert, erfasst Gleichung 4.12 den Einfluss, den eine rechte Regierung unter der Bedingung symmetrischer Mehrheiten und konstanter Inflation auf das systematische Investitionsrisiko ausübt. Steht eine rechte Regierung hingegen einer von der Opposition kontrollierten Bundesratsmehrheit gegenüber ($BR = 0$), dann reduziert sich Gleichung 4.12 auf:

$$\frac{\partial \sigma_t(r_m^c)}{\partial RR} = \beta_1 + \beta_5 I \, .$$
(4.13)

Gleichung 4.13 beschreibt somit den Einfluss eines parteipolitisch rechten Regierungsprofils auf das systematische Investitionsrisiko unter den Bedingungen asymmetrischer Kammermehrheiten. In beiden Fällen variiert der marginale Effekt jedoch immer noch in Abhängigkeit von Änderungen der Inflationsrate. Nur wenn die Inflationsrate konstant gehalten wird, die Änderung der Inflationsrate also Null ist ($I = 0$), wirkt sich eine rechte Regierung, die nicht die Mehrheit im Bundesrat kontrolliert ($BR = 0$), mit β_1 auf das Risiko aus. Verfügt sie auch über die Bundesratsmehrheit ($BR = 1$), dann ändert sie das Kapitalmarktrisiko bei konstanter Inflationsrate um $\beta_1 + \beta_4$.

Die Aufnahme der Interaktionsterme macht nicht nur die Berechnung und Interpretation von marginalen Effekten anspruchsvoller. Auch die Standardfehler müssen auf Basis der Varianz-Kovarianz-Matrix der Koeffizienten eigens berechnet werden. Zur Berechnung der Varianz des marginalen Parteieffekts wird die folgende Proposition verwendet:

Proposition 4.2 [Varianz des Parteieffekts] Sei Ω die Varianz-Kovarianz-Matrix der geschätzten Koeffizienten für das in 4.11 spezifizierte Modell mit den Elementen $\omega_{ij} = \mathrm{var}(\hat{\beta}_{ij})$. Die Varianz des Parteieffekts ist:

$$\vartheta_{\frac{\partial \sigma}{\partial RR}} = \omega_{11} + \omega_{44} + I^2\left(\omega_{55} + \omega_{77}\right) + 2\left[\omega_{41} + I\left(\omega_{51} + \omega_{54} + \omega_{71} + \omega_{74} + I\omega_{75}\right)\right] \quad (4.14)$$

Beweis: Siehe Anhang.

Gleichung 4.14 zeigt, dass auch der Standardfehler (als Wurzel aus 4.14) für jede Wertekombination der moderierenden Variablen (BR und I) zu berechnen ist. Für die Variable BR ist hier nur zwischen Null und Eins zu unterscheiden. Die Inflationsrate jedoch ist stetig. Um den marginalen Effekt sowie den zugehörigen Standardfehler eines rechten parteipolitischen Regierungsprofils gemäß 4.12 und der Wurzel aus 4.14 zu berechnen, wurde deshalb eine Trägermenge auf dem Intervall zwischen -0,2 und 0,2, also zwischen Minimum bzw. Maximum der beobachteten Inflationsänderung (siehe Tabelle 13), generiert. Abbildung 12 stellt die Ergebnisse dar.

Das oberste Schaubild in Abbildung 12 stellt den marginalen Effekt eines parteipolitisch rechten Regierungsprofils auf das systematische Kapitalmarktrisiko unter symmetrischen Kammermehrheiten in Abhängigkeit der Inflationsänderung dar. Hält man die Inflationsrate konstant, d.h. die Änderung der Inflation beträgt Null, reduziert eine rechte Regierung das systematische Investitionsrisiko um durchschnittlich etwa 1,5 Prozentpunkte. Die im oberen Schaubild dargestellte Regressionsgerade hat eine negative Steigung. Somit ist der risikoreduzierende Parteieffekt umso ausgeprägter, je positiver die Änderung der Inflationsrate ausfällt. Legt man einen Anstieg der Inflationsrate um 0,1 Prozent zu Grunde, bewirkt eine rechte Regierung eine Reduktion des systematischen Investitionsrisikos um knapp 2 Prozentpunkte. Dahingegen wird der Parteieffekt schwächer, wenn die Inflationsrate sinkt, d.h. die Änderung der Inflationsrate negative Werte annimmt. Das 95-Prozent-Konfidenzintervall zeigt, dass dieser Effekt für Inflationsänderungen von -0,15 bis 0,15 Prozent signifikant ist, da die Nulllinie nicht in dem Intervall liegt.

Dem mittleren Schaubild in Abbildung 12 ist zu entnehmen, dass der marginale Parteieffekt schwächer ist, wenn eine wirtschaftspolitisch rechte Bundesregierung einer von der Opposition kontrollierten Bundesratsmehrheit gegenübersteht. Hält man die Inflationsrate konstant, so reduziert ein solches parteipolitisches Regierungsprofil das systematische Investitionsrisiko um durchschnittlich einen Prozentpunkt. Wiederum fällt der Parteieffekt stärker aus, je positiver die Inflationsänderungen sind. Für stärkere Inflationsänderungen ist der Effekt jedoch nicht mehr auf dem 5-Prozent-Niveau signifikant.

Die Hypothese vom moderierenden Effekt symmetrischer Kammermehrheiten kann mit Hilfe der Schaubilder in Abbildung 12 unmittelbar überprüft werden. Dieser moderierende Effekt ist die Differenz zwischen dem marginalen Parteieffekt der im oberen Schaubild für symmetrische Kammermehrheiten dargestellt ist und dem Parteieffekt im Falle parteipolitisch asymmetrischer Mehrheiten (mittleres Schaubild). Um die Vermutung des moderierenden Effekts von asymmetrischen Kammermehrheiten auch statistisch zu überprüfen, stellt das untere Schaubild in Abbildung 12 das Signifikanzniveau der Parteieffektdifferenz dar. Für geringe Inflationsänderungen (von etwa -0,05 bis +0,05 Prozent) ist die Differenz mindestens auf dem 1-Prozent-Niveau signifikant. Im Falle stärkerer Inflationsschocks (-0,15 bis +0,15 Prozent) erreicht die Differenz des Parteieffekts immer noch mindestens ein 10-Prozent-Signifikanzniveau. Erst sehr starke Inflationsänderungen sind mit so großer Unsicherheit verbunden, dass die Differenz nicht mehr signifikant ist. Insgesamt wird die Vermutung von der moderierenden Wirkung asymmetrischer Mehrheiten für geringe Inflationsänderungen bestätigt.

Abbildung 12: Marginaler Effekt eines parteipolitisch rechten Regierungsprofils auf das systematische Kapitalmarktrisiko in Abhängigkeit von Kammermehrheiten und Änderungen der Inflationsrate (OLS, G=20)

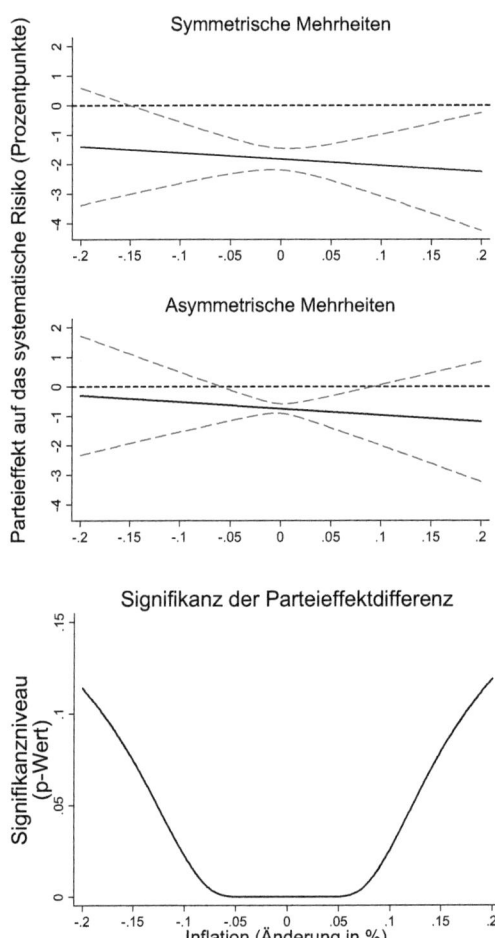

Tabelle 15: Die politischen Determinanten des systematischen Investitionsrisikos

	OLS Newey-West-SF			Robuste Regression	
	G=15	G=30	G=15	G=20	G=30
Prä-elektorale Faktoren					
Prtf(rechts)	-1,339***	-1,526***	-1,339***	-1,444***	-1,526***
	(0,349)	(0,398)	(0,179)	(0,097)	(0,092)
Unsicherheit des Wahlausgangs	-0,198	-0,038	-0,198	-0,125	-0,038
	(0,276)	(0,274)	(0,087)	(0,069)	(0,066)
Post-elektorale Faktoren					
Koalitionsverhandlung	1,279***	1,084***	1,279***	1,238***	1,084***
	(0,182)	(0,179)	(0,133)	(0,087)	(0,082)
Rechte Regierung	-0,711***	-0,752***	-0,711***	-0,746***	-0,752***
	(0,070)	(0,093)	(0,036)	(0,024)	(0,023)
Bundesrat(rechts)	0,183	0,209	0,183	0,199***	0,209
	(0,145)	(0,196)	(0,163)	(0,032)	(0,030)
Rechte Regierung*Bundesrat(rechts)	-1,102***	-0,950***	-1,102***	-1,075***	-0,950***
	(0,206)	(0,208)	(0,160)	(0,126)	(0,119)
Rechte Regierung*Inflation	0,301	0,263	0,301	-2,211	-0,263***
	(0,673)	(0,647)	(0,138)	(8,291)	(0,936)
Bundesrat(rechts)*Inflation	-0,707	-0,217	-0,707	-0,676	-0,217
	(1,341)	(1,239)	(0,438)	(1,152)	(1,902)
Rechte Regierung*Bundesrat(rechts)*Inflation	-0,590	2,266	-0,590	0,089	2,266***
	(2,072)	(2,129)	(0,705)	(0,287)	(0,053)
Große Koalition	0,865***	0,812***	0,865***	0,868***	0,812***
	(0,189)	(0,187)	(0,133)	(0,157)	(0,148)
Politische Einzelereignisse					
Ankündigung Neuwahl 05	-0,040**	0,128***	-0,040***	-0,039	0,128
	(0,014)	(0,019)	(0,005)	(0,558)	(0,528)
Ankündigung/Vertrauensfrage 05	-0,698***	-0,680***	-0,698***	-0,723***	-0,680***
	(0,123)	(0,151)	(0,134)	(0,107)	(0,101)
Vertrauensfrage 05	0,553***	0,611***	0,553***	0,626	0,611
	(0,130)	(0,154)	(0,133)	(0,578)	(0,546)
Entscheidung Neuwahl 05	-0,574***	-0,632***	-0,574***	-0,624***	-0,631***

	(1)	(2)	(3)	(4)	(5)
	(0,134)	(0,154)	(0,133)	(0,149)	(0,141)
Organstreit	-0,496	-0,341	-0,491***	-0,440***	-0,341**
	(0,289)	(0,280)	(0,121)	(0,132)	(0,124)
Unruhen 92	0,020	0,129**	0,020	0,004	0,129
	(0,037)	(0,045)	(0,035)	(0,317)	(0,300)
Unruhen 95	-0,009	0,090	-0,009	0,056	0,090**
	(0,047)	(0,056)	(0,026)	(0,317)	(0,300)
Streik 1995	-0,029	0,002	-0,029	-0,016	0,002
	(0,036)	(0,044)	(0,029)	(0,184)	(0,172)
Rechtsradikaler Anschlag	-0,253*	-0,210	0,253***	-0,255	-0,210***
	(0,103)	(0,171)	(0,046)	(0,388)	(0,055)
Ökonomische Faktoren					
Inflation (Δlog)	-0,219	-0,594	-0,219	-0,386	-0,594***
	(0,452)	(0,486)	(0,138)	(0,697)	(0,660)
Geldmarktzins (Δlog)	0,583	0,314	0,585	1,081	0,314
	(1,455)	(1,075)	(0,552)	(4,126)	(3,899)
BIP pro Kopf (Δlog)	-4,247*	-4,500*	-4,247***	-4,505*	-4,500***
	(2,206)	(2,055)	(0,666)	(1,981)	(1,879)
Weitere Faktoren					
Naturkatastrophe	0,292	0,337	0,292	0,316***	0,337
	(0,282)	(0,359)	(0,235)	(0,057)	(0,054)
Anschlag WTC 93	-0,337***	-0,265***	-0,337***	-0,245	-0,265***
	(0,053)	(0,060)	(0,046)	(0,549)	(0,519)
Anschlag WTC 01	1,280***	0,618***	1,280***	1,056***	0,618***
	(0,111)	(0,095)	(0,029)	(0,195)	(0,184)
Kosovo 99	-0,087	0,018	-0,087**	-0,059	0,018
	(0,151)	(0,171)	(0,029)	(0,080)	(0,075)
Afghanistan 99	0,348***	-0,004	0,349***	0,203	-0,004
	(0,060)	(0,080)	(0,027)	(0,388)	(0,367)
Irak 03	1,950***	1,535***	1,950***	1,842***	1,536***
	(0,128)	(0,165)	(0,150)	(0,139)	(0,131)
EWS 92	0,548***	0,407***	0,548***	0,531***	0,407***
	(0,042)	(0,050)	(0,036)	(0,154)	(0,145)
Konstante	2,307***	2,308***	2,307***	2,356***	2,308***

	(0,209)	(0,202)	(0,071)	(0,056)	(0,053)
N	3593	3583	3598	3593	3583
Korrigiertes R^2	0,36	0,38	0,33	0,36	0,27

Die Tabelle zeigt Koeffizienten mit Newey-West-Standardfehlern (robust gegen Autokorrelation vom Grad G und Heteroskedastizität) in Klammern. ***, ** und * kennzeichnen statistische Signifikanz auf dem 1-, 5- und 10-Prozent-Niveau.

Kehrt man zu den in Tabelle 14 berichteten Schätzungen zurück, so wird deutlich, dass auch innenpolitische Einzelereignisse für das systematische Investitionsrisiko von Bedeutung sind. Beispielsweise reduzierte bereits die Bekanntgabe der Absicht, vorgezogene Bundestagswahlen herbeiführen zu wollen, das systematische Investitionsrisiko. Unter anderem verringerte auch die Entscheidung von Bundespräsident Horst Köhler, diesem Wunsch der Regierung folge zu leisten und Neuwahlen anzuberaumen, die Unsicherheit auf dem Kapitalmarkt. International beachtete Ereignisse wie die Terroranschläge am 11. September 2001 oder etwa die Krise des europäischen Währungssystems im Jahre 1992 erhöhten das systematische Risiko auf dem deutschen Aktienmarkt.

Im Weiteren werden die soeben vorgestellten Schätzergebnisse einer Prüfung hinsichtlich ihrer Sensitivität unterzogen. Eine erste kritische Vermutung mag lauten, dass die Ergebnisse von der Wahl des Schätzfensters G, auf deren Basis das systematische Risiko berechnet wird, getrieben werden. Um diesem Einwand nachzugehen, wurde G auf 15 gesetzt und im Anschluss das voll spezifizierte Modell erneut geschätzt. Der den Newey-West-Standardfehlern zu Grunde gelegte Grad der Autokorrelationsstruktur wurde dementsprechend auf 15 festgelegt. Modell I in Tabelle 15 zeigt die Ergebnisse.

Die Resultate unterscheiden sich kaum von den zuerst präsentierten. Ein Anstieg der Wahrscheinlichkeit, mit der eine wirtschaftspolitisch rechte Koalition die Wahlen gewinnt, reduziert das systematische Kapitalmarktrisiko. Die Unsicherheit des Wahlausgangs hat keinen systematischen Einfluss auf das Investitionsrisiko. Auch post-elektorale politische Faktoren sind für die Entwicklung des systematischen Risikos wichtig. Koalitionsverhandlungen induzieren einen Risikoanstieg von durchschnittlich etwa 1,3 Prozentpunkten. Das Kapitalmarktrisiko steigt wie vermutet auch dann an, wenn eine große Koalition im Amt ist. Für $G=30$ wurden die Schätzungen ebenfalls erneut vorgenommen (zweites Modell in Tabelle 15). Die theoretisch relevanten Koeffizienten ändern sich nicht und auch die zugehörigen Signifikanzniveaus bleiben erhalten.

Allerdings ist noch offen, ob auch der moderierende Effekt asymmetrischer Kammermehrheiten robust bleibt. Die Abbildungen 13 und 14 beantworten diese Frage. Sowohl für $G=15$ wie auch für $G=30$ bleiben die Ergebnisse im Wesentlichen unverändert. Der Parteieffekt unter symmetrischen und asymmetrischen Kammermehrheiten ist für geringe bis moderate Änderungen der Inflationsrate signifikant voneinander verschieden.

Ein weiterer Einwand mag lauten, dass die Ergebnisse von Ausreißern, also extremen Ausprägungskombinationen einzelner Beobachtungen, verzerrt sein könnten. Um diesem Kritikpunkt nachzugehen, wurde das voll spezifizierte Modell erneut mittels einer robusten Regression geschätzt und zwar jeweils für $G=15$, $G=20$ und $G=30$. Dieses Verfahren reduziert den Einfluss einzelner, einflussreicher Beobachtungen und verhindert so, dass Ausreißer die Ergebnisse beeinflussen. Die Resultate gibt Tabelle 15 wieder. Die Koeffizienten bleiben weitgehend unverändert. Um die Hypothese vom moderierenden Einfluss asymmetrischer Mehrheiten in Bundesrat und Bundestag sowie die Rolle von Inflationsänderungen evaluieren zu können, stellt Abbildung 15 wiederum den marginalen Parteieffekt in Abhängigkeit von diesen beiden Faktoren dar.[75] Die Parteieffektdifferenz erreicht nun sogar deutlich höhere Signifikanzniveaus.

---

[75] Auch für $G=15$ und $G=30$ wurden diese Schaubilder erstellt und die Signifikanz der Parteieffektdifferenz berechnet. Die Abbildungen sind im Anhang enthalten (Abbildung A 4.1 und A 4.2).

Abbildung 13: Marginaler Effekt eines parteipolitisch rechten Regierungsprofils auf das systematische Kapitalmarktrisiko in Abhängigkeit von Kammermehrheiten und Änderungen der Inflationsrate (OLS, G=15)

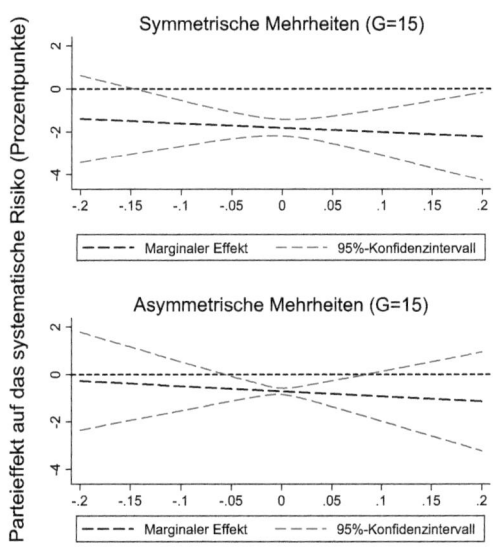

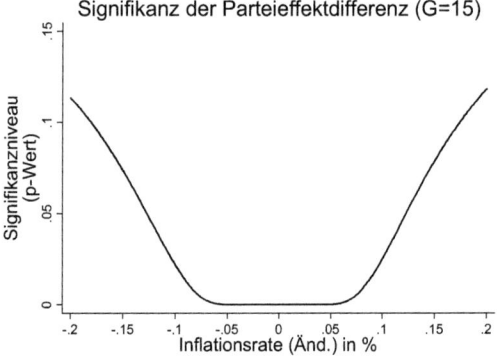

Abbildung 14: Marginaler Effekt eines parteipolitisch rechten Regierungsprofils auf das systematische Kapitalmarktrisiko in Abhängigkeit von Kammermehrheiten und Änderungen der Inflationsrate (OLS, G=30)

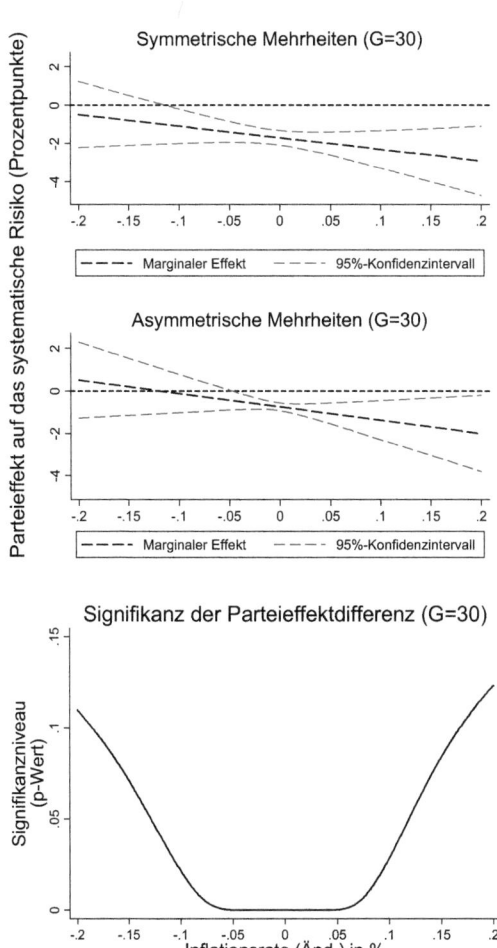

Abbildung 15: Marginaler Effekt eines parteipolitisch rechten Regierungsprofils auf das systematische Kapitalmarktrisiko in Abhängigkeit von Kammermehrheiten und Änderungen der Inflationsrate (Robuste Regression, G=20)

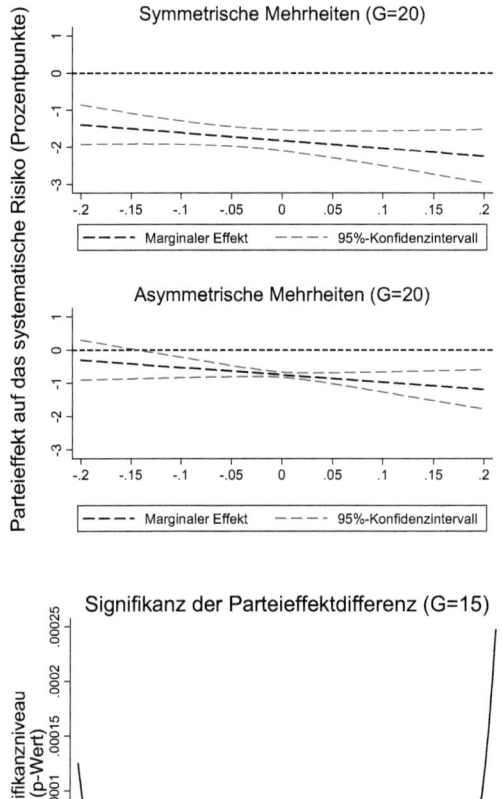

4.5 Fazit

Das systematische Kapitalmarktrisiko ist für Investoren eine wichtige Größe, wenn es darum geht, Kapital möglichst gewinnbringend anzulegen. Das Verhalten von Investoren wiederum beeinflusst die wirtschaftliche Entwicklung eines Landes und ist somit für Staaten und ihre Bürger von entscheidender Bedeutung. In diesem Kapitel wird die Auffassung vertreten, dass die Vorhersagbarkeit von Politik eine Rolle für Investoren spielt, da diese wissen wollen, mit welcher Unsicherheit eine Investition in den Kapitalmarkt eines Landes verbunden ist. Argumentiert wird, dass mehrere politische Faktoren die Vorhersagbarkeit von Wirtschaftspolitik und folglich die Entwicklung des systematischen Investitionsrisikos beeinflussen. Wohl am offensichtlichsten ist die Hypothese, dass die wirtschaftspolitische Ausrichtung der Regierung für die Vorhersagbarkeit von wirtschaftspolitischen Entwicklungen bedeutsam ist. Die Befunde stützen die Vermutung, dass wirtschaftspolitisch rechts (links) positionierte Regierungen das systematische Kapitalmarktrisiko verringern (erhöhen). Allerdings ist dieser Zusammenhang weiter zu qualifizieren.

Die Vorhersagbarkeit der Wirtschaftspolitik und der Handlungsspielraum, mit dem politisch auf unerwartete Ereignisse reagieren kann, hängen auch davon ab, ob eine Regierung über die Mehrheit der Stimmen im Bundesrat verfügt. Zwar existieren wertvolle Studien zum Einfluss von parteipolitisch gegensätzlichen Mehrheiten in Bundesrat und Bundestag auf die Gesetzgebung (Bräuninger/König 1999; Lehmbruch 2000; Manow/Burkhart 2007; Burkhart/Manow 2006). Der parteipolitischen Instrumentalisierung dieses institutionellen Rahmens in ihrer Bedeutung für ökonomische Variablen wurde in der deutschen Politikwissenschaft leider bislang keine Aufmerksamkeit entgegengebracht. Dieses Kapitel zeigt theoretisch und empirisch, dass der Parteieffekt von symmetrischen Kammermehrheiten moderiert wird. Kontrolliert die Regierungsmehrheit auch die Stimmenmehrheit im Bundesrat, ist die eigene Politik ohne Blockadegefahr durchsetzbar und auch auf ökonomische Schocks kann schnell und zuverlässig reagiert werden. Dies verstärkt den risikoreduzierenden Effekt einer rechten Regierung auf das systematische Kapitalmarktrisiko.

Finanzmärkte handeln Erwartungen. Es erscheint also nur konsequent, dass auch das erwartete parteipolitische Regierungsprofil die Entwicklung des systematisches Investitionsrisikos beeinflusst, wenn auch die aktuelle Parteizugehörigkeit der Regierung eine Rolle für das Kapitalmarktrisiko spielt. Der Markt nimmt dabei den beruhigenden Effekt einer rechten Regierung vorweg: Bereits ein Anstieg der Wahlchancen einer rechten Koalitionsregierung reduziert das systematische Investitionsrisiko. In einer Konsensdemokratie tritt mit Koalitionsverhandlungen, die der Bekanntgabe des Wahlergebnisses folgen, eine weitere Quelle wirtschaftspolitischer Unsicherheit auf. Die Ergebnisse belegen, dass das systematische Kapitalmarktrisiko während dieser Verhandlungen zum Zwecke einer Regierungsbildung ansteigt. Auch große Koalitionsregierungen erhöhen die Unsicherheit über die zukünftige Entwicklung einer Investition in den deutschen Kapitalmarkt.

Da die Studien von Fowler (2006) und Pantzalis et al. (2000) der Untersuchung dieses Kapitels am ähnlichsten sind, scheinen einige vergleichende Bemerkungen angebracht. Die Ergebnisse für Deutschland decken sich insofern mit denen, die Fowler (2006) für die Vereinigten Staaten vorlegt, als bereits die Erwartung einer ideologisch linken Wirtschaftspolitik zu einem Anstieg der Unsicherheit führt. Allerdings bezieht sich diese Feststellung im Falle der Untersuchung von Fowler (2006) auf das Inflationsrisiko, während dieses Kapitel die Determinanten des Investitionsrisikos untersucht hat. Allerdings besteht zwischen den Ergebnisse ein deutlicher Unterschied mit Blick auf die Bedeutung der erwarteten Knappheit des Wahlausgangs. Während diese in den Vereinigten Staaten das Inflationsrisiko erhöht, ist für Deutschland kein Effekt auf das systematische Kapitalmarktrisiko auszumachen. In diesem Zusammenhang ist auch die Studie von Pantzalis et al. (2000) beachtenswert, die die Risikoprämie im Vorfeld von Wahlen in 33 Ländern im Zeitraum von 1974 bis 1995 vergleichend untersucht. Der Befund widerspricht dem dieses Kapitels, da die Studie höhere Aktienrenditen vor Wahlen feststellt, die als Reflektion von Wahlunsicherheit gedeutet wird. Die hier vorgelegte, auf Deutschland bezogene Untersuchung kommt jedoch zu dem Ergebnis, dass es nicht die Knappheit des Wahlausgangs, sondern das vor Wahlen erwartete parteipolitische Regierungsprofil ist, das einen Einfluss auf das systematische Risiko des deutschen Kapitalmarktes ausübt. Diese Diskrepanz der Resultate mag als Ausdruck der Fallheterogenität gedeutet werden, die groß angelegte Ländervergleiche plagt.

Die Befunde der hier vorgelegten Untersuchung provozieren weitere Fragen, derer sich die politikwissenschaftliche und polit-ökonomische Forschung annehmen kann. Eine erste Frage betrifft die Annahme, dass die Wirtschaftspolitik rechter Parteien besser vorhersagbar ist als die linker Parteien. Zu ihrer Beantwortung bietet sich eine Untersuchung der Varianz von Parteipolitiken an. Wenn die wirtschaftspolitische Varianz rechter Parteien geringer ist als die linker Parteien, wäre dies eine wertvolle Bestätigung einer in dieser Arbeit getroffenen Annahme, die lediglich theoretisch plausibilisiert wurde. Eine zweite Frage ergibt sich aus der Differenz zwischen den hier vorgestellten Ergebnissen und denen anderer Studien, die sich mit dem Einfluss von Politik auf die Entwicklung von Anleihe-, Aktien- und Währungsmärkten beschäftigt haben (Bernhard/Leblang 2006; Pierdzioch/Döpke 2006; Herron 2000; Roberts 1990). Zunächst mag man die unterschiedlichen Ergebnisse schlicht damit erklären, dass den Untersuchungen eine andere abhängige Variable zu Grunde lag. Während dieses Kapitel die politischen Determinanten des systematischen Kapitalmarktrisikos untersucht, versuchten die genannten Studien die Entwicklung von Anleihe- bzw. Aktienrenditen und Wechselkursen zu erklären. Auf den zweiten Blick erscheint es jedoch plausibel, dass die zahlreichen politischen Determinanten des systematischen Risikos auch diese Variablen beeinflussen. Da andere Studien jedoch lediglich eine kleine Teilmenge der potentiellen politischen Einflussfaktoren berücksichtigt haben, könnten die dort gemachten Befunde auf eine unzutreffende Modellierung des Datengenerierungsprozesses zurückzuführen sein. Dieser Vermutung nachzugehen ist ebenfalls eine mögliche Zielsetzung weiterer Forschungsanstrengungen. Schließlich stellt sich die Frage nach der Generalisierbarkeit der empirischen Befunde, die ja auf Daten aus Deutschland beruhen. Hier verspricht international vergleichende Forschung wertvolle Einsichten.

Insgesamt ist zu konstatieren, dass eine ganze Reihe politischer Faktoren für das systematische Investitionsrisiko eine Rolle spielt. Viele dieser Faktoren existieren in mehrheitsdemokratischen Systemen nicht. Eine wesentliche Botschaft dieses Kapitels lautet deshalb, dass es sich lohnt, wenn die politische Ökonomie von Finanzmärkten ihren momentan noch stark auf die Vereinigten Staaten verengten Blick auch auf andere politische Systeme richtet, um mehr über den Einfluss von Politik auf Finanzmärkte zu lernen.

5 Zusammenfassung und Ausblick

„Politische Börsen haben kurze Beine" lautet ein klassisches Investorensprichwort. Wie kurz (oder auch lang) diese Beine nun aber tatsächlich sind, wurde in dieser Arbeit systematisch für Deutschland untersucht. Wie der Literaturüberblick in Kapitel 2 deutlich macht, nimmt die vorgelegte Untersuchung dabei erstmalig die rationale Erwartungsbildung mit Bezug auf den Zusammenhang zwischen (Partei-)Politik und Aktienmarkt in Deutschland theoretisch und empirisch ernst. Ausgehend vom klassischen Parteiendifferenzmodell wurden in den empirischen Kapiteln beobachtbare Implikationen für die Entwicklung von verschiedenen Wirtschaftssektoren wie auch das systematische Kapitalmarktrisiko abgeleitet und diese Hypothesen einer empirischen Überprüfung zugeführt. Hiermit ergänzt die vorliegende Arbeit nicht nur den Wissensstand im Bereich der politischen Ökonomie von Aktienmärkten, sondern in ihrer Relevanz für Fragen nach der Bedeutung von Parteien in demokratischen Systemen im Zeitalter globalisierter Märkte auch den der Parteien- sowie der Demokratieforschung. Denn von allen Komponenten einer marktlichen Wirtschaftsordnung ist es wohl gerade der Aktienmarkt, der sich durch hohe Kapitalmobilität auszeichnet. Hier fällt es den Akteuren besonders leicht, sich den unliebsamen Restriktionen zu entziehen, die Politik den Unternehmen und somit auch deren Kapitaleignern, den Aktieninvestoren, auferlegt. Spielt unter diesen Bedingungen Politik – das erwartete parteipolitische Regierungsprofil, Wahlen, institutionellen Konfigurationen wie asymmetrische Kammermehrheiten – überhaupt noch eine Rolle für die Entwicklung der Börse und die dort notierten Unternehmen? Oder ist angesichts der „entgrenzten Ökonomie" die Politik inzwischen bedeutungslos geworden?

5.1 Politik und Aktienmarkt in Deutschland: Zusammenfassung der Ergebnisse

Die Resultate der empirischen Kapitel zeigen, dass die skeptischen Töne von der Bedeutungslosigkeit der Politik verfrüht erklingen. Die Untersuchung der Parteieffekte auf Wirtschaftssektoren in Kapitel 3 fußt auf der Überlegung, dass Inves-

154

toren auf Aktienmärkten zukünftige Ereignisse, die ihre Dividenden beeinflussen, antizipieren und deshalb Renditereaktionen auf politische Information erwartete Umverteilungswirkungen widerspiegeln. Auf dem Aktienmarkt sollten deshalb die unterschiedlich ausfallenden, parteipolitisch induzierten Renditen verschiedener Wirtschaftssektoren zum Teil bereits vor der Wahl vorweggenommen werden. Die Resultate bestätigen, dass antizipierte Parteieffekte existieren und über verschiedene Industrien hinweg sehr unterschiedlich ausfallen. Dies zeigt, dass die erwartete Parteizugehörigkeit der Regierung das Wohlergehen einzelner Wirtschaftssektoren beeinflusst.

Diese Befunde reflektieren nicht nur monetär „handfeste" Konsequenzen für die Wirtschaft und die dort tätigen Unternehmen wie auch jenen, zunehmenden Teil der Bevölkerung, der mittelbar oder unmittelbar in Aktien investiert. Ein Anstieg der erwarteten Profitabilität einer Branche auf Grund gestiegener Chancen branchenfreundlicher Politik macht es für Unternehmen dieses Sektors leichter, neues Kapital aufzunehmen und damit ihre Produktionsstätten zu erweitern, die Beschäftigtenzahl zu erhöhen und auf andere Märkte zu expandieren. Umgekehrt sind die Folgen einer parteipolitisch unvorteilhaften Entwicklung eben nicht nur für Aktieninvestoren unmittelbar spürbar, sondern eben auch für die Beschäftigungs- und Karriereperspektive aller Menschen relevant, die in der betroffenen Branche arbeiten oder zu arbeiten beabsichtigen. Sektorspezifische Aktienmarktreaktionen auf die erwartete Parteizugehörigkeit der Regierung stehen somit nicht nur für Gewinne oder Verluste von einigen wenigen kapitalstarken Investoren, die ihr Kapital über den Aktienmarkt in einen Industriezweig eingebracht haben. Solche Aktienmarkteffekte haben handfeste und ganz erhebliche Auswirkungen für die in dieser Branche agierenden Unternehmen sowie die dort beschäftigten Menschen und ihre wirtschaftliche Situation.

Die Implikationen dieses Befundes sind beachtlich. Denn die politökonomische Forschung beschäftigt sich bis dato im Schwerpunkt immer noch mit Parteieffekten auf makroökonomische Schlüsselvariablen wie Inflation oder Wachstum und in der so genannten (vergleichenden) Wohlfahrtsstaatsforschung gilt dem Einfluss von Parteipolitik auf die Sozialausgaben sowie andere Haushaltsposten immer noch die größte wissenschaftliche Aufmerksamkeit. All diese Anstrengungen erfassen jedoch lediglich extrem aggregierte Parteieffekte. Die in Kapitel 3 präsentierten Ergebnisse legen jedoch erstens nahe, dass wirtschaftliche Parteieffekte viel nuancierter – nämlich für Wirtschaftssektoren – sehr unterschiedlich ausfallen. Studien, die sich also etwa auf die polit-ökonomische Analyse von Sozialausgaben, Verschuldungsmaßen oder auch Steuersätzen konzentrieren, erfassen somit nur eine sehr grobe Variante (partei-)politischer Effekte. Zweitens zeigen die Resultate, dass Parteieffekte antizipiert werden, ein Phänomen, von dessen Existenz auch im Falle der Einflüsse von Politik auf makroökonomische Größen auszugehen ist (Lucas 1976). Wäre dies zutreffend, entginge jenen Forschungsanstrengungen, die die rationale Erwartungsbildung hinsichtlich politischer Faktoren nicht expliziert modellieren, möglicherweise ein beachtlicher Teil (partei-)politischer Einflüsse auf die Wirtschaft.

Kapitel 4 widmete sich den politischen Determinanten des systematischen Kapitalmarktrisikos, das für Investoren eine wichtige Größe bei der Entscheidung für oder gegen die Investition in den Kapitalmarkt eines Landes ist. Die Befunde stützen die Vermutung, dass wirtschaftspolitisch rechts (links) positionierte Regierungen das systematische Kapitalmarktrisiko verringern (erhöhen). Die Vorhersagbarkeit der Wirtschaftspolitik und der Handlungsspielraum, mit dem politisch auf unerwartete Ereignisse reagieren kann, ist aber im deutschen Föderalismus auch davon abhängig, ob die Bundesregierung über die Stimmenmehrheit in Bundestag *und* Bundesrat verfügt. Die Ergebnisse belegen, dass der so genannte Parteieffekt in der Tat von der Existenz symmetrischer Kammermehrheiten moderiert wird. Dieser Befund bestätigt die Vermutung, dass eine Regierungsmehrheit ihre Politik ohne Blockadegefahr durchsetzen und auf ökonomische Schocks schneller und zuverlässiger reagieren kann, wenn sie auch über die Stimmenmehrheit im Bundesrat verfügt. Wie im Fall der sektorspezifischen Parteieffekte zeigt sich ebenfalls für die Untersuchung der politischen Determinanten des systematischen Investitionsrisikos, dass auch das erwartete parteipolitische Regierungsprofil dessen Entwicklung beeinflusst. Darüber hinaus belegen die Resultate, dass Investoren während Koalitionsverhandlungen unter einem Anstieg des deutschen Kapitalmarktrisikos zu leiden haben.

5.2 Vergleichende politische Ökonomie von Aktienmärkten – ein erster Forschungsausblick

Wie vermutlich jede (empirische) wissenschaftliche Untersuchung, bringt auch diese Arbeit neue Forschungsfragen hervor – vermutlich sogar mehr als sie selbst beantworten konnte. Einige dieser Fragen und die sich hieraus für weitere Forschung ergebenden Aufgaben sollen im Folgenden festgehalten werden.

5.2.1 *Wahlknappheit, elektorale Unsicherheit und die Volatilität von Aktienrenditen*

Ein erster Ausgangspunkt für weitere Forschung ist der volatilitätsreduzierende Effekt der Wahlknappheit. Eine Vermutung lautet, dass dieses Ergebnis, das zudem denen von Leblang/Mukherjee (2005) für die Vereinigten Staaten widerspricht, auf unterschiedliche politisch-institutionelle Rahmenbedingungen zurückzuführen sein könnte. Denn der bislang für die Vereinigten Staaten vertretenen Argumentation liegt implizit die Funktionslogik eines Zwei-Parteiensystems zu Grunde, die davon ausgeht, dass selbst ein knapper Wahlausgang eine Ein-Parteien-Regierung und somit eine „unverwässerte" Regierungspolitik hervorbringt. Ob diese Überlegungen in eine Konsensdemokratie wie Deutschland mit seinem (wenn auch bipolaren) Mehrparteiensystem übertragen werden können, mag durchaus hinterfragt werden.

Man könnte etwa argumentieren, dass in einem Mehrparteiensystem ein knapper Wahlausgang eine hohe Wahrscheinlichkeit für eine Koalitionsregierung zwischen ideologisch heterogenen Parteien in Form einer großen Koalition signalisiert. Dies war beispielsweise bei der Bundestagswahl 2005 der Fall. Weil nun in einer großen Koalition Parteien mit sehr unterschiedlichen inhaltlichen Politikidealen die Regierungspolitik aushandeln, müsste die ausgehandelte Politik – ein Pareto-effizientes Verhandlungsergebnis vorausgesetzt – moderater sein als die Politik einer ideologisch homogenen Regierung. Eine Folge wäre wohl, dass die Wahrscheinlichkeit bedeutsamer Politik-Änderungen und somit auch der Spielraum für sektorspezifische Umverteilung damit abnähmen. Diese ersten Überlegungen weiter zu entwickeln und die Abhängigkeit des Einflusses der erwarteten Wahlknappheit vom institutionellen Kontext empirisch vergleichend zu untersuchen, sei weiterer Forschung überlassen.

5.2.2 Parteipolitische und institutionelle Ursachen des systematischen Investitionsrisikos

In der Untersuchung zu den politischen Determinanten des systematischen Kapitalmarktrisikos wurde argumentiert, dass die Wirtschaftspolitik rechter Parteien besser vorhersagbar ist als die linker Parteien. Die Befunde stützen diese Argumentation zwar, allerdings sind die Ursachen dieser besseren Vorhersagbarkeit bislang noch nicht explizit untersucht worden. Hier bietet sich eine Studie der Varianz von Parteipolitiken als einem möglichen Auslöser für den festestellten, das Kapitalmarktrisiko beeinflussenden Parteieffekt an. Sofern sich die Politiken von ideologisch verschiedenen Parteien in der Tat unterschiedlich stark verändern, ergibt sich natürlich als Anschlussfrage jene nach den Ursachen für diese Varianz, der sich die (vergleichende) Parteienforschung annehmen kann.

Wie die Resultate zeigen, sind die politischen Determinanten des Kapitalmarktrisikos überaus zahlreich. Das parteipolitische Regierungsprofil, elektorale Erwartungen, Koalitionsbildungsphasen, institutionelle Konfigurationen wie asymmetrische Kammermehrheiten und Interaktionen zwischen diesen Faktoren spielen eine Rolle. Die meisten dieser Einflussfaktoren wurden bislang in den Studien zur politischen Ökonomie von Aktienmärkten, ebenso wie zum Einfluss von Politik auf die Entwicklung von Finanzmärkten allgemein (Anleihemärkte, Rohstoffmärkte, Währungsmärkten,...), kaum oder überhaupt nicht berücksichtigt. Zu vermuten ist jedoch, dass auch diese Märkte von ähnlichen, vielleicht sogar denselben politischen Faktoren getrieben werden. Hiermit tut sich ein weites Feld für zukünftige Forschungsanstrengungen auf, die Aufschluss über den Zusammenhang zwischen Politik, politischen Institutionen und Finanzmärkten versprechen.

6 Literaturverzeichnis

Abadie, Alberto/Gardeazabal, Javier (2003): The Economic Costs of Conflict: A Case Study of the Basque Country, in: American Economic Review 93 (1): 113-132.

Adams, James/Merrill, Samuel III (2006): Why Small, Centrist Third Parties Motivate Policy Divergence by Major Parties, in: American Journal of Political Science 100 (3): 403-417.

Adams, James/Clark, Michael/Ezrow, Lawrence/Glasgow, Garrett (2004): Understanding Change and Stability in Party Ideologies: Do Parties Respond to Public Opinion or to Past Election Results?, in: British Journal of Political Science Vol. 34 (4): 589-610.

Adams, James (2001): A Theory of Spatial Competition with Biased Voters: Party Policies Viewed Temporally and Comparatively, in: British Journal of Political Science 31 (1): 121–158.

Adserà, Alícia/Boix, Carles/Payne, Mark (2003): Are You Being Served? Political Accountability and Quality of Government, in: Journal of Law, Economics, and Organization 19 (2): 445-490.

Alesina, Alberto (1987): Macroeconomic Policy in a Two-Party-System as a Repeated Game, in: Quarterly Journal of Economics 102 (3): 651-678.

Alesina, Alberto/Rosenthal, Howard (1996): A Theory of Divided Government, in: Econometrica 64 (6): 1311-1341.

Alesina, Alberto/Summers, Lawrence H. (1993): Central Bank Independence and Macroeconomic Performance: Some Comparative Evidence, in: Journal of Money, Credit and Banking 25 (2): 151-162.

Alesina, Alberto/Sachs, Jeffrey (1988): Political Parties and the Political Business Cycle in the United States, 1948-1984, in: Journal of Money, Credit, and Banking 20 (1): 63-82.

Alesina, Alberto/Roubini, Nouriel/Cohen, Gerald (1997): Political Cycles and the Macroeconomy. Cambridge, Mass.: MIT Press.

Alexander, Carol (2004): Market Models: A Guide to Financial Data Analysis. New York: Wiley.

Allan, James P. /Scruggs, Lyle (2004): Political Partisanship and Welfare State Reform in Advanced Industrial Societies, in: American Journal of Political Science 48 (3): 496-512.

Allvine, Fred C./O'Neill, Daniel E (1980): Stock Market Returns and the Presidential Election Cycle, in: Financial Analysts Journal 36 (5): 49-56.

Alt, James E./Lowry, Robert C. (1994): Divided Government, Fiscal Institutions, and Budget Deficits – Evidence from the States, in: American Political Science Review 88 (4): 811-828.

Anderson, Torben G. (1996): Return Volatility and Trading Volume: An Information Flow Interpretation of Stochastic Volatility, in: Journal of Finance 51 (1): 169-204.

Ansolabehere, Stephen/Figueiredo, John M. de/Snyder, James M. (2003): Why Is There so Little Money in U.S. Politics?, in: Journal of Economic Perspectives 17 (1): 105-130.

Austen-Smith, David (1995): Campaign Contributions and Access, in: American Political Science Review 89 (3): 566-581.

Austen-Smith, David (1994): Strategic Transmission of Costly Information, in: Econometrica 62 (4): 955-963.

Bachman, Daniel (1992): The Effect of Political Risk on the Forward Exchange Rate Bias: The Case of Elections, in: Journal of International Money and Finance 11 (2): 208-219.

Baldwin, Richard/Magee, Christopher S. (2000): Is Trade Policy for Sale? Congressional Vorint on Recent Trade Bills, in: Public Choice 105 (1-2): 79-101.

Bandyopadhyay, Siddhartha/Chatterjee, Kalyan (2006): Coalition Theory and its Applications: A Survey, in: Economic Journal 116 (2) 136-155.

Banz, Rolf W. (1981): The Relationship Between Return and Market Value of Common Stocks, in: Journal of Finance 9 (1): 3-18.

Barberis, Nicholas/Shleifer, Andrei/Vishny, Robert W. (2005): A Model of Investor Sentiment, in: Thaler, Richard H. (Hrsg.): Advances in Behavioral Finance II. Princeton: Princeton University Press: 423-459.

Baron, David P. (1989): Service-Induced Campaign Contributions and the Electoral Equilibrium, in: Quarterly Journal of Economics 104 (1): 45-72.

Baron, David P./Diermeier, Daniel (2001): Elections, Governments, and Parliaments in Proportional Representation Systems, in: Quarterly Journal of Economics 116 (3): 933-967.

Beck, Nathaniel (1983): Time-Varying Parameter Regression Models, in: American Journal of Political Science 27 (3): 557-600.

Beisheim, Marianne/Walter, Gregor (1997): „Globalisierung" – Kinderkrankheiten eines Konzeptes, in: Zeitschrift für Internationale Beziehungen 4 (1): 153-181.

Benoit, Kenneth/Laver, Michael Laver (2006): Party Policy in Modern Democracies. London: Routledge.

Bernauer, Thomas/Koubi, Vally (2006): On the Interconnectedness of Regulatory Policy and Markets: Lessons from Banking, in: British Journal of Political Science 36 (3): 509-525.

Bernhard, William/Leblang, David (2006): Democratic Processes and Financial Markets: Pricing Politics. Cambridge: Cambridge University Press.

Binder, John J. (1985): Measuring the Effects of Regulation with Stock Price Data, in: Rand Journal of Economics 16 (2): 167-183.

Birch, Anthony H. (1971): Representation. London: Pall Mall.

Black, Fischer (1976): Studies in Stock Price Volatility Changes, Proceedings of the 1976 Meeting of the Business and Economic Statistics Section, American Statistical Association: 177-181.

Blais, Andre/Blake, Donald/Dion, Stephane (1993): Do Parties Make a Difference? Parties and the Size of Government in Liberal Democracies, in: American Journal of Political Science 37 (1): 40-62.

Boardman, Anthony/Vertinsky, Ilan/Whistler, Diana (1997): Using information diffusion models to estimate the impacts of regulatory events on publicly traded firms, in: Journal of Public Economics 63 (2): 283-300.

Böhret, Carl (1997): Gesetzesfolgenabschätzung (GFA): Einordnung, Absichten, Methodik. Speyer: Hochschule für Verwaltungswissenschaften.

Bohl, Martin T./Gottschalk, Katrin (2005): Steht der deutsche Aktienmarkt unter politischem Einfluss?, in: Finanzbetrieb 7-8: 517-523.

Bohm, Peter (1999): Political Stock Markets and Unreliable Polls, in: Scandinavian Journal of Economics 101 (2): 205-222.

Boix, Carles/Adserà, Alicia (2002): Trade, Democracy, and the Size of the Public Sector: The Political Underpinnings of Openness, in: International Organization 56 (2): 229-262.

Boix, Carles (2001): Democracy, Development, and the Public Sector, in: American Journal of Political Science 45 (1): 1-17.

Bollerslev, Tim (1986): Generalized Autoregressive Conditional Heteroskedasticity, in: Journal of Econometrics 31 (3): 307-27.

Bollerslev, Tim/Jubinski, Dan (1999): Equity Trading Volume and Volatility: Latent Information Arrivals and Common Long-Run Dependencies, in: Journal of Business and Economic Statistics 17 (1): 9-21.

Bollerslev, Tim/Wooldridge, Jeffrey M. (1992): Quasi-Maximum Likelihood Estimation and Inference in Dynamic Models with Time-Varying Covariances, in: Econometric Reviews 11 (2): 143-172.

Bollerslev, Tim/Engle, Robert F./Wooldridge, Jeffrey M. (1988). A Capital Asset Pricing Model with Time-Varying Covariances, in: Journal of Political Economy 96 (1): 116-131.

Booth, James R./Booth, Lena C. (2003): Is Presidential Cycle in Security Returns Merely a Reflection of Business Conditions?, in: Review of Financial Economics 12 (2): 131-159.

Born, Richard (1994): Split-Ticket Voters, Divided Government, and Fiorina's Policy-Balancing Model, in: Legislative Studies Quarterly 19 (1): 95-115.

Boudoukh, Jacob/Richardson, Matthew/YuQing, Shen/Whitelaw, Robert F. (2007): Do asset prices reflect fundamentals? Freshly squeezed evidence from the OJ market, in: Journal of Financial Economics 83 (2): 397-412.

Bräunlein, Tobias (2004): Integration der Gesetzesfolgenabschätzung ins Politisch-Administrative System der Bundesrepublik Deutschland. Frankfurt a. M.: Lang.

Bräuninger, Thomas (2005): A Partisan Model of Government Expenditure, in: Public Choice 125 (3-4): 409-429.

Bräuninger, Thomas/Bernhagen Patrick (2005): Structural Power and Public Policy: A Signaling Model of Business Lobbying in Democratic Capitalism, in: Political Studies 53 (1): 43-64.

Bräuninger, Thomas/König Thomas (1999): The checks and balances of party federalism: German federal government in a divided legislature, in: European Journal of Political Research 36 (2): 207-234.

Brady, David W. (1993): Review: The Causes and Consequences of Divided Government: Toward a New Theory of American Politics?, in: American Political Science Review 87 (1): 189-194.

Brady, Una/Feinberg, Robert M. (2000): An Examination of Stock-Price Effects of EU Merger Control Policy, in: International Journal of Industrial Organization 18 (6): 885-900.

Brambor, Thomas/Clark, William R./Golder, Matthew (2006): Understanding Interaction Models: Improving Empirical Analyses, in: Political Analysis 14 (1): 63-82.

Brander, James A. (1991): Election polls, free trade, and the stock market: evidence from the 1988 Canadian general election, in: Canadian Journal of Economics 24 (4): 827-43.

Braumoeller, Bear F. (2004): Hypothesis Testing and Multiplicative Interaction Terms, in: International Organization 58 (4): 807-820.

Brockwell, Peter J./Davis, Richard A. (2006): Time Series. Theory and Methods. 2nd Edition. New York/Heidelberg: Springer.

Brösse, Ulrich (1999): Industriepolitik. 2., durchgesehene Auflage. München/Wien: Oldenbourg Verlag.

Brown, Stephen J./Harlow, W. V./Tinic, Seha M. (1988): Risk Aversion, Uncertain Information, and Market Efficiency, in: Journal of Financial Econometrics 22 (2): 355-385.

Brown, Stephen J./Warner, Jerold B. (1985): Using Daily Stock Returns. The Case of Event Studies, in: Journal of Financial Economics 14 (1): 3-31.

Brown, Stephen J./Warner, Jerold B. (1980): Measuring Security Price Performance, in: Journal of Financial Economics 8 (3): 205-258.

Brown, Stephen J./Harlow, W. V./Tinic, Seha M. (1988): Risk Aversion, Uncertain Information, and Market Efficiency, in: Journal of Financial Econometrics 22 (2): 355-385.

Budge, Ian/Klingemann, Hans-Dieter/Volkens, Andrea/Bara, Judith/Tanenbaum, Eric (2001): Mapping Policy Preferences. Estimates for Parties, Electors and Governments 1945-1998. Oxford: Oxford University Press.

Brownars, Stephen G./Lott John R. (1997): Do Campaign Donations Alter How a Politician Votes? Or, Do Donors Support Candidates Who Value the Same Things That They Do?, in: Journal of Law and Economics 40 (2): 317-350.

Budge, Ian/Klingemann, Hans-Dieter/Volkens, Andrea/Bara, Judith/Tanenbaum, Eric (2001): Mapping Policy Preferences. Estimates for Parties, Electors and Governments 1945-1998. Oxford: Oxford University Press.

Budge, Ian/Hofferbert, Richard/Klingemann, Hans-Dieter (1994): Parties, Policies, and Democracy. Boulder/San Francisco/Oxford: Westview Press.

Budge, Ian/Keman, Hans (1990): Parties and Democracy. Coalition Formation and Government Functioning in Twenty States. Oxford: Oxford University Press.

BMU (2007): Umweltpolitik. Erneuerbare Energien in Zahlen – nationale und internationale Entwicklung. Stand November 2007. Herausgegeben vom Bundesministerium

162

für Umwelt, Naturschutz und Reaktorsicherheit; http://www.erneuerbare-energien. de/files/erneuerbare_energien/downloads/application/pdf/broschuere_ee_zahlen.pdf; 26.04.2008.

BMU (2005): Umweltpolitik. Erneuerbare Energien in Zahlen – nationale und internationale Entwicklung. Stand Juni 2005. Herausgegeben vom Bundesministerium für Umwelt, Naturschutz und Reaktorsicherheit; http://www.offshore-wind.de/page/fileadmin/offshore/documents/BMUBroschuere_Erneuerbare_Energie n_in_Zahlen.pdf; 26.04.2008.

Burkhart, Simone/Manow, Philip (2006): Kompromiss und Konflikt im parteipolitisierten Föderalismus der Bundesrepublik, in: Zeitschrift für Politikwissenschaft 16 (3): 807-824.

Calmfors, Lars/Driffill, John/Honkapohja, Seppo/Giavazzi, Francesco (1988): Bargaining Structure, Corporatism and Macroeconomic Performance, in: Economy Policy 3 (6): 14-61.

Campbell, John Y./Lo, Andrew W./MacKinlay, A. Craig (1997): The Econometrics of Financial Markets. Princeton: Princeton University Press.

Chappell Jr., Henry W./Keech, William R. (1986): Party Differences in Macroeconomic Policies and Outcomes, in: American Economic Review 76 (2): 71-74.

Cheng, Yingmei (2005): Portfolios and Politics: The 2004 Presidential Election, http://papers.ssrn.com/sol3/papers.cfm?abstract_id=664047, 21.06.2006.

Coleman, James S. (1995): Grundlagen der Sozialtheorie. Band 1. München: Oldenbourg Verlag.

Coleman, John J. (1999): Unified Government, Divided Government, and Party Responsiveness, in: American Political Science Review 93 (4): 821-835.

Conybeare, John A.C. (1984): Public Goods, Prisoners' Dilemmas, and the International Political Economy, in: International Studies Quarterly 28 (1): 5-22.

Corrado, Charles (1989): A Nonparametric Test for Abnormal Security-Price Performance in Event Sudies, in: Journal of Financial Economics 23 (2): 385-395.

Cox, Gary W./McCubbins, Mathew D. (1992): Legislative Leviathan: Party Government in the House. Berkeley: University of California Press.

Dahl, Robert A. (1989): Democarcy and its critics. Yale: Yale University Press.

Darrat, Ali F. (1990): Stock Returns, Money, and Fiscal Deficits, in: Journal of Financial and Quantitative Analysis 25 (3): 387-398.

De Bondt, Werner F.M./Thaler, Richard H. (1985): Does the Stock Market Overreact, in: Journal of Finance 40 (3): 793-807.

Debus, Marc (2007): Pre-Electoral Alliances, Coalition Rejections, and Multiparty Governments. Baden-Baden: Nomos.

Demirgüç-Kunt, Ash/Levine, Ross (1996): Stock Markets, Corporate Finance, and Economic Growth: An Overview, in: World Banke Economic Review 10 (2): 223-239.

Dewan, Torun/Maytt, David P. (2007): Scandal, Protection, and Recovery in the Cabinet, in: American Political Science Review 101 (1): 63-92.

Downs, Anthony (1967): Ökonomische Theorie der Demokratie. Tübingen: J. B. C. Mohr.

Downs, Thomas W./Tehranian, Hassan (1988): Predicting Stock Price Responses to Tax Policy Changes, in: American Economic Review 78 (5): 1118-1130.

Dobbins, Michael/Drüner, Dietrich/Schneider, Gerald (2004): Kopenhagener Konsequenzen: Gesetzgebung in der EU vor und nach der Erweiterung, in: Zeitschrift für Parlamentsfragen 35 (1): 51-68.

Drazen, Alan (2002): Political Economy in Macroeconomics. 2. print. and 1. paperback print. Princeton: Princeton University Press.

Dreher, Axel/Sturm, Jan-Egbert/Ursprung, Heinrich W. (2008): The Impact of Globalization on the Composition of Government Expenditures: Evidence from Panel Data, in: Public Choice 34 (3): 263-292.

Drukarczyk, Jochen (2003): Unternehmensbewertung. 4., überarb. und erw. Auflage, München: Vahlen.

Edwards, George C. III/Barrett, Andrew/Peake, Je_rey (1997): The Legislative Impact of Divided Government, in: American Journal of Political Science 41 (2): 545-563.

Elgie, Robert (2001): Divided Government in Comparative Perspective. Oxford: Oxford University Press.

Elliott, Robert J./Kopp, Ekkehard P. (2005): Mathematics of Financial Markets. 2nd edition. New York: Springer.

Elton, Edwin J./Gruber, MartinJ./Brown, Stephen J./Goetzmann, William N. (2007): Modern Portfolio Theory and Investment Analysis. 7th edition. Hoboken: John Wiley & Sons.

Enders, Walter (2004): Applied Econometric Time Series. Hoboken: Wiley.

Engle, Robert F. (1982): Autoregressive Conditional Heteroskedasticity with Estimates of the Variance of U.K. Inflation, in: Econometrica 50 (4): 987-1008.

Engle, Robert F. (2001): GARCH 101: The Use of ARCH/GARCH Models in Applied Econometrics, in: Journal of Economic Perspectives 15 (4): 157-168.

Epstein, David/O'Halloran, Sharyn (1996): Divided Government and the Design of Administrative Procedures: A Formal Model and Empirical Test, in: Journal of Politics 58 (2): 373-397.

Ezrow, Lawrence (2007): The Variance Matters: How Party Systems Represent the Preferences of Voters, in: Journal of Politics 69 (1): 182-192.

Fama, Eugene F. (1998): Market Efficiency, Long-term Returns, and Behavioral Finance, in: Journal of Financial Economics 49 (3): 283-306.

Fama, Eugene F. (1970): Efficient Capital Markets: A Review of Theory and Empirical Work, in: Journal of Finance 25 (2): 383-417.

Fama, Eugene F./Miller, Merton H. (1972): The Theory of Finance. New York: Holt, Rinehart and Winston.

Fearon, James D. (1998): Bargaining, Enforcement, and International Cooperation, in: International Organization 52 (2): 269-305.

Fehr, Hans/Jokisch, Sabine (2006): Demographischer Wandel und internationale Finanzmärkte, in: Perspektiven der Wirtschaftspolitik 7 (4): 501-517.

Feinberg, Robert. M/Harper, Richard K. (1999): Regime Effects of EU Market Integration Policies on the UK Financial Sector, in: Review of Industrial Organization 15 (4): 357-365.

Feldkamp, Michael F./Ströbel, Birgit (2005): Datenhandbuch zur Geschichte des Deutschen Bundestages 1994 bis 2003. Begründet von Peter Schindler. Baden-Baden: Nomos.

Fisman, Raymond (2001): Estimating the Value of Political Connections, in: American Economic Review 91 (4): 1095-1102.

Fiorina, Morris (2002): Divided Government. Second Edition. New York: Longman.

Fiorina, Morris P. (1992): An Era of Divided Government, in: Political Science Quarterly 107 (3): 387-410.

Fiorina, Morris P. (1991): Divided Government in the States, in: PS: Political Science and Politics 24 (4): 646-650.

Foerster, Stephen R./Schmitz, John J. (1997): The Transmission of U.S. Electoral Cycles to International Stock Returns, in: Journal of International Business Studies 28 (1): 1-27.

Fowler, James (2006): Elections and Markets: The Effect of Partisanship, Policy Risk, and Electoral Margins on the Economy, in: Journal of Politics 68 (1): 89-103.

Franke, Günter/Hax, Herbert (2004): Finanzwirtschaft des Unternehmens und Kapitalmarkt. 5., überarb. Auflage. Berlin/Heidelberg: Springer.

Franzmann, Simon/Kaiser, André (2006): Locating Political Parties in Policy Space. A Reanalysis of Party Manifesto Data, in: Party Politics 12 (2): 163-188.

Freeman, John (2008): Democracy and Markets in the Twenty-first Century: An Agenda, in: Nardulli, Peter (Hrsg.): Democracy and Markets in the Twenty-First Century, Volume 1 [im Erscheinen], http://www.polisci.umn.edu/~freeman/DMAgenda1-05.pdf; 17.05.2008.

Freeman, John/Hays, Jude C./Stix, Helmut (2000): Democracy and Markets: The case of exchange rates, in: American Journal of Political Science 44 (3): 449-468.

Friedman, Milton (1953): Essays in Positive Economics. Chicago: University of Chicago Press.

Füss, Roland/Bechtel, Michael M. (2007): Partisan Politics and Stock Market Performance: The Effect of Expected Government Partisanship on Stock Returns in the 2002 German Federal Election, in: Public Choice 110 (3-4): 131-150.

Gallant, Ronald A./Rossi, Peter E./Tauchen, George (1992): Stock Prices and Volume, in: Review of Financial Studies 5 (2): 199-242.

Garand, James C./Lichtl, Marci Glascock (2000): Explaining Divided Government in the United States: Testing an Intentional Model of Split-Ticket Voting, in: British Journal of Political Science 30 (1): 173-191.

Garrett, Geoffrey (1998): Partisan Politics in the Global Economy. Cambridge: Cambridge University Press.

Garrett, Goeffrey (1996): An Institutional Critique of Intergovernmentalism, in: International Organization 50 (2): 269-99.

Garrett, Goeffrey (1995): Comments on Verdier's „Public Aid to Private Industry: The Role of Policy Networks", in: Comparative Political Studies 28 (1): 50-55.

Garrett, Geoffrey/Weingast, Barry R. (1993): Ideas, Interests, and Institutions: Constructing the European Communities Internal Market, in: Goldstein, Judith/Keohane, Robert O.: Ideas and Foreign Policy: Beliefs, Institutions, and Political Change. Ithaca: Cornell University Press: 173-206.

Gärtner, Manfred/Wellershoff, Klaus W. (1995): Is there an Election Cycle in American Stock Returns?, in: International Review of Economics and Finance 4 (4): 387–410.

Gelman, Andrew/Stern, Hal S. (2006): The Difference Between ‚Significant' and ‚Non-significant' is not Itself Statistically Significant, in: American Statistician 60 (4): 328-331.

Gilligan, Michael J. (1995): Comments on Verdier's „Public Aid to Private industry: The Role of Policy Networks", in: Comparative Political Studies 28 (1): 43-49.

Gilligan, Thomas W./Krehbiel, Keith (1988): Complex rules and congressional outcomes: An event study of energy tax legislation, in: Journal of Politics 50 (3): 625-654.

Glosten, Lawrence P./Jagannathan, Ravi/Runkle, David E. (1993): On the Relation between the Expected Value and the Volatility of the Nominal Excess Return on Stocks, in: Journal of Finance 48 (5): 1779-1801.

Gordon, Sanford C./Hafer, Catherine (2005): Flexing Muscle: Corporate Political Expenditures as Signals to the Bureaucracy, in: American Political Science Review 99 (2): 245-261.

Gordon, Sanford C./Hafer, Catherine (2007): Corporate Influence and the Regulatory Mandate, in: Journal of Politics 69 (2): 300-319.

Gordon, Sanford C./Hafer, Catherine/Landa, Dimitri (2007): Consumption or Investment? On Motivations for Political Giving, in: Journal of Politics 69 (4): 1057-1072.

Greene, William H. (2003): Econometric Analysis. Fifth Edition. New Jersey: Prentice Hall.

Grenzke, Janet M. (1989): Candidate Attributes and PAC Contributions, in: Western Political Quarterly 42 (2): 245-264.

Grossman, Gene M./Helpman, Elhanan (2001): Special Interest Politics. Princeton: MIT Press.

Grossman, Gene M./Helpman, Elhanan (1994): Protection for sale, in: American Economic Review 54 (4): 833-850.

Guidolin, Massimo/La Ferrara, Eliana (2007): Diamonds Are Forever, Wars Are Not: Is Conflict Bad fo Private Firms?, in: American Economic Review 97 (5): 1978-1993.

Guidolin, Massimo/La Ferrara, Eliana (2005): The Economic Effects of Violent Conflict: Evidence from Asset Market Reactions. Federal Reserve Bank of St. Louis Working Paper 2005-066A; http://research.stlouisfed.org/wp/2005/2005-066.pdf.

Hamilton, James D. (1994): Time series analysis. Princeton: Princeton University Press.

Hall, Richard L./Deardorff, Alan v. (2006): Lobbying as Legislative Subsidy, in: American Political Science Review 100 (1): 69-84.

Hall, Richard l./Wayman, Frank W, (1990): Buying Time: Moneyed Interests and the Mobilization of Bias in Congressional Committees, in: American Political Science Review 84 (4): 797-820.

Hallstein, Walter (1969): Der unvollendete Bundesstaat. Europäische Erfahrungen und Erkenntnisse. Düsseldorf: Econ.

Hayek, Friedrich August von (1986): Recht, Gesetzgebung, Freiheit. Band 1: Regeln und Ordnung. Landsberg am Lech: Verlag Moderne Industrie.

Hayek, Friedrich August von (1981a): Recht, Gesetzgebung, Freiheit. Band 2: Die Illusion der sozialen Gerechtigkeit. Landsberg am Lech: Verlag Moderne Industrie.

Hayek, Friedrich August von (1981b): Recht, Gesetzgebung, Freiheit. Band 3: Die Verfassung einer Gesellschaft freier Menschen. Landsberg am Lech: Verlag Moderne Industrie.

Hayek, Friedrich A. von (1985): New studies in philosophy, politics, economics and the history of ideas. Chicago: University of Chicago Press.

Hayek, Friedrich A. von (1945): The Use of Knowledge in Society, in: American Economic Review 35 (4): 519-530.

Hays, Jude C./Stix, Helmut/Freeman, John F. (2000): The Electoral Information Hypothesis Revisited, http://www.polisci.umn.edu/faculty/freeman/eihr.pdf; 06.07.2005.

Hensel, Chris R./Ziemba. William T. (1995): United States Investment Returns during Democratic and Republican Administrations, 1928–1993, in: Financial Analysts Journal 51(2): 61-69.

Herbst, A.F./Slinkman, C.W. (1984): Political-economic cycles in the US stock market, in: Financial Analysts Journal 40 (2): 38-44.

Herron, Michael C. (2000): Estimating the Economic Impact of Political Party Competition in the 1992 British Election, in: American Journal of Political Science 44 (2): 320-331.

Herron, Michael C./Lavin, James/Cram, Donald/Silver, Jay (1999): Measurement of Political Effects in the United States Economy: A Study of the 1992 Presidential Elections, in: Economics and Politics 11 (1): 51-79.

Hibbs, Douglas A. (1986): Political Parties and Macroeconomic Policies and Outcomes in the United States, in: American Economic Review 76 (2): 66-70.

Hibbs, Douglas A. (1977): Political Parties and Macroeconomic Policy, in: American Political Science Review 71 (4): 1467-1487.

Hinich, Melvin J./Munger, Michael C. (1998): Analytical Politics. Cambridge: Cambridge University Press.

Hirschman, Albert O. (1970): Exit, voice, and loyalty: responses to decline in firms, organizations, and states. Cambridge (Mass.): Harvard University Press.

Höpner, Martin (2006): Beiträge der Unternehmen zur Parteienfinanzierung. Wer spendet an wen und warum?, in: Zeitschrift für Parlamentsfragen 2/2006: 293-312.

Hojnacki, Marie/Kimball, David (1999): Organized Interests and the Decision of Whom to Lobby in Congress, in: American Political Science Review 92 (4): 775-790.

Hojnacki, Marie/Kimball, David (1998): The Who and How of Organizations Lobbying Strategies in Committee, in: Journal of Politics 61 (4): 999-1024.

Hotelling, Harold (1929) Stability and Competition, in: Economic Journal 39 (153): 41-57.

Howell, William/Adler, Scott/Cameron, Charles/Riemann, Charles (2000): Divided Government and the Legislative Productivity of Congress, 1945-94, in: Legislative Studies Quarterly 25 (2): 285-312.

Howells, Peter/Bain, Keith (1998): Money, Banking, and Finance. Harlow/Essex: Financial Times Prentice Hall.

Huang, Roger (1985): Common Stock Returns and Presidential Elections, in: Financial Analysts Journal 41 (2): 24-39.

Huber, Evelyne/Stephens, John D. (2001): Political Choice in Global Markets: Development and Crisis in Advanced Welfare States. Chicago: University of Chicago Press.

167

Hudson, Robert/Keasey, Kevin/Dempsey, Mike (1998): Share Prices Under Tory and Labour Governments in the UK since 1945, in: Applied Financial Economics 8 (4): 389-400.

Iversen, Torben/Soskice, David (2006): Electoral Institutions and the Politics of Coalitions: Why Some Democracies Redistribute More Than Others, in: American Political Science Review 100 (2): 165-181.

Jensen, Nathan M./Schmith, Scott (2005): Market Responses to Politics. The Rise of Lula and the Decline of the Brazilian Stock Market, in: Comparative Political Studies 38 (10): 1245-1270.

Johnson, Harry G. (1962): The Economic Theory of Customs Union, in: Johnson, Harry G.: Money, Trade, and Economic Growth. Survey lectures in Economic Theory, London : Allen & Unwin: 46-74.

Johnson, Robert R./Chittenden, William/Jensen, Gerald (1999): Presidential Politics, Stocks, Bonds, Bills, and Inflation, in: Journal of Portfolio Management 26 (1): 27-31.

Jones, David R. (2001): Party Polarization and Gridlock, in: Political Research Quarterly 54 (1): 125-141.

Kahneman, Daniel/Tversky, Amos (1979): Prospect theory: An analysis of decision under risk, Econometrica 47 (4): 263-291.

Kamara, Avraham (1997): The Relation Between Default-Free Interest Rates and Expected Economic Growth Is Stronger Than You Think, in: Journal of Finance 52 (4): 1681-1694.

Karol, David (2000): Divided Government and U.S. Trade Policy: Much Ado About Nothing?, in: International Organization 54 (4): 825-844.

Karpoff, Jonathan M. (1986): A Theory of Trading Volume, in: Journal of Finance 41 (5): 1069-1087.

Kauppi, Heikki/Widgrén Mika (2004): What determines EU decision making? Needs, power or both?, in: Economic Policy 19: 221-266.

Kedar, Orit (2007): How Voters Work around Institutions: Policy Balancing in Staggered Elections, in: Electoral Studies [forthcoming].

Kedar, Orit (2005): When Moderate Voters Prefer Extreme Parties: Policy Balancing in Parliamentary Elections, in: American Political Science Review 99 (2): 185-199.

Kern, Holger Lutz/Hainueller, Jens (2006): Electoral Balancing, Divided Government, and Midterm Loss in German State Elections, in: Journal of Legislative Studies 12 (2): 127-149.

King, Gary/Keohane, Robert O,/Verba, Sidney (1994): Designing Social Inquiry: Scientific Inference in Qualitative Research. Princeton: Princeton University Press.

King, Gary (1989): Unifying Political Methodology. The Likelihood Theory of Statistical Inference. Cambridge: University of Michigan Press.

Kittel, Bernhard/Winner, Hannes (2005): How How reliable is pooled analysis in political economy? The globalization-welfare state nexus revisited, in: European Journal of Political Research 44 (1): 269-293.

Kluth, Winfried (1995): Die demokratische Legitimation der Europäischen Union. Eine Analyse der These vom Demokratiedefizit der Europäischen Union aus gemeineuropäischer Perspektive, Berlin: Duncker & Humblot.

Knight, Brian (2006): Are policy platforms capitalized into equity prices? Evidence from the Bush/Gore 2000 Presidential Election, in: Journal of Public Economics 90 (4-5): 751-773.

Knight, Frank H. (1921): Risk, Uncertainty and Profit. Boston MA: Hart, Schaffner and Marx, Houghton Mifflin Company.

König, Thomas/Tröger, Vera (2005): Budgetary Policies and Veto Players, in: Swiss Political Science Review 11 (4): 47-75.

Thomas König/Bräuninger, Thomas (1997): Wie wichtig sind die Länder für die Politik der Bundesregierung bei der Einspruchs- und Zustimmungsgesetzgebung?, in: Zeitschrift für Parlamentsfragen 28 (4): 605-628.

König, Thomas (2001): Bicameralism and Party Politics in Germany: an Empirical Social Choice Analysis, in: Political Studies 49 (3): 411-437.

Krehbiel, Keith (1998): Pivotal Politics. A Theory of U.S. Lawmaking. Chicago: University of Chicago Press.

Krehbiel, Keith (1996): Institutional and Partisan Sources of Gridlock: A Theory of Divided and Unified Government, in: Journal of Theoretical Politics 8 (1): 7-40.

Krugman, Paul R./Obstfeld, Maurice (1997): International Economics. Theory and Policy. Boston (Mass.)/München: Pearson Addison-Wesley.

Kruschwitz, Lutz (2005): Investitionsrechnung. 10., überarb. und erw. Auflage. München/Wien: Oldenbourg.

Kurzer, Paulette (1993): Business and Banking: Political Change and Economic Integration in Western Europe. Ithaca/New York: Cornell University Press.

Lakatos, Imre (1965): Falsifikation und die Methodologie wissenschaftlicher Forschungsprogramme, in: Lakatos, Imre/Musgrave, Alan (Hrsg.): Kritik und Erkenntnisfortschritt. Braunschweig: Vieweg: 89-187.

Lang, Mark H./Shackleford, Douglas A. (2000): Capitalization of capital gains taxes: evidence from stock price reactions to the 1997 rate reduction, in: Journal of Public Economics 69 (1): 69-85.

Langohr, Herwig M./Viallet, Claude J. (1986): Compensation and Wealth Transfers in the French Nationalzations 1981-1992, in: Journal of Financial Economics 17 (2): 273-312.

Lasswell, Harold D. (1950): Politics: who gets what, when, how. New York: Smith.

Laver, Michael/Benoit, Kenneth/Garry, John (2003): Extracting Policy Positions from Political Texts Using Words as Data, in: American Political Science Review 97 (2): 311-331.

Laver, Michael/Harry, John (2000): Estimating Policy Positions from Political Texts, in: American Journal of Political Science 44 (3): 619-634.

Laver, Michael/Schofield, Norman (1998): Multiparty Government. The Politics of Coalition in Europe. Ann Arbor: Michigan University Press.

Laver, Michael/Shepsle, Kenneth A. (1997): Making and Breaking Governments: Cabinets and Legislatures in Parliamentary Democracies. Cambridge: Cambridge University Press.

Leblang, David/Mukherjee, Bumba (2004): Presidential Elections and the Stock Market: Comparing Markov-Switching and (FIE)GARCH Models of Stock Volatility, in: Political Analysis 12 (3): 296-322.

169

Leblang, David/Mukherjee, Bumba (2005): Government Partisanship, Elections, and the Stock Market: Examining American and British Stock Returns, in: American Journal of Political Science 49 (4): 780-802.

Lehmbruch, Gerhard (2000): Parteienwettbewerb im Bundesstaat. Regelsysteme und Spannungslagen im politischen System der Bundesrepublik Deutschland. 3., aktualisierte und erweiterte Auflage. Wiesbaden: Westdeutscher Verlag.

Lewis-Beck, Michael S. (1986): Comparative Economic Voting, in: American Journal of Political Science 30 (2): 315-346.

Lewis-Beck, Michael S./Paldam, Martin (2000): Economic Voting: An Introduction, in: Electoral Studies 19 (2):113-121.

Levine, Ross/Zervos, Sara (1998): Stock Markets, Banks, and Economic Growth, in: American Economic Review 88 (3): 537-558.

Levine, Ross/Zervos, Sara (1996): Stock Market Development and Long-Run Growth, in: World Bank Economic Review 10 (2): 323-339.

Liano, Kartono/Liano, Kadir/Manakyan, Hermann (1999): Presidential Administrations and the Day-of-the-Week Effect in Stock Returns, in: Review of Financial Economics 8 (1): 93-99.

Lintner, John (1965): The Valuation of Risk Assets and the Selection of Risky Investments in Stock Portfolios and Capital Budgets, in: Review of Financial Statistics 47 (1): 13-37.

Lijphart, Arend (1999): Patterns of Democracy: Government form and performance in thirty-six countries. New Haven: Yale University Press.

Lohmann, Susanne/Brady, David W./Rivers, Douglas (1997): Party Identification, Retrospective Voting, and Moderating Elections in a Federal System: West Germany, 1961-1989, in: Comparative Political Studies 30 (4): 420-449.

Lohmann, Susanne/O'Halloran, Sharyn (1994): Divided Government and U.S. Trade Policy: Theory and Evidence, in: International Organization 48(4): 595-632.

Lohmann, Susanne (1995): Information, access, and contributions: A signaling model of lobbying, in: Public Choice 85 (3-4): 267-284.

Lucas, Robert E. (1976): Econometric Policy Evaluation: A Critique, in: Carnegie-Rochester Conference Series on Public Policy 1: 19-46.

MacRae, Duncan (1977): A Political Model of the Business Cycle, in: Journal of Political Economy 85 (2): 239-264.

MacKinlay, A. Craig (1997): Event Studies in Economics and Finance, in: Journal of Economic Literature 35 (1): 13-39.

Magee, Stephen P./Brock, William A./Young, Leslie (1989): Black Hole Tariffs and Endogenous Policy Theory. Political Economy in General Equilibrium. Cambridge: Cambridge University Press.

Mahdavi, Mahnaz/Bhagwati, Amala (1994): Stock Market Data and Trade Policy: Dumping and the Semiconductor Industry, in: International Trade Journal 8 (2): 207-221.

Manow, Philip/Burkhart, Simone (2007): Government's Legislative Self-Restraint under Divided Government: Evidence from the German Case, 1976-2002, in: Legislative Studies Quarterly 32 (2): 167-192.

Mansfield, Edward D./Busch, Marc L. (1995): The Political Economy of Nontariff Barriers: A Cross-National Analysis, in: International Organization 49 (4): 723-49.

170

Markowitz, Harry M. (1959): Portfolio Selection: Efficient Diversification of Investments. New York: John Wiley & Sons.

Martin, Lanny W./Stevenson, Randolph T. (2001): Government Formation in Parliamentary Democracies, in: American Journal of Political Science 45 (1): 33-50.

Mattozzi, Andrea (2004): Can We Insure Against Political Uncertainty? Evidence from the U.S. Stock Market, http://papers.ssrn.com/sol3/papers.cfm?abstract_id=644583, 21.06.2006.

Mayhew, David R. (19991): Divided Party Control: Does It Make a Difference? in: PS: Political Science and Politics 24 (4): 637-640.

McCarty, Nolan/Meirowitz, Adam (2007): Political Game Theory. Cambridge: Cambridge University Press.

McCubbins, Mathew D. (1991): Government on Lay-Away: Federal Spending and Deficits under Divided Party Control, in: Cox, Gary W./Kernell, Samuel (eds.): The Politics of Divided Government. Boulder: Westview Press: 113-154.

McGillivray, Fiona (2004): Privileging industry. The comparative politics of trade and industrial policy. Princeton (N.J.): Princeton University Press.

McGillivray, Fiona (2003): Redistributive Politics and Stock Price Dispersion, in: British Journal of Political Science 33 (3): 367-395.

McMenamin, Iain/Schoenman, Roger (2007): Together Forever? Explaining Exclusivity in Party-Firm Relations, in: Political Studies 55 (1): 153-173.

Miller, Merton H./Modigliani, Franco (1961): Dividend, Policy, Growth, and the Valuation of Shares, in: Journal of Business 34 (4): 411-33.

Milner, Helen V./Rosendorff, Peter B. (1996): Democratic Politics and International Trade Negotiations: Elections and Divided Government as Constraints on Trade Liberalization, in: Journal of Conflict Resolution 41 (1): 117-146.

Minnich, Daniel J. (2003): Corporatism and income inequality in the global economy: A panel study of 17 OECD countries, in: European Journal of Political Research 42 (1): 23-53.

Moene, Karl Ove/Wallerstein, Michael (2003): Earnings inequality and welfare spending. A disaggregated Analysis, in: World Politics 55 (4): 485-516.

Morton, Rebecca B. (1999): Methods and Models: A Guide to the Empirical Analysis of Formal Models in Political Science. Cambridge (Mass.): Cambridge University Press.

Mossin, Jan (1966): Equlibrium in a Capital Asset Market, in: Econometrica 34 (4): 768-783.

Mueller, Dennis C. (1997): Perspectives on Public Choice. A Handbook. Cambridge: Cambridge University Press.

Nagel, Klaus-Jürgen (2006): North Rhine Westphalia: the Land Election That Dismissed a Federal Government, in: Regional and Federal Studies 16 (3): 347-354.

Nelson, Daniel B. (1991): Conditional Heteroskedasticity in Asset Returns: A New Approach, in: Econometrica 59 (2): 347-370.

Newey, Whitney K./West, Kenneth D. (1987), A Simple, Positive Semi-Definite, Heteroskedasticity and Autocorrelation Consistent Covariance Matrix, Econometrica 55 (3): 703-708.

171

Niederhoffer, Victor/Gibbs, Steven/Bullock, Jim (1970): Presidential Elections and the Stockmarket, in: Financial Analysts Journal (March-April): 111-113.

Nohlen, Dieter (2000): Wahlrecht und Parteiensystem. 4th edition. Opladen: Leske & Budrich.

Nordhaus, William (1975): The Political Business Cycle, in: Review of Economic Studies 42 (2): 169-190.

OECD (2004): Wage-setting Institutions and Outcomes, OECD Employment Outlook, Paris.

O'Halloran, Sharyn (1994): Politics, Process, and American Trade Policy. Ann Arbor: University of Michigan Press.

Olson, Mancur (1993): Dictatorship, Democracy, and Development, in: American Political Science Review 87 (3): 567-576.

Pagan, Adrian R./Schwert, William G. (1990): Alternative Models of Stock Volatility, in: Journal of Econometrics 45 (2): 267-90.

Pantzalis, Christos/Stangeland, David A./Turtle, Harry J. (2000): Political Elections and the Resolution of Uncertainty: The International Evidence, in: Journal of Banking and Finance 24 (10): 1575-1604.

Pappi, Franz Urban/Shikano, Susumu (2004): The Positions of Parties in Ideological and Policy Space: The Perception of German Voters of their Party System. Mannheim. MZES Working Paper 73. http://www.mzes.uni-mannheim.de/publications /wp/wp-73.pdf; 01.12.2006.

Peltzman, Sam (1976): Toward a More General Theory of Regulation, in: Journal of Law and Economics 19 (2): 211-240.

Perridon, Louis/Steiner, Manfred (2004): Finanzwirtschaft der Unternehmung. 13., überarbeitete und erweiterte Auflage. München: Verlag Franz Vahlen.

Perry, Robert L./Robertson, John D. (1998): Political Markets, Bond Markets, and the Effects of Uncertainty: A Cross National Analysis, in: International Studies Quarterly 42 (1): 131-160.

Persson, Torsten/Tabellini, Guido (2000): Political Economics. Explaining Public Policy. Cambridge (Mass.)/London: MIT Press.

Patzelt, Werner J. (200): Einführung in die Politikwissenschaft. Grundriß des Faches und studiumbegleitende Orientierung. Passau: Rothe.

Pfetsch, Frank R. (2001): Die Europäische Union. Eine Einführung. München: Fink.

Pieper, Ute/Schiereck, Dirk/Weber, Martin (1993): Die Kaufempfehlungen des "Effecten-Spiegel". Eine empirische Untersuchung im Lichte der Effizienzthese des Kapitalmarktes, in: Zeitschrift für betriebswirtschaftliche Forschung 45 (6): 487-509.

Pierdzioch, Christian/Döpke, Jörg (2006): Politics and the Stock Market: Evidence from Germany, in: European Journal of Political Economy 22 (4): 925-943.

Pierson, Paul (1994): Dismantling the Welfare State? Reagan, Thatcher, and the Politics of Retrenchment. Cambridge: Cambridge University Press.

Pitkin, Hanna F. (1967): The Concept of Representation. Berkeley, California: University of California Press.

Popper, Karl R. (1934): Logik der Forschung. Tübingen: Mohr Siebeck.

Poterba, James (1994): State Responses to Fiscal Crisis: The Effects of Budgetary Institutions and Policies, in: Journal of Political Economy 102 (4): 799-821.

Powell, Bingham (2000): Elections as Instruments of Democracy. Majoritarian and Proportional Visions. New Haven/London: Yale University Press.

Prast, Henriëtte M./De Vor, Marc P.H. (2005): Investor Reactions to News: A Cognitive Dissonance Analysis of the Euro-Dollar Exchange Rate, in: European Journal of Political Economy 21 (1): 115-141.

Putnam, Robert D. (1988): Diplomacy and domestic politics: The logic of two-level games, in: International Organization 42 (3): 427-460.

Quinn, Dennis P./Woolley, John T. (2001): Democracy and National Economic Performance: The Preference for Stability, in: American Journal of Political Science 45 (3): 634-657.

Riley, William B./Luksetich, William A. (1980): The Market Prefers Republicans: Myth or Reality, in: Journal of Financial and Quantitative Analysis 15 (3): 541-560.

Ritter, Jay R. (1991): The Long-Run Performance of Initial Public Offerings, in: Journal of Finance 46 (1): 3-27.

Roberts, Brian/Lin, Tse-min (2001): Markets and Politics: The 2000 Taiwanese Presidential Election. Paper prepared for presentation at the 2001 Annual Meetings of the Midwest Political Science Association, http://cgots.utdallas.edu/cgotspapers/Papers/45.pdf; 18.10.2006

Roberts, Brian E. (1990): Political Institutions, Policy Expectations and the 1980 Election: A Financial Market Perspective, in: American Journal of Political Science 34 (2): 289–310.

Robichek, Alexander A./Cohn, Richard A. (1974): The Economic Determinants of Systematic Risk, in: Journal of Finance 29 (2): 493-447.

Rodrik, Dani (1998): Why Do More Open Economies Have Bigger Governments, in: Journal of Political Economy 106 (5): 997-1032.

Röckemann, Christian (1994): Anlageempfehlungen von Börseninformationsdiensten und Anlegerverhalten. Eine empirische Analyse für den deutschen Aktienmarkt, in: Zeitschrift für betriebswirtschaftliche Forschung 46 (10): 819-851.

Rogowski, Ronald (1989): Commerce and Coalitions. Princeton: Princeton University Press.

Roemer, John E. (2001): Political Competition. Theory and Applications. Cambridge (Mass.)/London: Harvard University Press.

Roubini, Nouriel/Sachs, Jeffrey D. (1989): Political and Economic Determinants of Budget Deficits in the Industrial Democracies, in: European Economic Review 33 (5): 903-938.

Salinger, Michael (1992): Standard Errors in Event Studies, in: Journal of Financial and Quantitative Analysis 27 (1): 39-53.

Sant, Rajiv/Zaman, Mir A. (1996): Market Reactions to Business Week's „Inside Wall Street" Column: A Self-Fulfilling Prophecy, in: Journal of Banking and Finance 20 (4): 617-643.

Santa-Clara, Pedro/Valkanov, Rossen (2003): The Presidential Puzzle: Political Cycles and the Stock Market, in: Journal of Finance 58 (5): 1841-1872.

Sattler, Thomas/Freeman, John/Brandt, Patrick (2008): Political Accountability and the Room to Maneuver: A Search for a Causal Chain, in: Comparative Political Studies 41 (9): 1212-1239.

173

Schaffer, Lena-Maria/Schneider, Gerald (2005): Die Prognosegüte von Wahlbörsen und Meinungsumfragen zur Bundestagswahl 2005, in: Politische Vierteljahresschrift 46 (4): 674-681.

Scharpf, Fritz W. (1988): The Joint Decision Trap: Lessons from German Federalism and European Integration, in: Public Administration 66 (3): 239-278.

Schindler, Peter (1999): Datenhandbuch zur Geschichte des deutschen Bundestages 1949 bis 1999. Gesamtausgabe in drei Bänden. Baden-Baden: Nomos.

Schmitt, Carl (1987 [1932]): Der Begriff des Politischen. Text von 1932 mit einem Vorwort und 3 Corollarien. Berlin: Duncker & Humblot.

Schmidt, Manfred G. (2002): Political performance and types of democracy: Findings from comparative studies, in: European Journal of Political Research 41 (1): 147-163.

Schmidt, Manfred G. (1998): Das politische Leistungsprofil der Demokratien, in: Greven, Michael Th. (Hrsg.): Demokratie - eine Kultur des Westens? 20. Wissenschaftlicher Kongreß der Deutschen Vereinigung für Politische Wissenschaft. Opladen: Leske + Budrich: 181-200.

Schneider, Gerald/Tröger, Vera (2006): War and the World Economy: Stock Market Reactions to International Conflicts, 1990-2000, in: Journal of Conflict Resolution 50 (5): 623-645.

Schneider, Gerald/Baltz, Konstantin (2003): Am Gängelband der Verbände: Zum Einfluss von Partikularinteressen auf die deutsche EU-Politik. Zeitschrift für Europa- und Staatswissenschaften 1 (2): 199-219.

Scruggs, Lyle/Allan, James (2006): Welfare-state decommodification in 18 OECD countries: a replication and revision, in: Journal of European Social Policy 16 (1): 55-72.

Schwert, G. William (1989): Why Does Stock Market Volatility Change over Time, in: Journal of Finance 44 (5): 623-45.

Seeliger, Rolf (1982): Der Bundesrat als Blockadeinstrument der Union. Kritische Anmerkungen zur Obstruktionspolitik der CDU/CSU im Bundesrat. München: Seeliger.

Sharpe, William F. (1964): Capital Asset Prices: A Theory of Equlibrium under Conditions of Risk, in: Journal of Finance 19 (3): 425-442.

Shepsle, Kenneth A. (1979): Institutional Arrangements and Equilibrium in Multidimensional Voting Models, in: American Journal of Political Science 23 (1): 27-59.

Sierminska, Eva/Brandolini, Andrea/Smeeding, Timothy M. (2007): Comparing Wealth Distribution across Rich Countries: The Luxembourg Wealth Study Project, in: International Finance Committee (IFC) Bulletin #25 (March): 297-310.

Sebaldt, Martin/Straßner, Alexander (2004): Verbände in der Bundesrepublik Deutschland. Eine Einführung. Wiesbaden.

Shaw, Daron R./Roberts, Brian E. (2000): Campaign Events, the Media and the Prospects of Victory: The 1992 and 1996 US Presidential Elections, in: British Journal of Political Science 30 (2): 259-289.

Shleifer, Andrei/Vishny, Robert W. (2005): The Limits of Arbitrage, in: Thaler, Richard H. (Hrsg.): Advances in Behavioral Finance II. Princeton: Princeton University Press: 79-101.

Shleifer, Andrei (2000): Inefficient Markets: An Introduction to Behavioral Finance. Oxford: Oxford University Press.

Simmons, Beth A. (2001): The International Politics of Harmonization: The Case of Capital Market Regulation, in: International Organization 55 (3): 589-620.

Sinai, Todd/Gyourkoa, Joseph (2004): The asset price incidence of capital gains taxes: evidence from the Taxpayer Relief Act of 1997 and publicly-traded real estate firms, in: Journal of Public Economics 88 (7-8): 1543-1565.

Siokis, Fotios/Kapopoulos, Panayotis (2007): Parties, Elections and Stock Market Volatility: Evidence from a Small Open Economy, in: Economics and Politics 19 (1): 123-134.

Sloof, Randolph (1999): Game-Theoretic Models of the Political Influence of Interest Groups. Boston: Kluwer Academic Publishers.

Snyder, James (1990): Campaign Contributions as Investments: The U.S. House of Representatives 1980-86, in: Journal of Political Economy 98 (6): 1195-1227.

Soroka, Stuart N. (2006): Good News and Bad News: Asymmetric Responses to Economic Information, in: Journal of Politics 68 (2): 372-385.

Spiller, Pablo T. (1990): Politicians, Interest Groups and Regulators: A Multiple Principals Agency Theory of Regulation, or „Let Them Be Bribed", in: Journal of Law and Economics 33 (1): 65-101.

Steeley, James M. (2003): Making Political Capital: The Behaviour of the UK Capital Markets During Election '97, in: Applied Financial Economics 13 (2): 85-95.

Steffani, Winfried (1983): Zur Unterscheidung parlamentarischer und präsidentieller Regierungssysteme, in: Zeitschrift für Parlamentsfragen 14 (3): 390-401.

Steiner, Manfred/Bruns, Christoph (2002): Wertpapiermanagement. Professionelle Wertpapieranalyse und Portfoliostrukturierung. 8. Auflage. Schäffer-Poeschel Verlag: Stuttgart.

Stephan, Joerg (1994): A political-economic analysis of exchange rate movements. Konstanz: Hartung-Goerre.

Stigler, George J./Friedland, Claire (1962): What Can Regulators Regulate? The Case of Electricity, in: Journal of Law and Economics 5 (1): 1-16.

Swensen, R. Bruce/Patel, Jayen B. (2004): Returns and Political Cycles, in: Journal of Business Ethics 49 (4): 387-395.

Teoh, Siew Hong/Welch, Ivo/Wong, T. J. (1998): Earnings Management and the Long-Run Market Performance of Initial Public Offerings, in: Journal of Finance 53 (6): 1935-1974.

Thaler, Richard H. (1993): Advances in Behavioral Finance I. New York: Russell Sage Foundation.

Tsay, Ruey S. (2005): Analysis of Financial Time Series. 2. Edition. New Jersey: John Wiley & Sons.

Tsebelis, George (2002): Veto Players. How Political Institutions Work. Princeton: Princeton University Press.

Tsebelis, George (1995): Decision Making in Political Systems: Veto Players in Presidentialism, Parliamentarism, Multi-Cameralism and Multi-Partyism, in: British Journal of Political Science 25 (3): 289-325.

Tsebelis, George (1990): Nested Games. Rational Choice in Comparative Politics. Berkeley: University of California Press.

Tullock, Gordon (1998): Where is the rectangle?, in: Public Choice 96 (3-4): 405-410.

Tullock, Gordon (1967): The Welfare Costs of Tariffs, Monopolies, and Theft, in: Western Economic Journal 5: 224-232.

Umstead, David A. (1977): Forecasting Stock Market Prices, in: Journal of Finance 32 (2): 427-441.

Van der Ploeg, Frederick (1989): Election Outcomes and the Stockmarket, in: European Journal of Political Economy 5 (1): 21-30.

Varvick, Johannes (2002): EU-Erweiterung: Stabilitätsexport oder Instabilitätsimport?, in: Aus Politik und Zeitgeschichte B 1-2: 23-30.

Verdier, Daniel (2001): Capital Mobility and the Origins of Stock Markets, in: International Organization 55 (2): 327-356.

Verdier, Daniel (1995): The Politics of Public Aid to Private Networks: The Role of Policy Networks, in: Comparative Political Studies 28 (1): 3-42.

Verdier, Daniel (1995): Reply to Gilligan and Garrett, in: Comparative Political Studies 28 (1): 56-61.

Vuchelen, Jef (2003): Electoral Systems and the Effects of Political Events on the Stock Market: The Belgian Case, in: Economics and Politics 15 (1): 85-102.

Wadhwani, Sushil B. (1986): Inflation, Bankruptcy, Default Premia and the Stock Market, in: Economic Journal 96 (381): 120-138.

Ward, Hugh (2004): Pressure Politics. A Game-Theoretical Investigation of Lobbying and the Measurement of Power, in: Journal of Theoretical Politics 16 (1): 31-52.

Wellershoff, Klaus W. (1996): Finanzmärkte im politisch-ökonomischen Prozess. Bamberg: Difo-Druck.

Williams, John B. (1938): The Theory of Investment Value. Cambridge (Mass.): Harvard University Press.

Wilson, Sven E./Butler, Daniel M. (2007): A Lot More to Do: The Sensitivity of Time-Series Cross-Section Analyses to Simple Alternative Specifications, in: Political Analysis (2007) 15 (1):101-123.

Wittman, Donald (1989): Why Democracies Produce Efficient Results, in: Journal of Political Economy 97 (6): 1395-1424.

Wolfers, Justin/Zitzewitz, Eric (2004): Prediction Markets, in: Journal of Economic Perspectives 18 (2): 107-126.

Worthington, Andrew C. (2006): Political cycles in the Australian stock market since Federation, www.uow.edu.au/commerce/accy/staff/andrewwfolder/Politicalpaper.pdf; 19.09.2006.

Zakoian, Jean-Michel (1994): Threshold Heteroscedastic Models, in: Journal of Economic Dynamics and Control 18 (5): 931-955.

Zhao, Xiaofeng/Liano, Kartono/Hardin, William G. III (2004): Presidential Election Cycles and the Turn-of-the-Month Effect, in: Social Science Quarterly 85 (4): 958-973.

Anhang: Beweis und weitere Abbildungen

A 1 Beweis zu Kapitel 4

Beweis der Proposition 4.1: Die Varianz-Kovarianz-Matrix der geschätzten Koeffizienten für das in 4.11 spezifizierte Modell ist:

$$\Omega = \begin{pmatrix} \omega_{11} & . & . & . & . & . & \omega_{17} \\ . & . & & & & . \\ . & & . & & & . \\ . & & & . & & . \\ . & & & & . & . \\ . & & & & & . & . \\ \omega_{71} & . & . & . & . & . & \omega_{77} \end{pmatrix}$$

Wobei ω_{ij} die Kovarianz zwischen β_i und β_j ist (bzw. Varianz falls $i = j$). Gemäß Gleichung 4.12 ist der marginale Parteieffekt unter symmetrischen Kammermehrheiten:

$$\frac{\partial \sigma_t(r_m^c)}{\partial RR} = \beta_1 + \beta_4 BR + \beta_5 I + \beta_7 BR \cdot I.$$

Mittels der Varianzen bzw. Kovarianzen und den in $\dfrac{\partial \sigma_t(r_m^c)}{\partial RR}$ enthaltenen Koeffizienten lässt sich unmittelbar die Varianz bilden:

$$\vartheta_{\frac{\partial \sigma}{\partial RR}} = \omega_{11} + BR^2 \omega_{44} + I^2 \omega_{55} + BR^2 I^2 \omega_{77}$$

$$+ 2BR\omega_{41} + 2I\omega_{51} + 2BR \cdot I\omega_{71} + 2I\omega_{54} + 2BR^2 I\omega_{74} + 2BR \cdot I^2 \omega_{75}$$

$$= \omega_{11} + I^2 \omega_{55} + BR^2 \left(\omega_{44} + I^2 \omega_{77} \right) + 2\left[BR\omega_{41} + I\left(\omega_{51} + \omega_{54} + BR\left(\omega_{71} + BR\omega_{74} + I\omega_{75} \right) \right) \right].$$

Da es sich bei der Variable BR um eine Indikatorvariable handelt, die im Falle symmetrischer Kammermehrheiten den Wert Eins annimmt, ergibt sich

$\omega_{11} + I^2\omega_{55} + \omega_{44} + I^2\omega_{77} + 2[\omega_{41} + I(\omega_{51} + \omega_{54} + \omega_{71} + \omega_{74} + I\omega_{75})]$. Ausklammern führt zu $\omega_{11} + \omega_{44} + I^2(\omega_{55} + \omega_{77}) + 2[\omega_{41} + I(\omega_{51} + \omega_{54} + \omega_{71} + \omega_{74} + I\omega_{75})]$ (4.14).

Q.E.D.

A 2 Weitere Abbildungen

Abbildung 16: Marginaler Effekt eines parteipolitisch rechten Regierungsprofils auf das systematische Kapitalmarktrisiko in Abhängigkeit von Kammermehrheiten und Änderungen der Inflationsrate (Robuste Regression, G=15)

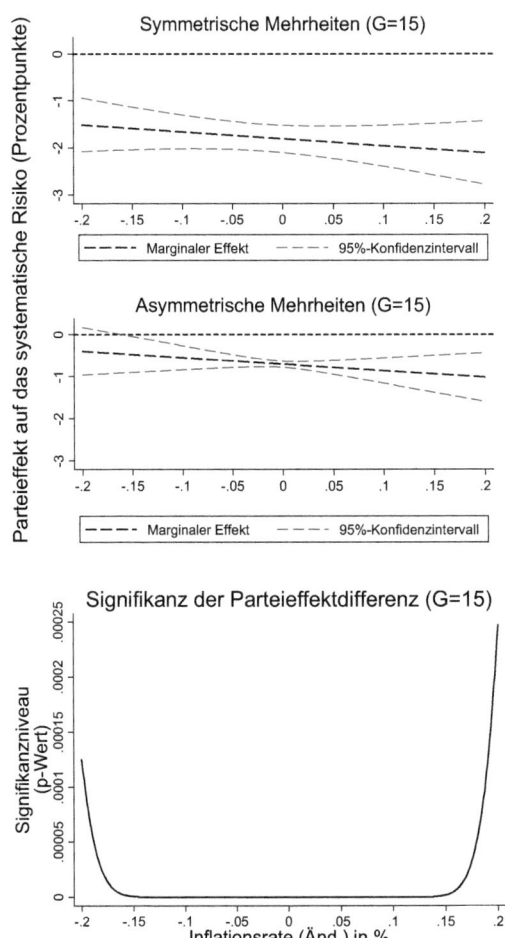

Abbildung 17: Marginaler Effekt eines parteipolitisch rechten Regierungsprofils auf das systematische Kapitalmarktrisiko in Abhängigkeit von Kammermehrheiten und Änderungen der Inflationsrate (Robuste Regression, G=30)

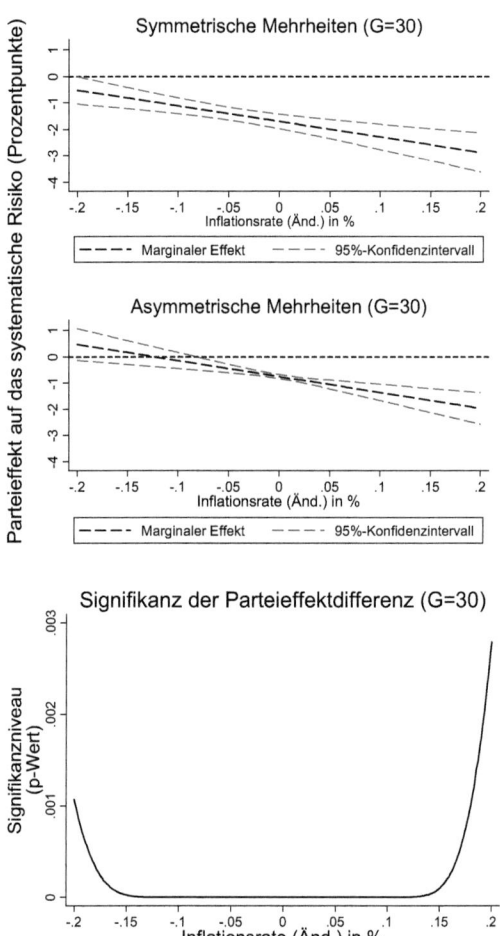

MIX
Papier aus verantwortungsvollen Quellen
Paper from responsible sources
FSC® C105338

If you have any concerns about our products,
you can contact us on
ProductSafety@springernature.com

In case Publisher is established outside the EU,
the EU authorized representative is:
Springer Nature Customer Service Center GmbH
Europaplatz 3, 69115 Heidelberg, Germany

Printed by Libri Plureos GmbH
in Hamburg, Germany